励志力行

——浙江交通职业技术学院校史（1958—2018）

王怡民　姚钟华　主编

人民交通出版社股份有限公司
北京

内 容 提 要

本书坚持实事求是的根本原则，以时间为顺序，客观记录了浙江交通职业技术学院自1958年至2018年间的建校、改革、发展的办学历程，如实呈现了学校各个不同时期在行政管理、教学管理、科研管理、学风建设、后勤管理等方面开展的重大活动和重要事件。

本书笔触客观、翔实，语言严谨、朴实，用史才、史学、史实、史德记录学校发展、建设的历程，蕴涵着丰富的办学经验，体现了丰硕的办学成果，是对学校60周年华诞的献礼，也可供后人办学借鉴参考。

图书在版编目（CIP）数据

励志力行：浙江交通职业技术学院校史：1958—2018/王怡民，姚钟华主编.—北京：人民交通出版社股份有限公司，2021.3

ISBN 978-7-114-17110-9

Ⅰ.①励… Ⅱ.①王… ②姚… Ⅲ.①浙江交通职业技术学院—校史—1958—2018 Ⅳ.①G719.285.51

中国版本图书馆CIP数据核字（2021）第038362号

Lizhi Lixing——Zhejiang Jiaotong Zhiye Jishu Xueyuan Xiaoshi(1958—2018)

书　　名：励志力行——浙江交通职业技术学院校史(1958—2018)

著 作 者：王怡民　姚钟华

责任编辑：张一梅

责任校对：孙国靖　龙　雪

责任印制：张　凯

出版发行：人民交通出版社股份有限公司

地　　址：(100011)北京市朝阳区安定门外外馆斜街3号

网　　址：http://www.ccpcl.com.cn

销售电话：(010)59757973

总 经 销：人民交通出版社股份有限公司发行部

经　　销：各地新华书店

印　　刷：北京市密东印刷有限公司

开　　本：787×1092　1/16

印　　张：18.5

字　　数：214千

版　　次：2021年3月　第1版

印　　次：2021年3月　第1次印刷

书　　号：ISBN 978-7-114-17110-9

定　　价：60.00元

《励志力行——浙江交通职业技术学院校史（1958—2018）》编纂委员会

主　任：王怡民

副主任：季永青　郑惠明　唐锡军　姚钟华　李锦伟
王亦华　柴勤芳　胡　克

委　员：（排名不分先后）
边浩毅　李银仕　严洪广　汪明东　张征文
兰杏芳　屠群峰　占校明　马林才　陈　凯
叶忠杰　金湖庭　潘国强　胡启祥　楼惠群
王雅平　江锦祥　孙将平　康晓婷　金小平
王志宽

顾　问：庞又艇　张林正　金仲秋　姚家法

《励志力行——浙江交通职业技术学院校史（1958—2018）》编写组

组　　长：姚钟华（兼）

组　　员：（排名不分先后）

徐子寿	陈文华	高　波	王　科	冯雪静	李一雷
杨　艳	杨思范	高渊峰	朱　镔	洪　波	鲍婷婷
洪　敏	江建达	叶　飞	徐红明	凌海生	吴颖峰
陈　祎	王　琼	周利敏	陈超颖	袁道福	楼　靓
李金磊	颜姣姣	梁金慧	金加龙	赵建峰	付昌辉
吴雪贤	李树森	王晓漪	朱永强	闻学军	丁建洪
潘　进	戎　成	侯丽娜			

前言

六十年，一轮甲子，在中国传统文化里是吉祥的寓意，预示出生、成长、发展、成熟。六十年，浙江交通职业技术学院(以下简称“学校”)涅槃重生，站在新的螺旋式上升的轨道上，再度兴起、勃发。

1958年，学校应时而生，走过艰难困苦，自力更生；走过逆风飞飏，激流勇进；走过意气春风，锐意改革；走过激烈竞争，勇立潮头。回望六十年办学历程，学校同仁，励志力行，教书育人，春风化雨，润物无声，谱写了一幅朴实无华、笔耕不辍、踏实留印、砥砺奋进的壮丽画卷。

励志力行，是校训，也是交院人的人生观。“励志”，让交院人树立人生远大理想，启发莘莘学子系好“人生第一颗扣子”。“力行”，让交院人领悟到人生就是一段辛勤耕耘、默默奉献的旅程，自助者天助之。一部校史，就是全体交院人积力而行、奋力前行的历史。

“行”就是交通的内在本质，“行”就是交院人的内生信念。

“行”就是践行。学校秉承“学思并重，知行合一”的学风，我们培养的是交通运输技术应用型高素质高技能人才，奉行的是敬业、精一、奉献的工匠精神，对所从事的交通运输职业有担当、能作为，耐得住寂寞，守得住清廉，知大道行天下。

“行”就是力行。“好学近乎知，力行近乎仁，知耻近乎勇。”不论是顺境还是逆境，通直还是曲折，交院人都笃实力行，不畏艰难。学校持之以恒夯实发展根基，锐意打造办学特色，经过学校几代人的不懈努力，形成了近万名学生的办学规模，水陆空交通专业齐全的国家骨干高职院校。

“行”就是先行。交院人恪守“逢山开路、遇水架桥、开拓进取、敢为人先”的精神。学校坚持“主动融入行业，主动服务行业”的理念，始终与交通运输行业的发展需求紧密联系在一起，积极发挥交通教育对于促进区域交通发展的作用。

“行”就是畅行。“货畅其流，人便于行”是交通人的永恒使命。学校一直被誉为浙江交通人才培养的摇篮，六十年办学，硕果累累，李艳桃芳。浙江“一小时交通圈”的打造，世界级特大桥梁的建造，“四好农村路”的筑建，“交通强国”综合交通示范区的建设……无不活跃着我校校友的身影，浙江的每一项重大交通业绩的背后，都有我校校友洒下的汗水，浙江的每一寸土地，都有我校校友留下的足迹。

征程六十年，是励志力行做奉献的六十年，是创业图强谋发展的六十年，是自我超越、不断跨越、追求卓越的六十年。

六十年来，几代交院人，励志力行，砥砺奋进，在艰苦中忠于事业，在创新中焕然俱进。建校初期，学校几度迁徙，矢志不渝，奠定了学校的基础；“文化大革命”十年风雨，学校坚持办学，饱含对教育执着的追求；改革开放，激流勇进，“弄潮儿向涛头立”，学校昂首跨入全国重点中专行列；继续前行，破茧化蝶，学校升格为高职院校，迎来生机盎然的新发展。汗水溶墨、脊梁作笔，绘蓝图、谱新章，扩建校园、扩大招生、拓宽专业，学校坚持健康发展；开展省示范高职院校建设、全国骨干院校建设、优质院校建设，不断稳步前进。

六十年来，学校办学始终坚持育人为本，坚持以学生的成才检验办学的效果，以教师的发展促进学校的发展。将师生的价值追求与学校的事业发展融为一体。从国际质量标准、校院两级管理到全面目标绩效考核，学校逐步建立和完善了现代大学(制)治理体系；从省内招生到全国招生，从国内办学到国际化办学，从四个专业到三十多个专业，学校已成为专业涵盖交通运输各门类的开放型高职院校。

党的十八大以来，学校全面加强党的领导，高度重视学生思想政治工作，明确“办什么样的学、培养什么样的人、为谁培养人”的根本要求。学校始终坚持立德树人，全过程、全方位培养德才兼备的学生，努力开创浙江交通职业教育新局面，续写“励志力行”新篇章。

六十年的风雨沧桑，春华秋实，如歌、如诗、如画。学校似一艘远行的航船，直挂云帆，乘风破浪。六十年厚重的历史，承载着发展壮大的喜悦，指引着学校力学育人阔步前进的航向。

今天，我们高举习近平新时代中国特色社会主义思想伟大旗帜，同舟共济、志存高远，向着高标准推进内涵建设、高水平建设优质院校的目标，奋力前行，再铸辉煌！

王怡民

2019年3月

目录

第1章

创校维艰（1958—1962年）

1949年新中国成立，浙江交通百废待兴，交通运输各类人才匮乏。

1952年秋，浙江省交通厅和浙江省教育厅将浙江省工业干部学校的土木工程科和温州高级工业职业学校的土木工程科合并，联合开办杭州土木工程学校，迈出了浙江交通系统正规办学第一步。1952年至1955年，杭州土木工程学校共招收培养了道路、建筑两科10个班约500名学生。1955年，在全国中专学校调整中，杭州土木工程学校并入交通部所属南京航务工程学校，浙江交通失去了唯一的育才基地。

1958年，党的八大二次会议通过了“鼓足干劲，力争上游，多快好省地建设社会主义”的总路线，全国上下各行各业掀起了“大跃进”热潮。工农业生产的快速发展对交通运输发展提出了新的迫切要求。浙江省交通厅根据实际需要和自身条件，决定自己办学，培养全省交通运输行业专业人才。1958年夏，经浙江省委批准，创办了浙江省航务学校和浙江省公路学校，一水一陆，犹如孪生兄弟。

浙江省航务学校(以下简称“学校”)坐落在杭州市西湖区赤山埠六通寺和法相寺，两寺背依南高峰，古樟参天，浓荫掩映，环境清幽。浙江省交通干部学校曾在这里办学，留有少量课桌椅、床铺。浙江省航务学校进驻后，寺内大殿用竹墙分隔成教室，两旁厢房则用作师生的宿舍，虽陆续添置了一些教学设备和生活设施，但条件仍极其简陋。

1958年秋，学校开学时仅有浙江省交通干部学校留下来的3名教师、8名职工和较早分配来的4～5名青年教师，连校长俞伟民、党总支副书记荣振芝在内，教职工总人数也不到20人。大部分教师是开学后陆续调进来的，有的是刚分配的大、中专毕业生，有的是省交通厅的工程技术人员和军队转业干部。大多数教职员工缺乏教学经验和管理经验，工作难度很大。

位于赤山埠六通寺的老校址

当年，学校按计划招收海船驾驶、轮机管理、航道工程3个专业8个班，共400名新生。学生分别来自全省各地，有十五六岁的初中毕业生，也有二三十岁的调干生，文化基础参差不齐。由于招生计划数额较大，开学时尚未招满，后又通过续招才完成。

1958年9月19日，中共中央、国务院作出了关于教育工作的指示。学校贯彻党的“教育为无产阶级的政治服务，教育与生产劳动相结合”的教育工作方针，把生产劳动列为正式课程，每个学生依照规定参加一定时间的劳动，开展勤工俭学。学校响应“大办钢铁，大办粮食”号召，在赤山埠后山建了一座小高炉，通宵炼钢；组织师生支援农业劳动，到附近的中村、云栖、梅家坞等地割草、种麦，为疏浚西湖挑泥积肥，修筑自学校通往赤山埠的煤屑石子路。

开学不久，由于学校开设的都是水上专业，办学场地最好靠近海边。当时，正值浙江省个别地方行政区划调整，镇海县撤县设区划归宁波市，原镇海县政府机关用房空出。学校领导荣振芝得知消息后，当即前往镇海察看，认为镇海位于甬江口，是宁波港的咽喉，校址设在此处，可改善办学条件。回杭州后向浙江省交通厅领导汇报，提出迁址镇海的建议。经浙江省交通厅报请省人委批准，同意迁校镇海。学校于1958年12月20日起停课，到31日全部完成迁校任务。学校迁到镇海后，为争取宁波当地政府更多的支持，于1959年5月，更名为浙江省宁波航务学校。

1959年，学校调整了内设机构。3月，撤销校长办公室和生产处，设立总支办公室、行政处和教务处。教务处增设生产办公室，负责校办工厂运行和生产管理；行政处下设生产管理委员会，负责勤工俭学和农副业生产。在教学管理上，设立教研组，恢复班主任制度，整顿了学校民兵组织。5月，学校成立教育工会，改选学生会和团支部。

1959年秋，学校招收新生200名，增加青年教师数名。由于校舍比较分散，学生宿舍有4处、单身教工宿舍有8处，给教学和管理带来不便。1960年3月，省交通厅拨款6万元，新建一幢1142平方米的教学楼和食堂，于1961年5月底投入使用。此外，学校建造了简易浴室，修葺了旧房，教学和生活设施得到了改善。1962年1月，学校恢复“浙江省航务学校”校名，并再次调整机构，设校部办公室、人事保卫科、教务科、总务科、函授科等“一室四科”，附设实习工厂、省航运业务培训班，人员编制共98人。

与此同时，学校根据交通部《关于交通中等专业学校各专业教学计划的补充意见》精神，调整学制，编制船舶驾驶、轮机管理和航道工程3个专业的教学计划。在培养目标上，除规定的基础理论、专业知识学习之外，还强调了理论联系实际能力的培养，安排学生实习。实习分为教学实习、生产劳动实习和社会公益劳动三类，突出教育为无产阶级政治服务，教育与生产劳动相结合的教学思想。为保证教学质量，1962年1月，经省交通厅同意，学制由3年改为4年。学校针对学生的文化基础参差不齐的问题，将文化基础好的同学与基础弱的同学配对，鼓励学生互帮互学，“一帮一、一对红”。根据需要挑选有一定的工作经验、表现优秀的“调干生”提前毕业留校，将其安排在行政、后勤管理岗位工作，充实教职工队伍。

1960年，学校开办函授教育，当年招收驾驶、轮机2个班，在舟山设立面授辅导站，聘请海军部队干部为学员讲课。

为提高教学质量，学校开展观摩教学，组织教研活动，推广教学经验。每周组织教师听教育学辅导讲座，普通课教师还走出校门，到其他学校听课学习。修订教学计划，发动教师自己动手制作教具。学校鼓励理论知识与生产实践相结合，到生产一线进行专业课现场教学，如航道专业到码头工地进行河港勘测，船舶驾驶专业上船进行航行操作，轮机专业在船厂学习船舶结构等。

1959年春，学校开办实习工厂和农场，为教学实习和生产劳动提供了场所。1961年，实习工厂规模扩大后，学校还承担镇海久丰纱厂、宁波市运输公司等单位的来料加工业务。学生在生产实习过程中革新生产工具，如改装组装电动锯床、电动切草机，为镇海久丰纱厂改制纱盘(500只)等。1960年初，学校建立船队，由浙江省交通厅划拨机动木帆船、机帆船和小汽艇各一艘，安排学生到船上实习。1961年4月，校船出海捕鱼，改善师生伙食。学校农牧场，种水稻蔬菜、养猪羊家禽。师生轮流去农、牧场生产劳动，建立劳动登记卡，生产劳动列入工作考评依据。在三年困难时期，国家食品短缺，农牧场的生产较好地解决了师生的温饱问题，多次被宁波市评为先进食堂。在农忙季节，师生还到当地农村生产队插秧、掘田、积肥，支援农业生产。师生参加生产劳动，培养了劳动习惯，加深了与劳动人民的感情。

1959年4月，浙江省交通厅厅长张先进来校作关于国内外形势和学校有关问题的报告，使全校师生明确了当时的形势和解决学校问题的途径，对师生适应新环境起到了积极作用。寒暑假期间，教师都要参加宁波市委举办的学习班，每周安排一个下午为党员和入党积极分子上党课，以提高思想认识。青年教师主动要求多做些工作，创造条件争取入团、入党。每逢重要纪念日，学校都要开展革命传统教育。1961年7月1日，学校邀请宁波市老红军刘六仙以及当地驻军3860部队首长来校作报告，并放映革命斗争题材的电影。

1959年4月，学校成立文工团，为纪念五四运动40周年，自编自演大合唱《中国青年》《插秧舞》，话剧《向秀丽》《五月风暴》等节目，参加校外演出，得到了当地群众的赞扬。1960年6月，学校文工团参加宁波市“发扬延安作风”会演，荣获“五四杯”文娱汇演优秀奖。校文工团还定期与当地驻军联欢，增进军民情感和友谊。学校体育运动团队积极参加各类比赛，取得了不少荣誉。1959年，校田径队在宁波市第四届体育大会获团体总分第二名，在宁波市舢板荡桨赛男女组均获奖，在宁波市体操锦标赛获团体总分第四名，男子总分第二名，体育教师荣获优秀教练员称号；1960年4月，教工代表队在宁波市文卫系统第二届体育大会获得荣誉奖……凡有宁波市体委举办的游泳、航模、篮球和排球比赛，学校必派代表队参加，尤其是航模方面，在省市都有一定的知名度。虽然学校体育场地简陋，但坚持开展体育活动，每年举办田径运动会。学校还组织学生开展兴趣小组活动，建立无线电、农艺、航模、绘画、文学舞蹈、歌咏等14个兴趣小组。

1960年9月25日傍晚，学校教务处副主任、共产党员唐世华路过宁波市永丰路江滨时，听到落水孩子的呼救声，毫不犹豫地跳入江中救人，不幸被急流卷走，光荣牺牲。浙江省人民委员会追认唐世华为革命烈士，宁波市委追认他为模范共产党员。学校组织纪念活动，号召全校师生学习唐世华同志革命第一、工作第一、他人第一的高尚品德，并在宁波市团委的领导下，成立唐世华同志事迹报告团，分赴市属学校、单位作巡回报告；宁波市甬剧团根据唐世华同志的事迹，排演了八幕甬剧《光辉的青春》，宁波市文化馆编绘出版了唐世华烈士连环画册等，积极宣传唐世华同志的英雄模范事迹，在当地产生了广泛的影响。

至1962年夏，学校新建了校舍，配备了教学仪器，添置了一定数量的教具和图书资料，创办了实习工厂和农场，已初具规模。给学生实习打下了良好的基础，为浙江省航运事业共输送了363名毕业生，在校学生有3个年级，6个班级，215人，教职工80余人。

与浙江省航务学校相比，它的孪生兄弟——浙江省金华公路学校的创办条件则还要艰苦得多。1958年8月，浙江省交通厅将筹建中的公路学校的临时校址，确定在距离金华火车站6公里的乾西乡湖头村，学校名称为浙江省金华公路学校。金华地区交通局局长李圣集兼任校长，梁宏义任副校长，具体负责全校工作。

1958年8月，浙江省金华公路学校共招新生9个班456名，其中公路与桥梁专业6个班，汽车运用与修理专业3个班，学制均为3年，培养目标是中级技术人员。师资和管理干部由省交通厅于1958年8、9月间陆续调入，其中有技术干部和各地大中专院校分配来的毕业生。1958年9月18日，学校举行了隆重而简朴的开学典礼。

湖头村是一个小村庄，为了支持办学，当地政府积极动员农民让出空房和阁楼，经过简单整理用作校舍。采光不足，就在阁楼上加装明瓦；没有床，就加固楼板隔条。学校花费6000元，购买1150支毛竹，在村内空地上自建6个面积约400平方米的竹棚教室，课桌凳也用毛竹自制，基本解决了四五百名学生的学习场所问题。

浙江省金华公路学校的竹棚教室

学校位于乡村，缺少电力，照明就用油灯、矿烛、煤气灯。学生伙食费每月8元，主食按当地标准供给，有藕、玉米粥、玉米窝头、大米饭等，在外劳动时就带蒲包饭，大米用蒲包包裹蒸熟，吃起来有蒲草的清香。为了节省燃煤和木柴的费用，食堂改用砻糠灶，组织学生到十几公里外的古方镇挑砻糠。

浙江省金华公路学校在初创时期，贯彻“教育为无产阶级的政治服务，教育与生产劳动相结合”的教育工作方针，专心办学。虽然生活条件艰苦，但大多数老师能安心下来，一心扑在教学上。

1958年底，浙江省航务学校从杭州赤山埠迁往宁波镇海，原有的六通寺、法相寺校舍拨给杭州区公路运输局汽车驾驶学校使用(不久划归省交通厅直管，改名浙江省汽车驾驶学校)。省交通厅为改善浙江省金华公路学校的办学条件，加强对学校的领导，报经上级批准，于1959年5月将浙江省金华公路学校搬迁到杭州赤山埠六通寺、法相寺的校址，与浙江省汽车驾驶学校合并，改名为浙江省公路学校。

六通寺、法相寺基本能满足学校教学需要，但仍有一个班级安排在南高峰山径中间一处闲置房，学生每天早晨下山，晚自修后上山就寝，如此往返，不以为苦。

浙江省公路学校改名后，有公路和汽修两个专业，中专教育与技工教育并存，在校师生数量大幅增加，学校教学和管理面临调整。中专学生文化程度高低不一，接受能力与学习成绩也参差不齐，给教学带来一定困难。第二学期进行成绩摸底，重新编班，公路专业由原来的6个班改编为4个班，即：学制为三年的公1、公2、公3，学制为两年的公4班(公1班后又改为四年制)。汽修专业由原来的3个班改编为2个班，学制3年。重新编班后，学校修订了中专教学计划，如两年制的公4班课程相应缩减，三年制的班增加基础技术课与专业课学时，加强了生产实习；公1班改为四年制之后，增开了工程力学、结构力学、电工、水利水文等课程，路基路面施工实习从1次增加到2次，实习总周数达42周。

学校规模扩大后，由于教师和管理人员不足，学校就在学生中择优选拔，培养为中专教师，优秀驾驶学员则留校任助教。共留校任用毕业生86人，其中中专毕业生31人，驾驶学员55人。

1960年，学校开办函授教育，除在杭州市设点外，还在丽水龙泉车队、汽车保修厂开设函授班。函授班教学资料缺乏，教师就自己编写，开展面授辅导，通过幻灯机开展直观教学，受到了函授学员欢迎。这批函授学员成为丽水地区交通行业的技术骨干。

1959年以来，学校每年开展“比学赶帮超”活动，评比校级先进集体、先进生产工作者、四好学生、五好民兵以及除“四害”积极分子等。其中，荣获杭州市文教系统先进工作生产者2人，市级四好学生1人。学校在赤山埠期间，学校领导对“除四害、讲卫生”工作抓得很紧，各级领导都能以身作则，成效显著，获得了杭州市卫生工作先进单位的荣誉称号。

学校教工男子篮球队在省内颇为知名，经常受邀参加各类比赛，曾与浙江省军区体工大队男篮进行了两场友谊比赛，实力相当。还利用假期赴湖州、嘉兴，与当地优秀球队进行观摩比赛。为了球队训练，学校发动学生，在六通寺前坡地上开辟了体操和球类活动场地。

1959年5月至1960年间，学校大力开展勤工俭学，取得了显著成绩。为适应交通运输事业发展的需要，汽车驾驶专业结合重车长途教练科目，完成货物周转量16万余吨公里，运费收入达11.5万元。公路专业学生在生产实习过程中，勘测设计公路及电车线路13条计166公里，参与了白沙大桥、桐庐大桥、江山大桥及绍兴王坛石拱桥的勘察设计，创收2600余元。汽修专业学生协助实习所在地的汽车保修厂完成三保作业56辆次，大修20辆次；在学校工厂进行金工实习，为外单位加工零件5000余件。

赤山埠六通寺、法相寺位于西湖风景规划区内，有一定的历史保护价值，而学校的教练车每天要从赤山埠经过交通流量大、时有外宾出入的大四眼井、虎跑、六和塔、九溪等旅游景点，前往杭富公路训练，在一定程度上影响道路交通安全。杭州市有关部门多次要求学校迁离赤山埠，另觅新址。1960年3月，浙江省交通厅与余杭县人民政府研究决定，学校迁到杭州市郊的余杭县勾庄人民公社胜利大队(即本校现校址杭州市莫干山路金家渡)。学校拟订迁校方案，办理相关手续，初步划定新校园占地面积约70亩，开工后实际能提供的仅为20余亩，且大部分是低洼地，中间有一个大水塘，增加了施工难度和基建经费投入。

当时国家处于困难时期，缺钱缺人缺物。为了建设新校区，学校第一届学生半工半读，白天上课学习，晚上到工地搬砖。一到傍晚，学校的木炭汽车就满载学生，从赤山埠到金家渡工地，用汽车车灯照明，搬砖砌墙。

1960年秋季开学前，新校区建成砖木混合结构三层教学楼一幢(今校史馆)，建筑面积2200平方米，造价9.8万元；学生宿舍两幢，建筑面积2800余平方米，造价5.4万元，还建有部分简易结构的附属用房。10月，学校安排中专班陆续搬进新校园。中专班迁到新校址后，学生宿舍不足，部分学生只好暂且在附近农民家中借宿两个月。考虑到新校区不能同时满足中专班和汽车驾驶班的要求，学校在余杭瓶窑凤山另设汽车驾驶分部，并先期于1960年4月迁到瓶窑凤山新址。

1960年建成的教学楼(现为校史馆，摄于1988年)

1961年，学校又建造砖木结构食堂兼大会堂一座，占地面积为1054平方米，造价45740元，外加厨房和附属用房；还建成了简易家属宿舍一幢，瓶窑分部办公楼、教室等。

至此，学校除1960年毕业的公4班、1961年毕业的公路汽修三年制4个班学生外，两年招收中专新生和驾驶班学员共600名，学生、学员总数800余名，教工100名左右，浙江省公路学校初具规模。

1961年初，党的八届九中全会提出“调整、巩固、充实、提高”的八字方针，大力精减职工，减少城镇人口，支援农业生产。两校师生响应党的号召，理解国家困难，服从组织安排，先后有200余名师生回乡务农，体现了两校师生甘为国家分忧的宽阔胸怀和敢在农村广阔天地施展才华的艰苦奋斗精神，值得颂扬。

1962年下半年，学校在完成了精简支农任务后，进入了调整时期。除原在校班级继续上课外，两校均未招收新生，腾出精力来整顿教学秩序，开展社会调查，进行教学改革。调整学制，将三年制改为四年制；调整专业，将驾(船舶驾驶专业)3班和4班合并为驾3班，将驾5班和轮(轮机管理专业)5班合并为驾4班；将航(航道工程专业)4班与公(公路与桥梁专业)5班合并为交(交通工程专业)8班等，以更好适应社会需要。

综合两校5年来的办学历程，具有时代变迁的烙印，从创校的艰难起步到规模扩大，体现了学校前期走过一条坎坷而曲折的发展道路。学校诞生于“大跃进”年代，以贯彻“教育为无产阶级的政治服务，教育与生产劳动相结合”的教育工作方针为主线，积极开展教育改革。办学时间虽不长，但接续了浙江省交通中专教育的历史，为浙江省交通系统水陆运输事业的发展输送了一批技术人才，为学校的发展和成长奠定了基础。

学校领导和教职员工，兢兢业业，以培养人才为己任，不计较个人得失。青年教师虚心好学，自己动手编写教材；老年教师言传身教，为教好学生呕心沥血。尽管当时困难较多，但他们尽可能结合专业实际，和学生一起到工地、船舶、码头，到工厂、车间、农场生产实习，师生之间建立了深厚的感情。他们在学校艰苦创业的初期，贡献了自己的聪明才智，为学校的发展立下了汗马功劳。

学校领导坚决贯彻党的各项方针政策，重视思想政治工作。学校紧跟时代步伐，始终依靠全体教师，不遗余力地稳定教学秩序、改善办学条件；学校经历几次迁址，始终带领师生，同甘共苦，战胜一个又一个困难。学校在艰难中起步，在曲折中前进，在克服困难中发展成长。

第2章

扬帆起航（1963—1965年）

1963年，学校更名为浙江省交通学校，校址为杭州市北郊金家渡。

根据1962年5月全国教育工作会议精神和中共中央批示教育部党组《关于进一步调整教育事业和精简教职员工的报告》，浙江省对省内大中专学校做进一步调整。经省委和教育部批准，全省原有39所中专学校（不含师范类）保留21所，在校学生人数由13933人减少至5334人。通过省交通厅领导坚持不懈的努力和耐心细致的工作，浙江省航务学校（为浙江省1958年开办的18所中专学校中仅保留的3所之一）得以保留，而浙江省公路学校撤销后，其在校学生并入浙江省航务学校，继续完成学业。浙江省航务学校增设汽车运用与维修、交通工程两个专业，更名为浙江省交通学校，并将学校从宁波镇海迁至杭州市北郊金家渡（原浙江省公路学校校址）等工作，达到了整合资源、优化结构、全面培养水陆交通运输人才的目的。这是学校发展征程中的重大转折和新的起点。

1963年春，省交通厅以（63）交办字第5923号发文给学校，要求学校在清产核资的基础上，在3月底以前完成迁校和学校更名。浙江省航务学校接到通知后，立即动手搬迁，行李、教学设施设备、课桌椅、八仙桌等收拢在一起，大型设备、部分家具用解放牌载货汽车直接运至金家渡，其他物品则装上船、走水路，运至钱塘江边后再转用载货汽车搬运。师生则携带随身行李乘坐火车抵达杭州。而浙江省公路学校也早已发动师生，做好了迎接省航务学校师生到来的许多具体工作。

1963年3月25日，经过长达一个月的搬迁，浙江省航务学校学生和大部分教工到达杭州市郊金家渡。迁校工作基本完成后，召开全校师生大会，省交通厅副厅长张志飞出席并讲话。浙江省交通学校正式挂牌亮相，扬帆起航。

经整顿、迁址、更名后的学校，专业增多，水陆并举，教职工队伍得到了充实和加强。设有海洋船舶驾驶、海船轮机管理、汽车运用与修理、交通工程(后又分设公路工程专业、航道工程专业)4个专业，共9个班级。

1963年5月、9月，先后举办两期交通业务干部培训班，每期两个月，学员70余人。在余杭瓶窑凤山的汽车驾驶分部改为交通学校分部，继续开办汽车驾驶训练班，培养汽车驾驶员。

学校本部设有党办、校办、人事科、教务科、总务科、实习工厂、干训班班部等7个部门，有教学人员38人，行政人员27人，技术人员21人。瓶窑分部设驾训班班部，行政教学人员22人。当时全校教职员工共计108人。

但当时学校的基础设施仍十分简陋，占地仅28亩，除没有田径运动场外，仅有两幢宿舍楼(一幢为学生宿舍楼，一幢为教师宿舍和办公合用楼)、一幢教学楼和一座食堂兼大礼堂(食堂边是高耸的水塔)，后来还建起了一些临时建筑，包括1座家属楼。学校教职工都住在职工宿舍，结婚后可申请住进家属楼。1963年的家属楼，还是由竹板、茅草搭建而成的临时建筑，雨天漏水是常事，几年后才逐渐进行了整治加固。学生宿舍共3层，男生住在第一二层，女生住第三层。学校当时没有接通自来水，师生用水都是从104国道东侧的西塘河中挑来。由于学校人多、用水量大，后来安装了水泵抽取。长长的管道从学校地下穿过104国道，通至百余米远的西塘河。学校里有两个大水缸用来储饮用水，刚抽出来的水还不能吃，要经过沉淀处理后才能饮用。师生的日常洗涤都是直接到西塘河，天气好的时候还能游一会儿泳。

当时大学毕业生来学校工作工资收入为每月53元左右，毕业留校任教的中专生教职工只有37.5元。按照余杭县的粮食供应定额，每个月仅有24斤。从学校到杭州市区只有13路公交车，师生进城参加活动，都是由学校统一派车。教职工采购生活物资，则步行到勾庄、三墩，手提肩扛，常常徒步五六里路背着几十斤重的大米回校。在这样艰苦的条件下，师生依然秉承办学宗旨，勤教苦学，知难而进，毫无怨言。

学校的学习氛围比较浓厚，教风严、学风好，白天书声琅琅，晚上灯火通明，学生自习、老师批改作业。随着学校规模、布局、专业、科类比例等的不断调整，学校内部机构设置更趋合理、秩序更加稳定，教学工作步入了稳定发展轨道。

1963年6月5日，教育部颁布了《教育部关于制定全日制中等专业学校教学计划的规定(草案)》，对中等专业学校的培养目标、修业年限、课程设置、学时安排、劳动实习、计划审批权限作出全面、明确规定。1963年11月、12月，教育部召开教育事业规划座谈会，研究并着手编制中小学教育和职业教育七年规划。1964年4月，教育部上报国务院《关于举办职业学校若干问题的意见》提出：各类职业学校应该由主管部门根据招生对象、修业年限和具体的培养目标，制订实行教学计划；制订教学计划的原则，由教育部另行规定；职业学校一般设有政治、文化、业务、生产劳动和实习四类课程。四类课程的比重和要求，根据学校类别和年级的不同而有所区别。

1964年，国家连续出台的有关文件和规定，大刀阔斧地进行教育改革。学校经过研究，明确要求教务科、教研组和驾训班必须把教学计划教学大纲、备课笔记等资料整理装订成册，作为教育档案资料妥善保管。

为提高教学水平和教育质量，学校教务科把制订、汇编教学资料等工作放在突出位置。根据交通部《关于修订交通中专学校各专业教学计划的补充意见(草案)》的精神，并结合省交通事业状况及学校以往积累的教学经验，完成了当年度教学计划的编制、上报，并通过省交通厅核准试行。

这份计划主要包括：总的根据、培养目标、业务范围、学历、课程设置、教学时数安排、备课教学要求、生产劳动实习、教学环节、课外活动、执行教学计划10个部分。从目录可以看出，教学计划各要素齐全、内容比较完善，符合当时的教学需求，明确体现各专业培养目标和业务范围，包含了德智体全面发展内容。同时，充分体现“教育与生产劳动相结合”的教育思想，贯彻理论与实践相结合原则，在重视教学工作的同时，密切联系本省交通运输事业的实际情况，力求培养出能适应本省交通运输生产需要的毕业生。如1964—1965学年第一学期制订的汽7班汽车保养生产实习计划，包含：汽车保养生产实习目的、实习时间、实习具体方法与人员分配名单、现场教学内容、方法、时间安排、实习指导书几个部分，其中实习指导书内有：实际操作项目、理论教学内容、教学方法、掌握要点、思考题等。教学要求明确，便于实践操作和检查督促。

学校坚持以教学为中心，明确行政管理工作应围绕教学、为教学服务的原则，要求以办公室和教务科为主，整理好文书档案和教学资料；以实习工厂和实验室为主，做好实验仪器、汽车配件、各类工具的清理造册登记工作；以总务科为主，做好校产家具清理工作；以会计室为主，加强对余款、尾款、欠款的结算收付和账目清理工作。还要求各级领导亲临第一线，深入调查研究，及时发现问题、解决问题。全面修订学校规章制度和各项工作细则，强化学校的管理工作，保证教学任务的圆满完成。

1964年1月5日，中共中央、国务院转发教育部《中小学教育和职业教育七年(1964—1970)规划要点(初步草案)》。其中提出今后七年内，必须从积极试办入手，努力发展职业教育。1964年2月13日，毛泽东主席在人民大会堂召开的教育工作座谈会上(后称此会为“春节座谈会”)，就教育改革作出了重要指示。在上述精神的指导下，学校教学改革工作也积极开展起来。为改变讲课内容“多而杂”，造成学生学习负担过重，“读死书”“死读书”现象，学校进行了充分调查研究，改进教学方法，积极贯彻“少而精”原则，采取措施减轻学生过重的课业负担。学校以数学课为试点，并要求各课就教学内容、教学方法、课外作业几方面进行改革，精选教学内容，改进教学方法，取得了一定效果，受到学生欢迎。语文课改进教学方法，根据“文道统一”原则，重点讲析“字、词、句、篇”在文中的意义与作用，使学生加深对课文的全面理解，并在课余开辟“语文小报”(板报)扩大知识面。物理课精讲多练，采用师生共同演算例题，共同讲析例题的方法，提高了学生的学习积极性和解题能力。

专业课教学，加强直观教学和现场实习，先观察部位构造，后上课讲解分析，让学生多观察、多动手、多思考，学得活、记得牢。如汽修专业学生在学校实习工厂进行保养作业，顶岗操作，并结合生产任务，进行实践教学；公路专业学生在施工现场，学习完成测量和施工任务；船驾专业学生在船上开展打旗语、打绳结、爬高、撇缆等实际操作。考核亦采用实做考试、故障排除等方式，要求实践教学环节注重实效，确保教学实习质量。

组织教师相互听课，举办公开课、专题研究课，参加学科教研大组等教研活动，对改进教学方法、减轻学生负担、提高教学质量起到了一定作用。

浙江省交通学校大门(摄于20世纪60年代初)

为了加强实践教学环节，充实教学设备，学校向省交通厅及兄弟单位求援，同时积极动员在校老师自己动手做教具模型，自力更生筹建专业实验室，满足教学需求，经过努力，1964年学校派老师先后将调拨给我校的海门航运分公司椒拖1号船、椒江008号船，以及杭州钢铁厂船队一艘拖轮和兰溪县航运公司一艘木壳拖轮接到我校，加上学校从宁波镇海带来的一艘小汽艇，组成了一支实习船队，分别取名为红专3号、红专4号、红专5号、红专6号、红专7号，停泊在京杭运河大关码头，聘请原椒拖1号船员和杭钢船队船员看护。这支实习船队为船驾专业和轮机专业教学解决了内河实习用船问题。在教学实习期间，专业老师与实习学生同吃同住同劳动，白天实际操作练习，打旗语、打绳结、爬高、撇缆，晚上整理装备、交流学习心得。既完成了航行实习教学任务，又密切了师生关系，提高了学生的实际操作能力和独立生活能力。轮机专业老师还向船厂、航运公司求援旧柴油机、冲灯机、船用齿轮箱以及各种零部件，并聘请钱江航运公司两名船员

师傅，在校园内搭起草棚作为简易实训场所，进行柴油机拆装、调试和故障排除等实践操作。

校实习工厂也积极服务教学工作。金工车间的工人师傅们不讲报酬，精心指导学生车工、钳工实习，并为杭州机床厂、杭州消防器材厂加工部分零、配件；保修车间除完成本校教练、公务车的保养维修任务外，指导汽修专业学生进行保修实习，还承担一部分对外保修业务，每周保修辆次一般为二保一辆、二保小修三四辆，也为学校创造了一部分计划外收入。

校实习工厂将学校原有的一辆道奇-T234大货车改装成左手方向盘、铁木结构车身的大客车，用来解决学校教工上下班时交通困难问题，这辆改装车成为学校第一辆交通车。

学校实习工厂改建的第一辆交通车

当时全国是大学习之年，各条战线都在大学毛主席著作，活学活用毛泽东思想。学校也组织成立了毛主席著作学习小组，组织教职工学习毛主席的《矛盾论》《实践论》《改造我们的学习》等，通过学习来改造思想、指导实践。针对学校当时设备条件较差，各方面矛盾较多，开展工作困难，贯彻“少而精”原则方面认识还不一致等问题，引导大家正视矛盾，启发大家分析矛盾的主次和解决矛盾的方法，培养教职工从实践出发，在工作实践中不断提高，积累经验以改进工作。

1963年3月5日，毛主席题词“向雷锋同志学习”。一个群众性的学习雷锋活动在全国开展起来，我校积极响应，组织全校师生大力开展学习雷锋、学习解放军，做好事活动。学校还积极响应号召，请老红军讲革命史，请老工人讲厂史，请老农民讲家史，进行回忆对比，忆苦思甜，启发和引导大家提高阶级觉悟，改造思想，像雷锋、像大庆油田王进喜那样对待学习、生活和工作，在全校范围掀起了一股榜样学习热潮。

学校开展比干劲、争上游，一帮一、一对红活动。将评出的五好集体和先进个人事迹打印成册，印发各部门组织学习对照，树立先进典型，带动大家学先进、赶先进、超先进，形成你追我赶奋发向上的良好风气。不少教职工经常利用休息时间，修旧利废，整修家具，公而忘私，爱校如家，充分体现当家作主的主人翁思想，得到大家的赞扬。在学生中，推广交8班2—10先进寝室经验，组织班与班、专业与专业的对口竞赛，因此在学生中形成了人人做好事，争当模范，班班力争上游，争当先进的浓厚气氛。各种学习先进赶超先进活动，广泛地调动了全校师生的积极性和创造性，激发了大家的革命热情，鼓舞了斗志，在艰苦的生活当中寻找到了正确的方向，获得了奋发向上的力量，整个学校呈现出关心集体、互帮互学的良好风气。

在开展学习的同时，师生们不忘坚持劳动。支农一直是学校的一项工作，在学校无论是老师还是学生都需要劳动，通过劳动支援农业，通过劳动改造思想，掌握实际知识。农忙时，师生们就到附近生产队插秧、割稻，在劳动中充分磨炼自己，培养劳动习惯，增进和劳动人民的感情。尤其在每年夏季的“抢收”“抢种”，每天都早出晚归。师生们积极上进，都很愿意去支农干农活，即便遇到身体不适，也不肯请假。

学校的文娱活动比较丰富。当时，学校组织开展的活动中有两次规模较大、水平较高的文艺演出活动非常成功，很受师生们欢迎，在周边群众中影响很好。一次是由刘渊老师执导、学校教工演出的大型话剧《年青的一代》，动员了全校力量，负责参与演出和布置场景。虽然演出装备简陋，基本没有道具，但是大家干劲都很足。另一次是1964年五四青年节由学校团委组织的“五四”文艺晚会。学校各专业各班级都赶排了内容健康、形式多样、丰富多彩的小型节目参加演出。校合唱队、乐队演出了大合唱《长征组歌》。学校得到附近省广播电台基站驻军的大力支持，借给学校几十套军服用以演出，还到现场观看演出。附近农民也纷纷赶来观看表演，学校的大礼堂被挤得水泄不通。经过大家的齐心协力，演出获得了成功。除了组织开展文艺活动外，学校也会定期安排师生乘学校“解放牌”大车到西湖边观看放烟花，到剧院看电影和样板戏，丰富大家的业余生活。学校还利用周末，邀请杭州市总工会电影放映队来校播放露天电影，周边的农民们也跑来观看。因为人数太多，为了让村民看得舒服，学校还特意多准备凳子。校内的文艺演出、放映电影等活动，也给附近村民的生活增添了不少乐趣。

学校体育活动开展得较为普遍。每当课间做广播体操时，耳边就响起了“发展体育运动，增强人民体质”“提高警惕，保卫祖国”的导语。除坚持每日的早操和课间操外，学校还成立篮球队、体操队、田径队、乒乓球队、游泳队、舢板(赛艇)队和航海模型小组等，开展多项体育活动。那时全校师生五六百人，体育活动场所只有一片用水泥混凝土浇筑的操场，它既是篮球场、排球场，也是田径场。在水泥场地的一边还开辟了一块供跳高、跳远、铅球等使用的沙坑。乒乓球桌放在大礼堂的台上，单杠、双杠等放在礼堂的一个角落上。体育活动最吸引人的就是篮球，在白天课间休息或傍晚学习工作结束、天还没黑之前，相约到操场打篮球。校篮球队通过持续训练，球技大有长进，学校男女篮球队均获余杭县比赛第一名，并获得全杭州市中专学校比赛冠军。

坚持经常的生产劳动，多彩的文体活动，丰富了学生课余生活，增强了师生体质，也加强了与周围群众的联系。学校每个师生都充满着使不完的劲，处处洋溢着乐观向上的精神。在杭州中等学校举办的各类体育比赛，学校每次都派队参加，取得了不错的成绩，特别是航海模型等，在省市都小有名气。学校的体育工作受到省市教委的好评。

从1963年春学校迁到杭州3年，学校采取了一系列措施，边探索、边实践、边完善。总的来说，办学指导思想明确，师生关系融洽，教学秩序稳定，文体活动活跃，精神风貌良好。

第3章

逆风飞飏（1966—1976年）

1966年上半年，正值学校经调整逐步走上正轨之际，一场史无前例的“文化大革命”席卷全国。学校正常教学和管理秩序受到严重破坏，几近瘫痪。

1969年，学校根据中央指示和省统一部署，落实了1966届、1967届、1968届三届毕业生的分配工作，到年底基本分配完毕。学校在没有学生的情况下，面临着是否继续办下去的重大抉择。

1970年初，浙江省革命委员会生产指挥组决定解散学校，将其并入杭州汽车制造厂，教职员工另行安排。

浙江省交通厅和学校领导都认为交通需要人才，学校不应解散。立即采取应对措施，由学校组织干部、教师分赴各地、市交通部门，深入公、航、运输企业、公路段、汽车站、工厂、码头进行调查研究。历时两个月，写出调查报告。通过充分的材料，有力的数据，申述学校不能解散的理由和继续办学的必要，由浙江省交通厅向浙江省革委会报告请示。经过浙江省交通厅的努力，浙江省革委会最终同意学校予以保留。

经过这次生死存亡的考验和社会调研活动，全体教职工经受住了考验，更加坚定了办好学、教好书的信念，为学校今后克服困难、复课办学打下了良好的思想基础和教学改革准备。

学校干部、教师急社会所急，把培养社会主义建设人才看成是自己的天职，顶住压力，坚持办学。早在停课期间，不少干部与教师就支持汽9、10班大部分学生自己去工厂挂钩参加实习。1969—1970年，老师们积极投身复课。1969年老三届毕业生分配前夕，老师们努力为学生补课。1970年初和1971年底组织两次调研，老师们分赴全省各地，接触生产实际，探索教学改革方案，足迹遍及船队、工厂车间、港口、码头，并召开教育改革座谈会，广泛听取企业对教学计划、课程设置、培养目标等方面的意见和建议。

1971年起，学校陆续开办了为期一年的教学试点班，有汽修(厂来厂去)、公路(社来社去)、汽车驾驶(为交邮局代培)。

1972年，汽修专业率先恢复考试招收中专学生，在杭州地区招收了汽修11班(一年制)、12班(两年制)新生。1973年，公路、海驾、轮机和航道等专业经省教育厅批准也恢复了招生，定向招收了工农兵学员——汽修13班。这样，学校实现了所有专业全面恢复招生，比当时省内其他学校恢复招生都要早。

1975年，学校开展厂校联合办学，在浙江船厂开设船舶修造专业教学班，为该厂培养技术力量。学校为本系统开办的上岗前培训和考证班也从未间断。长期开办内河与沿海轮机驾驶考证班就是一个比较突出的例子。学校坚持教育为生产服务，取得了较好的社会效益。

在此期间，学校的实习工厂历时一年，自行组装改建了第二辆交通大客车。学校1966年改装的第一辆交通客车，到1971年技术状况明显下降，难以继续使用，又因为经费紧张，不能购置新车。1971年下半年，学校决定由实习工厂仿造上海649型大客车。

实习工厂职工热情很高，欣然接受了这项任务。为了能顺利造好校车，厂里立即召开动员大会，全厂员工上下一心，采购零配件，做性能测试，起早贪黑，开展技术攻关，攻克一个又一个难题。发动机是购买零部件自己组装，底盘是利用原有的解放牌CA-10B货车底盘加长改制而成，车身由员工一锤一锤敲打成型，表面经打磨喷漆，经组装试验后，一辆崭新的649型大客车终于大功告成。就当时而言，这辆大客车在杭州市内属于稀罕物。新车启用当天，学校上下甚为振奋，为表庆祝，经领导同意，新车载上学校职工，风风光光绕了西湖一圈。

1970—1976年，在极度困难的非常时期，学校仍坚持办学，并且开展多种形式办学，共培养毕业(结业)生1194名；自编了《航海学》《国际信号》《汽车构造》《公路勘测与设计》《汽车保养与修理》《船舶内燃机》《船舶工程》等教材(讲义)。1975年1月，交通部教育局在学校举办了第一次《机械制图》中专教学革命交流会，来自全国30多所交通学校的代表参加了这次教学交流活动。学校的坚持办学，培养了一支素质良好的教师队伍，积累了宝贵的办学经验。

每当回顾这段历史，学校之所以能够在非常时期，坚持办学，得到社会认可，是因为：省交通厅任何时候都十分支持学校办学；学校始终坚持教育为交通运输生产服务；学校拥有一支热心于教育工作，具有良好素质的教职工队伍；学校能结合实际贯彻执行有关教育革命的指示。

1960—1976年学校毕业生统计表

毕业年份（年）	班级 / 人数（人）					合计（人）
1960	公4班/55	船驾/9	轮4班/50	—	—	114
1961	公2班、公3班/100	驾1班、驾2班/86	轮1班、轮2班、轮3班/89	汽1班、汽2班/98	航1班、航2班/96	469
1962	公1班（四年制）/46	—	—	汽3班、汽4班/74	—	120
1963	—	驾3班/38	—	—	航3班/34	72
1964	公5班/39	驾4班/12	—	汽5班、汽6班/91	—	142
1965	—	—	轮5班、轮6班/36	汽7班/51	—	87
1966	—	—	—	—	—	—

续上表

毕业年份（年）	班级 / 人数（人）					合计（人）
1967	—	—	—	—	—	—
1968	公 6 班 /48	驾 5 班、驾 6 班 /82	轮 7 班、轮 8 班 /91	汽 8 班 /42	航 4 班 /36	299
1969	公 7 班 /40	驾 7 班 /39	—	汽 9 班 /50	—	129
1970	—	—	轮 9 班 /42	汽 10 班 /46	航 5 班 /40	128
1971	—	—	—	—	—	—
1972	—	—	—	—	—	—
1973	—	—	—	汽 11 班（一年制）/27	—	27
1974	—	—	—	汽 12 班（二年制）/42	—	42
1975	公 8 班 /38	驾 8 班 /40	轮 10 班 /40	汽 13 班 /42	航 6 班 /40	200
1976	公 9 班 /49	驾 9 班 /50	轮 11 班 /49	汽 14 班 /49	—	197

第 4 章

声名鹊起（1977—1983 年）

1977年，全国恢复高考制度，对考生开展德智体全面考核，择优录取。1978年，党的十一届三中全会召开后，学校调整了思想路线，落实了党的干部政策和知识分子政策，贯彻以教学为中心的办学思想，在教育战线进行全面拨乱反正，把学校教育事业发展引向正轨。

1977年，学校招收首届恢复高考后的学生有四个专业，共五个班：公路与桥梁专业一个班、汽车运用与维修专业两个班、海洋船舶驾驶专业一个班、海洋轮机管理专业一个班。学生除汽修专业有一个班在1977年9月入学外，其余均在1978年2月入学。1978年高考在上半年进行，新生于9月入学，招生的专业和班级数相同。1977年、1978年学校共招新生10个班。

1979年2月，春寒料峭，元宵节刚过完，就开始了新学期。学校组织召开的第一个会议，就是学习贯彻党的十一届三中全会精神，结合邓小平同志在1977年、1978年关于教育工作的一系列重要论述展开学习讨论。教职工个个有心里话说，个个想吐露情怀，集中表达了"教学才是学校的中心工作"的真实感想。会议达成共识：必须把学校工作的重点转移到教学工作上来。

邓小平在全国教育工作会议上的讲话，时时在老师们耳边回响，老师们眼里闪烁着光芒，浑身充满干劲。

1980年初，撤销校革委会，李成富、蒋金宝改任副校长，王志武任党委副书记，夏克明、刘渊、蔡维元任副校长。学校新的领导班子为学校逐步恢复、走上正轨创造了良好条件。

副校长刘渊参加联合国教科文组织会议(1982年9月)

学校为了把工作重心转移到教学上来，积极支持各学科开展教研活动，并参加全国交通系统教研活动。先后参加了1977年12月、1978年3月交通部召开的公路与桥梁专业、海洋船舶驾驶和轮机管理专业教学大纲和教材编写会议。1978年8月，学校组织召开了全国交通中专《汽车技术使用》第一轮统编教材编写会议，并担任该书主编。学校编写的《摩托车构造》《摩托车维修》两书也由人民交通出版社出版。学校主动参与全国性教材大纲编写、审定和承办会议、担任教材主编等活动，为专业和学科建设积累了经验。由于学校明确了工作重心、办学较快走上正轨，各项工作在当时比省内其他中专院校先行一步。

学校按照教育部、交通部的意见，调整专业教育学制。

1979年8月，学校贯彻《教育部关于中等专业学校工科专业二年制教学计划安排的几点意见》，对培养目标、学习年限、制定教学计划的原则、教学环节和教学时数的具体安排等都做了明确规定。招收高中毕业生，学制两年。

1980年6月，交通部为了贯彻全国中等专业教育工作会议精神，稳定教学秩序，提高教学质量，发出关于《三年制教学计划安排意见》

（以下简称《意见》）的通知，提出将交通中专学校各专业的学制改为招收高中毕业生，学制三年。《意见》要求在安排各专业课程时，要根据科学技术发展和交通运输现代化建设的需要，体现"基础理论厚一点，专业面宽一点，适应性强一点"的精神，理论教学周数与实践教学周数占比一般为80%和20%。还要求各专业为了适应现代化建设的需要，都要加强外语、管理和微机基础知识课程的教学，有条件的学校增开一些选修课。学校教学据此作了相应调整。

经过两年多的实践，交通部教育局于1983年1月，正式颁布《交通系统中等专业学校教学计划(试行)》，包括21个专业的23种教学计划。1983年11月，颁布了各教学计划的教学大纲，为恢复正常教学秩序、提高教学质量、发挥了重要作用。

但是，交通中专学校在执行第一轮教学计划时，遇到的主要问题是招收的高中毕业生，已有相应的文化基础，学制三年时间过长。交通部教育局从交通实际出发，决定对1984年入学的学生，学制改为两年半，并着手研究改为两年制。学制的调整，使学生在校学习时间的缩短，普遍受到欢迎。

在先后调整专业教学计划、学制工作期间，学校于1980年为加强学生管理，强化学生政治思想工作，从原先仅由教务科统管教学、学生的基础上，增设了学生科。学生科的职能为配合教学，组织学生开展课外活动，参加文体比赛等。

1981年下半年，中断多年的教师职称评定工作恢复。1982年7月，学校建立教师职称评审委员会。10—11月，经省交通厅和省教育厅评定批准，评聘讲师34人(占教师总数43%)，教员20人(占教师总数25%)。教师职称评定工作的开展，大大激发了教师们的热情，促进了学校的教学和研究工作。同时，学校尽可能在骨干教师中培养学科带头人，并着手引进专业教学人才。

1982年，按照交通部教育局统一部署，学校组织开展了为时一个月的教学大检查。学校对照交通部教育局在1981年10月下发的《交通系统中等专业学校教学管理办法(草案)》(以下简称“三十条”)要求，组织听取教师讲课，检查了教学计划和大纲的执行情况，查阅了教师授课计划、教案、学生作业、实验实习指导书、实验报告、各种规章制度、表报、教师业务档案和学生的健康卡片以及教研组的工作计划、小结等。通过这次大检查，完善了教学计划、教学大纲等教学资料，严格了日常的教学管理制度、考试制度，加强了实验、实习等实践性教学环节。学校抓住这次传达学习、贯彻执行教学管理办法大检查的好时机，按照管理科学化的要求，规范了学校工作，使整个教学管理工作逐步趋于完善。

1982年，学校学习贯彻教育部召开的学生政治思想工作会议精神，响应全国总工会、共青团中央、全国妇联等9家单位联合发出《关于开展文明礼貌活动的倡议》，学校的政治思想工作得到了加强。组织开展学雷锋、创“三好”“五讲四美”“学习张海迪”等活动，并开设了德育课，进行近代史、人生观和理想教育。学生精神振奋、积极向上，组织纪律性加强，专业学习自觉性明显提高，好人好事明显增多，“比学赶帮超”的学习氛围明显浓厚了。

学校为加强专业基础教学，于1983年11月增设电工、力学等技术基础教研组。为加强实验实训教学，1978年到1980年先后建成电工基础、物理、化学、金工、汽车、轮机、船驾等实验实训室17个；1981年、1982年购置了6300-ZC柴油机、WE-60J、万能试验机及753A雷达等大型设备。

学校对体育教学十分重视。坚持课内与课外、普及与提高相结合的方针，培养学生体育锻炼习惯。1981年、1982年学校连续2年被评为省级体育先进单位，在校生体育达标率为97.6%，居全省前列。

1982年，学校在米市巷新建了第一幢教工宿舍，面积计3160平方米，学校有54户教职工分到了新房。

学校党委重视新党员的发展工作，制订培养计划，确定培养对象，积极慎重，本着“成熟一个，发展一个”的工作方针，吸收优秀教师入党。1983年，学校党组织发展新党员两名，是1966年以来的首批。同年11月，学校恢复了停止活动多年的学校工会，组织开展了球类、棋类、书画、交谊舞等活动，丰富了教师的业余生活。

1983年4月，浙江省交通厅任命郑传礼同志为学校党委代书记、刘渊同志为代校长，沈本业、陶遵炳、林立坦等同志为副校长，李成富同志调任浙江省交通干部学校筹建组组长，蒋金宝、王志武、夏克明等同志离休，蔡维元同志不再担任副校长，继续负责函授站工作，于1986年退休。

1979—1983年，教师的教学、科研著作也获得了优良成果，由我校教师编写的全国统编教材《汽车技术使用》《汽车教学挂图》《桥梁工程》《船舶电气设备》等由人民交通出版社等出版发行。

学校的管理工作也逐步进入正轨，修订完善考勤、财务等12个规章制度，健全教学进程表及考试考查制度，完善教务科统一管理下教研组建制。

学校从1977年到1982年，只有公路与桥梁技术、汽车运用与维修、海洋船舶驾驶和海洋轮机管理4个专业，每年招收新生在5个班、200人左右。

从1983年开始，学校根据行业需求开设新专业。1983年，学校将1982年招生的汽车运用与维修专业(汽26班)改为交通监理专业1班，该专业1985年、1986年各招一个班；1983年还新开设了船舶检验专业，该专业1983年、1985年各招一个班。

为满足浙江省交通行业对不同层次人才的需求，学校在办好全日制中专教育的同时，积极寻求与相关高校合作，开展本科层次的函授教育。1981年4月，同济大学函授站在学校成立，1982年12月又成立了西安公路学院函授站，开展了同济大学公路与桥梁工程专业和西安公路学院汽车运用工程专业的本科函授教学，为浙江省交通行业培养了本科人才，也为促进本校专业师资队伍建设起到了积极的作用。

同时，学校针对浙江省交通行业职工特点，开展了不同类型的培训，陆续举办公路施工、制图、干部文化补习、海船轮机员考证、汽车驾驶、汽车运输经济管理等各种培训班。

这几年，尤其是十一届三中全会后，学校对教学计划、学制等多次调整，教学秩序有所好转。交通部教育局教学管理“三十条”，给学校教学管理指明了方向，提供了方法。学校抓住时机，正本清源，大力推进。学校恢复招生早，管理较规范，在招生、就业分配、校园文化活动等方面成绩突出，社会声誉鹊起。

1977—1983年学校招生情况

年份（年）	招生专业 / 人数（人）						合计（人）
1977	—	汽车运用与维修 / 40	—	—	—	—	40
1978	公路与桥梁 / 81	汽车运用与维修 / 119	海洋船舶驾驶 / 75	海洋轮机管理 / 80	—	—	355
1979	公路与桥梁 / 40	汽车运用与维修 / 81	海洋船舶驾驶 / 40	海洋轮机管理 / 40	—	—	201
1980	公路与桥梁 / 40	汽车运用与维修 / 40	海洋船舶驾驶 / 39	海洋轮机管理 / 39	—	—	158
1981	公路与桥梁 / 80	汽车运用与维修 / 81	海洋船舶驾驶 / 39	海洋轮机管理 / 40	—	—	240
1982	公路与桥梁 / 39	—	海洋船舶驾驶 / 78	海洋轮机管理 / 78	交通监理 / 40	—	235
1983	公路与桥梁 / 41	汽车运用与维修 / 40	海洋船舶驾驶 / 40	海洋轮机管理 / 41	船舶检验 / 41	—	203

第5章

全国重点（1984—1993年）

1984年6月，浙江省交通厅任命沈本业同志为学校党委书记，谭文莹同志为校长，刘渊同志为名誉校长。

1984年10月，党的十二届三中全会一致通过《中共中央关于经济体制改革的决定》。1985年5月27日，中共中央颁布的《关于教育体制改革的决定》指出：教育体制改革根本目的是提高民族素质，多出人才、出好人才。培养有理想、有道德、有文化、有纪律的社会主义建设人才。提出要调整中等教育结构，大力发展职业教育，充分发掘现有中等专业学校和技工学校的潜力，扩大招生。

浙江省交通厅十分关心学校的改革发展，厅长邵尧定、副厅长蔡体愣等领导到校考察调研。学校属地余杭县政府也十分支持学校的发展，县长徐根法，副县长陈惠德、洪吉根等到校实地考察了解情况，为学校征地、扩建提供重要保障。

学校通过对照，认识到存在着许多不适应时代发展要求的问题，必须实行改革。学校发出通知，号召师生员工大胆探索、勇于创新，为改革献计献策，凡提出合理化改革建议和措施得到采纳的，给予一定的奖励，对学校改革起到了积极作用。

为适应浙江交通事业发展的需要，根据基层单位人才需要的信息反馈，学校增设新专业，开办培训班，走多层次、多渠道办学的路子。1984年下半年，招高中毕业新生253名，其中4个原有的骨干长线专业，除汽修专业未招以外，其余专业各招一个班，增设水上运输和汽车运输两个管理专业。还在全省范围内招收在职职工，开设一个汽运工程职工中专班(初中毕业学制三年)。此外，陆续举办公路施工制图、干部文化补习、海船轮机员考证、汽车驾驶、汽车运输、经济管理等各种培训班。

1984年，学校成立劳动服务公司，开设交通书店，设立人民交通出版社杭州发行站。

1985年4月，交通部教育局下发《交通工科类中专学校两年制教学计划的几点意见》，在总结第一轮教学计划执行情况以后，明确把招收高中毕业生学制三年改为两年。学校按照交通部规定，及时对招收高中毕业生的专业教育学制作出了调整，学生培养时间缩短，受到企业欢迎。

为了培养浙江省内河船舶技术检验和技术管理方面中级技术应用型人才，1985年招收船舶检验专业一个班，即“船检(2)班”。由于省内航务监督(航政)技术管理工作的发展需要，为培养这方面的中级应用人才，增设港监专业，招收该专业一个班，以及汽运管理、水运管理及交通监理专业各一个班，并继续招汽车职工中专一个班，学制除职工中专仍为初中毕业后3年，其余均为高中毕业两年制。4个长线专业中，路桥、船驾各招一个班，轮机、汽修2个专业未招，共招新生351名。

1986年上半年，在浙江省交通厅有关领导的牵头下，学校经与浙江工学院多次洽谈，决定联合举办三年全日制大专班，并商定招收公路与桥梁专业、水运管理两个专业，招生规模每个专业30人，生源列入浙江工学院招生计划，我校负责大专班的全部教学培养及管理。学校为此专门成立了大专部，抽调精干教师，制定培养计划、教学大纲及相关规章制度，做好办班前的各项准备。同年9月，公路与桥梁专业、水运管理两个专业60人按期进校，至1989年，学校共招收公路与桥梁专业四届5个班，水运管理专业两届2个班，共210人。1992年，与上海海运学院联办大专班。

学校完善教师教学岗位责任制，制定《教师教学岗位责任制考勤办法》。对教师教学态度、教学水平等方面进行考核，建立教师业务档案，存放教师关于教学方面的材料，作为今后晋级、评定职称的依据。实行超课时津贴办法，使多劳多得的原则在教学部门得到体现。

1984年下半年，先后成立了运输管理和外语教研组，并首先以外语、金工2门课程的教学作为改革试点。对外语课的教学改革，主要是让学生根据自己的基础选择教学内容，因材施教，针对学生在听、说两个方面比较薄弱的现状，每周增加两节口语训练课，以加强口语练习，提高听、说能力。并开展英语兴趣小组、英语有奖竞赛等活动，在较短时间内，收到较好成效。对金工课的教学改革，主要是遵循“从感性到理性”这一认识规律，变以往的先上课后实习为先实习后上课，效果较好。同时，学校加强实验教学，特别是计算机的实验教学。1984年，招入8名实验员，扩大实验室队伍，并创造条件，加强对电子计算机等现代化科学技术的教学。

1987年，学校开始实施《理论教学手册》管理办法。老师们以前虽然也认真备课，总结上课经验，但都是散乱地标记在书上或笔记本上，甚至是旧报纸上。如今使用《理论教学手册》可以系统地反映自己的教学全过程，还可以记录学生的课堂反馈情况，对提高教学质量，起到督促作用。为提高教师教学质量，教务处组织评估，进行规模较大的检查，每学期开学时、学期中和学期末进行三次检查，而且要有书面小结，主管教务的副校长在教师大会上讲评。

1987年下半年，学校进行教学管理改革，设立船驾、轮机、路桥和汽车四个专业科，与教务处为平行关系，数理化、力学制图、政文及体育、电工、外语等教研组仍隶属教务处，全校教学计划由教务处协调专业科统一管理。1990年10月，在实验组的基础上，成立中心实验室。

学校的教学成效得到了社会的认可。1990年12月23—28日，交通部华东片区评检专家组来校进行教学评估验收，学校路桥专业名列华东五所交通学校总分第二名。

1987年11月，浙江省交通厅任命陶遵炳同志为学校党委书记，庞又艇同志为副校长，沈本业同志调任省交通干校校长。

学校坚持“两操一课”，体育课成绩被纳入评“三好学生”与奖学金条件，规定早操旷操10次作体育课成绩不及格论且不得补考，不发毕业证书，促进了学生对体育的重视和参与，学生的体质得到提高。1984年，学校学生破省中专跳高纪录，学校男篮获中专邀请赛第三名。1987年，学校300米跑道的田径场落成。1990年，学生体育达标率平均为98.84%，位列浙江省中专学校前三名。1991年5月22日，浙江省教委、省中专体协检查评估我校体育教育与管理工作，荣获省工科中专第一名。

1985年2月，全校启动学校管理规章制度再次修订工作。为稳定教学秩序、加强行政管理，由教育研究室负责起草了《浙江省交通学校部门职责范围》。经过2年的实践，再由教育研究室牵头组织进行修订，于1988年8月完成。先后制定了有关职工请假、人事管理、会议制度、在职进修、安全保卫、车辆使用及固定资产设备管理等办法。校办工厂也在1984年试行《工作包干责任办法》，打破平均主义、“大锅饭”，按贡献大小，多劳多得。到1991年6月，学校基本建立起了比较全面的管理制度，并编印成《浙江交校管理制度汇编》。

学校的一切工作都是为了学生成长。学生管理工作的好坏，直接影响到学校的整体教育质量，因此学校高度重视学生管理工作。

1979年教育部下达《关于中专学生学籍管理暂行规定》，学校据此修订了学生管理工作的有关规章。1987年，学校修订完善了《学生守则及管理规则》，内容包括：学生守则、教室规则、试场规则、实验室规则、宿舍规则、饭厅规则、班委会分工与职责等。这些行为准则的宣贯与执行，重在增强学生遵纪守法的自觉性，也有助于进一步稳定教学秩序，提高教学质量。

学校成立了宿舍管理小组，开展创文明寝室活动，建立内务检查制度，定期检查学生宿舍。学校坚持军训制度，每年新生入校就进行军训。

学校积极组织开展多种形式的活动，开设第二课堂，扩大学生知识面，丰富学生校园生活。举行科技、书画、音乐、武术讲座等活动，组织文艺、体育竞技训练。1988年，学校中老年教师跳起了流行的迪斯科舞，成为校园内一道亮丽的风景线。1989年，学校组队参加浙江省交通厅直属单位中老年迪斯科比赛，获得二等奖。先后在教职工和学生中，逐步推广了交谊舞，进一步丰富了师生的业余文化生活；学生会经常举办周末舞会，学生科、团委还邀请专业乐队来校为全校性的舞会伴奏。1990年，学校因陋就简开辟了一个小型简易舞厅。并购置乐器，建起了由青年教师组成的校乐队。经常可以看到老师们在紧张的教学、工作之余，在悠扬的乐曲声中翩翩起舞，有三位教职工在厅、市有关比赛中获得了第一、第二名。

学校还举办艺术周，开设录像室，为师生播放录像、电影，开展多种形式的文艺活动，进一步丰富了师生的业余生活。

1984年开始，学校试行奖学金制度。改革开放以来，浙江农村与城市经济情况发生了很大的变化，人民生活水平得到不断提高，相当数量的家庭有经济能力支持子女上学。同时，助学金制度已经明显不利于培养学生的竞争意识和进取精神。对品学兼优的学生，无论其家庭经济情况如何，都应给予物质鼓励，发放奖学金。学校奖励积极向上的学生，实行助学金制度改革，从单一的助学金变为奖助结合，评选出一、二、三等奖和单项奖。为鼓励水上专业发展，在船驾19班还进行助学金浮动试点，将学生个人表现、学习优劣与助学金评定联系起来。

到1988年，全部实行奖学金制度。学校为鼓励学生德、智、体全面发展，对德才兼备，品学兼优的学生给予精神奖励的同时，发放奖学金以物质奖励。学校每年评选三好学生、优秀团员、优秀团干部、优秀学生干部及先进班级、先进团支部，并对他们进行奖励。每届学生毕业时评为优等生后，学校也会予以奖励。

奖学金制度改革，增强了学生的责任感和竞争意识，激发了学生的学习热情，调动了全体学生的学习积极性，学习成绩、合格率普遍得到提高。学校还设置专项奖学金基金，接收捐助、从创收中提取一部分等不同渠道，增加奖学金基金数额。

在浙江省交通厅的大力支持下，学校校园面积、教学场地、教学条件和教工住房得到不断改善。

改善学生宿舍居住条件。1983年，学校增建了两幢学生楼的外走廊。1984年10月，建造了95平方米的锅炉房，1988年扩建46平方米，面积增加到141平方米。学校在1986年9月建成外观新颖、全部分隔淋浴的新浴室，面积为322平方米，基本解决了学生洗澡问题。1989年底，新建了4689平方米的六层学生宿舍楼，拥有宿舍133间，可居住1064名学生，大大改善了学生的住宿条件。1988年学校成立膳食科，加强对师生膳食管理。

改善教学实验条件。为适应教学实验发展的需要，学校第一实验楼1985年完工，有152间教室(包括阶梯教室)，总面积3243平方米，极大地缓解了学校实验室场地紧张的问题。但教学用房还非常紧张，教学楼的短缺成为学校的一件大事。

船舶驾驶专业学生在钱塘江上操艇练习（1988年）

1989年4月，学校新教学大楼竣工，建筑面积6332平方米，可容纳全校所有班级的课堂教学。原老教学楼经装修改为学校招待所。

1990年起，学校新建两幢楼作为学校实习工厂，1991年8月底完工并投入使用，实习、生产条件得到极大改善。

新建食堂和大会堂。随着学生人数增加，建于1960年初的旧食堂已经无法满足就餐需求，学校先对旧房进行了调整，以临时食堂作为过渡。1987年2月，新落成了一座2349平方米大楼，共两层。一层为食堂，可容纳近千名师生同时用餐；二层为礼堂，有座位836个，并设有舞台，可举办演出、报告会。

1984年，学校在祥符桥建宿舍楼1幢，计2233平方米，有36户教职工分到了新房，主要是户口在余杭县的老教师、老职工。1986年，在校园内建起了5层单身教工宿舍楼，计981平方米，可居住36户。1988年，又在米市巷建宿舍楼一幢，计653平方米，共12套。同时，又在和睦新村购房6套。这些都在很大程度上改善了教职工的居住条件。

学校加强了对实验教学设备的管理，制定了各项制度。1986年2月迁入实验楼后，学校成立了统一管理的实验组。3月，制定了《实验组工作范围与职责》《教学实验楼工作人员守则》《学生实验规则》《实验技术人员工作规范》《实验室工作条例》等9个规章制度。1987年11月，学校制定了语音室、计算机室的有关规定，使实验管理逐步走上正规化。

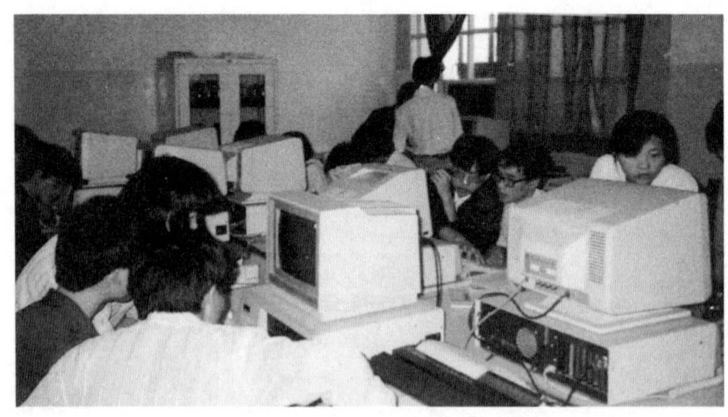

学校的计算机机房（1990年）

1990年10月，学校在实验组基础上，成立中心实验室，加强了对实验设备和设施的统一管理和使用。除满足教学外，还承担对外的科研等任务。在实验教学发展过程中，教师实验员还自己动手制作有关设备，如模拟驾驶室、轮机水泵室、船模制作等。投入40万元新建并装配了面积84平方米的电算实验室；建设了18个面积160平方米的雷达实验室等实验室，总面积达2185平方米，总投入156.6万元。学校的实验实训室增加到25个。

经过几年的建设，到1990年，学校的图书室和资料室，设有采编室、出借处、资料室和教师阅览室、路桥专业资料室以及3个学生阅览室。总藏书量为8.9万册，期刊500余种，资料6000余册。

为了迅速提高青年教师的业务能力，教学经验丰富的中老年教师通过“传、帮、带”，使他们较快地上岗并逐步成熟。同时，学校还组织教师和教辅人员进修深造，整体师资队伍得到较快发展。

继1982年首次评定教师职称，1987年再次开展评职称工作。至1990年12月，学校教职工获各级各类专业技术职务的有141人，其中高级19人、中级39人、初级83人。

教师们在教学的同时，还承担着科研与教材编写的任务。1984—1993年，学校教师们共发表论文124篇；其中发表在全国性刊物15篇、省级刊物38篇、市级刊物1篇、译文4篇，有66篇在学校的《交校教育》上刊出。编写教材和教学大纲35部，其中公开出版12部、校际交流23部。1986年底，学校设立由浙江航海学会主办的《浙江航海》杂志编辑部，由学校教师担任主编、副主编及责任编辑等。有2项发明获省交通厅科技奖。

1988—1989学年，有三项教育科研课题列入计划，其中“使用世界银行贷款建立职业技术教育中心的研究和实践”课题，列入交通中专研究会一级，另两项课题为校一级。1990年，全校职工参加全国及各省、市举办的34个学会，参加活动140人次。

学校还举行不同形式的教研活动和师资训练，如校内交流论文、观摩教学、新教师上岗前学习班并分期到实践岗位锻炼，规定新教师必须先做班主任等。同时多次聘请校外教师来校做心理学、教育学、外语等专题讲座。学校相关教研组积极组织和参加杭州市中专各学科的教研活动。

学校在教书育人方面荣誉累累。1983—1984年，有两名教师荣获省级“五讲四美、为人师表”优秀教师称号；1984年，学校两次对满25年教龄及以上的教师进行表彰；1985年评选校优秀党员两名，并在教师节表彰了一批先进教师，其中受交通部表彰一名，省级优秀教师一名；1986年，庞又艇老师被评为交通部优秀教师、张靖汉老师被评为省级优秀教师；1989年，钟祖耀老师被评为全国优秀教师，莫依华老师被评为交通部优秀教师。这些荣誉的获得，进一步调动了教师为交通教育事业工作的积极性，也为教师的成长开辟了更广阔的舞台。截至1990年，学校共有教职工275名，党员62名。

1986年11月28日，民主德国副国务秘书奥巴尔曼博士、职业教育研究所所长齐奥默博士由国家教委外事局局长赵汤涛、浙江省教委副主任邵宗杰陪同参观访问了学校。他们对学校的专业设置、教学模式、职业教育的理念表示赞同，学生的整体素质和学校的学习氛围给他们留下了深刻的印象。这是建校近30年来，外宾首次参观访问学校，打开了学校对外交流的大门。

同年，学校通过浙江省教委，积极争取世界银行促进职业教育发展专项贷款计划项目(以下简称“世行贷款项目”)。

学校做了前期调研和分析，形成了申报材料。1987年3月19日，罗伯特·麦古先生、杨佳玲女士组成的世界银行考察组来校考察访问，为世行贷款项目做前期论证工作。此后，学校通过了世界银行代表团对世行贷款项目的现场评估。

随着世行贷款项目的实施和职业技术教育的发展，1991年9月28日，香港职业训练局执行干事、委员黎泽銮先生一行12人，12月30日，以全苏职教干部进修学院院长库兹明为团长的职教考察团一行3人先后访问学校。

用世行贷款项目经费购置的车床

1991年、1992年谭文莹等校领导、教师受交通部派遣，赴澳大利亚学习、考察国外职业教育的先进经验，回校后向全校教师做了考察报告。

除了赴国外考察，学校还加强与国内校际的联系。校领导和有关教师多次出席兄弟院校的有关会议或学术活动。1990年，学校承办了全国交通中专路桥类专业年会。为加强同各地校友的联系，争取校友对学校各项工作的支持，随时听取校友对办学的建议和意见，1990年12月28日，成立了浙江省交通学校校友总会，从1991年2月开始，定期编印《交校校友通讯》。

学校体育活动场馆不断增添。1987年，学校300米跑道的田径场落成，同时开辟了乒乓球、桌球、棋类等活动场所。学校组织参加各种体育比赛，1986年5月，在杭州市中专第六届田径运动会上，我校选手刷新男子100米赛跑记录；1989年，我校获第九届杭州市中专田径运动会高中中专男子组总分第一名，并在杭州市元旦环西湖接力跑中夺魁。

学校地处郊区，公共汽车乘客多、车辆少，“乘车难”是学校从选定校址就存在的一个难题。教职工上下班、公务外出等都很不方便。同时，随着学校的发展，教职工人数的增加，市区宿舍的兴建，20世纪

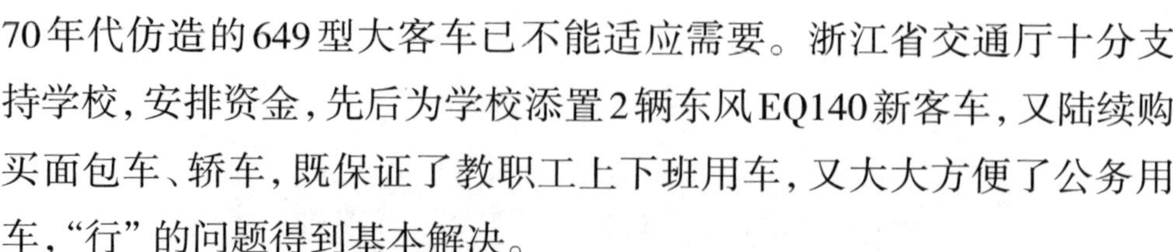
70年代仿造的649型大客车已不能适应需要。浙江省交通厅十分支持学校，安排资金，先后为学校添置2辆东风EQ140新客车，又陆续购买面包车、轿车，既保证了教职工上下班用车，又大大方便了公务用车，“行”的问题得到基本解决。

1991年11月，浙江省教委组织的中专教育评估组6人，对学校办学条件进行检查验收，顺利通过合格评估。1992年浙江省教委、省计经委《关于公布浙江省普通中等专业学校合格评估结果的通知》，学校被确定为合格学校，并授予铜牌。

1992年2月，根据国家教委、浙江省教委关于开展办学水平评估的部署和要求，学校进行办学水平评估自评整改工作。从2月开始经全员发动、组织准备、边整边改、验收总结等阶段，到11月结束，历时10个月。

“以评促建”，学校自评整改，得到浙江省交通厅的大力支持，当年省交通厅给学校追加了经费146万元，学校购置图书1万余册，总藏书达到12万册；购置80余万元的教学仪器设备；征地25亩，学校占地面积达到105.5亩，11月初，建筑面积4688平方米的新综合图书楼破土动工。

1992年12月6—11日，浙江省教委专家组14人进校，分行政后勤组、思想教育组、教学组三个评估小组，对学校办学指导思想、运行机制、办学条件、办学行为、学校管理、发展水平、改革创新等方面进行全面考察验收。评估组深入各教学、行政部门，到课堂听课，召开师生座谈会、问卷调查，仔细查看各类资料卷宗及软、硬件设施和校园环境。学校普通文化课、专业与专业基础课实验开出率分别达到100%和97.1%；各种体育设施与器材齐全，学生体育达标率达99.7%，名列省内中专学校前茅；学生与教师阅览室面积和座位数、电教室面积与座位数均符合A等要求。

1993年4月12—14日，交通部规范化学校评检调查专家组对学校进行了评检调查，确认学校达到交通系统规范化普通中等专业学校标准。同年6月30日，交通部下文，批准学校为交通部规范化普通中等专业学校。

1993年7月19日，浙江省教委、浙江省计委联合下文，确定学校为省级重点中专学校。

1994年8月22日，国家教委颁布《关于公布国家重点普通中等专业学校名单的通知》(教职〔1994〕10号)文件，确定学校为国家级重点普通中等专业学校，成为全省112所中专学校中的6所国家级重点中专学校之一。

1992年10月，浙江省交通厅任命庞又艇同志为学校党委副书记，免去其副校长职务；张林正同志为副校长。

1993年，浙江省交通厅任命谭文莹同志为学校党委书记(兼)，陶遵炳同志退休。

1993年10月23日，晴空万里，风和日丽。在浙江宁波港的码头上，人头攒动、彩旗招展，一派节日盛典的气象。学校首艘5000吨级水上教学实习船——“浙育”轮，正式启航投入运营，首航连云港。浙江省交通厅、浙江省远洋运输公司和学校领导，以及师生代表100多人，共同在现场见证了学校的这一历史性的时刻。

学校为解决水上专业学生实习困难问题，在浙江省交通厅的支持和众多校友及所在单位的大力帮助下，经多方努力筹集到经费，顺利购得浙江省远洋运输公司的一艘杂货运输船，作为水上专业教学实习用船，成为全国交通中专学校中唯一拥有5000吨级海洋实习船的学校。

为适应交通运输行业的发展对人才需求的变化，学校根据“老专业办出特色，新专业适应需求”的指导思想，在4个主干专业提高质量、逐步扩大的基础上，克服各种困难，不断开设急需的新专业。为满足浙江省交通行业从业人员提升专业能力的实际需要，学校通过各种途径，开设各类短期的考证班、培训班等社会服务班。学校在自我壮大的同时，十分重视校园文化建设，努力营造良好的文化氛围，以多彩的校园文化活动，丰富学生的精神文化生活，提高学生的思想道德水平，造就跨世纪交通人才。学校办学深受各方支持和重视，经费投入有所增加，学校还以委托代培、集资办学等形式，开源节流，使办学经费得到保证。

学校锐意改革发展，不失时机抓紧工作，使教学、生活等基本建设，获得重大进展，办学条件大为改善，整体面貌为之一新。学校顺利通过多次教学检查、评估，进行机构调整、体制完善和学制调整，教学管理日益规范、有效，为学校的继续发展奠定了基础。学校提出“理顺、改革、鼓劲、实干、发展”工作方针，上下欢欣鼓舞，众志成城，必将在新的征程中取得更大的发展。

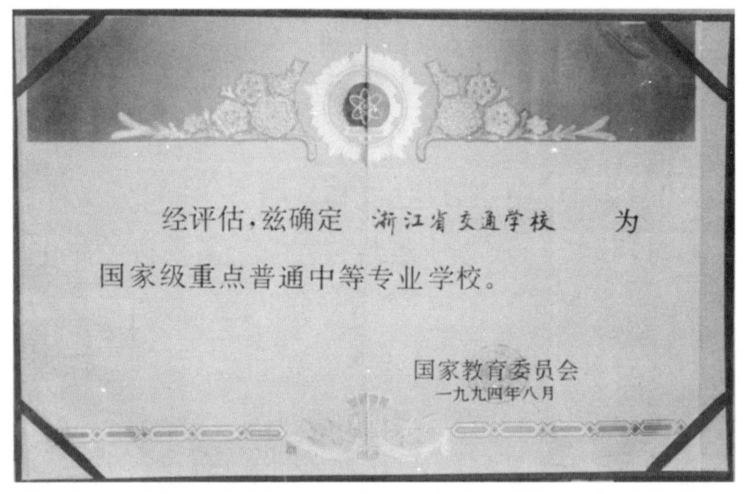
经评估，兹确定 浙江省交通学校 为
国家级重点普通中等专业学校。
国家教育委员会
一九九四年八月

学校被国家教育委员会确定为国家级重点中专

“励志力行”人物一

刘渊（1920.5—2019.4.7），安徽桐城人。他毕业于我国最早的海军军官学校——马尾海军学校航海科，以优异成绩选送英国皇家海军学院深造，1948年毕业后，到国民党海军“重庆号”巡洋舰任枪炮大副。该舰是当时国民党海军吨位最大、装备最精良的主力战舰。1949年2月25日，他参加“重庆号”在上海吴淞口的武装起义，随舰北上加入中国人民解放军海军。先后任人民海军安东海校航海主任、青岛海军快艇学校业务主任、大连海军学院主任教员，是新中国人民海军教学训练开拓者之一，1955年被授予少校军衔。他是最早把自动控制和自动控制技术引进人民海军的人员之一，也是“雷达”一词的首译者。1956年国庆节，他曾作为大连地区海军部队的代表，到北京参加天安门观礼，在中南海受到毛泽东主席等党和国家领导人的接见。

1958年8月，他转业地方，来到学校工作，先后任教务主任(科长)、副校长、代校长。1984年6月，担任学校名誉校长，同年加入中国共产党。担任名誉校长(1999年学校升格后担任名誉院长)后，仍继续关心学校发展建设，他修身治学、为人师表，是学校航海专业的主要创建人。

1982年9月，他受交通部、教育部联合派遣，参加联合国教科文组织亚太地区教育工作署(曼谷)组织的技术教育师资培训、考察。他以纯正流利的英语发表演讲，阐述交通教育理念和经验，赢得与会人员的一致认可和赞誉。1986年，年届66岁的刘渊凭深厚的英语功底、渊博的海军知识和丰富的人生阅历，受交通部、教育部邀请，参加了翻译外国海军条例的工作。

他在担任第六届、第七届全国人大代表、第四届浙江省政协委员、浙江省政府参事的多年时间里，围绕国家、省委省政府的中心工作，以多种形式积极参政议政，尽心履职，建言献策，受到一致好评。

他还积极投身弘扬中华优秀文化、祖国统一大业的社会活动，相继担任中国国际文化交流协会浙江分会副理事长(兼秘书长)、中国国际茶文化研究会秘书长，浙江海外联谊会第三届理事会顾问，欧美同学会西欧分会会长，浙江黄埔军校同学会会长。他还将一生的全部积蓄40万元捐赠学校，资助贫困学生完成学业。他呕心沥血，奉献终身，德高望重，广享盛誉。

1984—1993年学校招生情况

年份（年）	招生专业 / 人数（人）									合计（人）
1984	公路与桥梁 / 43	（职）汽车运用与维修 / 49	海洋船舶驾驶 / 40	海洋轮机管理 / 37	汽运管理 / 39	水运管理 / 42	—	—	—	250
1985	公路与桥梁 / 48	（职）汽车运用与维修 / 37	海洋船舶驾驶 / 39	—	汽运管理 / 50	水运管理 / 41	船舶检验 / 48	航政管理 / 39	交通监理 / 46	348
1986	公路与桥梁 / 49	汽车运用与维修 / 42	海洋船舶驾驶 / 45	海洋轮机管理 / 39	交通监理 / 41	航政管理 / 40	公路与桥梁（大专）/ 27	水运管理（大专）/ 41	—	308
1987	公路与桥梁 / 49	汽车运用与维修 / 39	海洋船舶驾驶 / 42	海洋轮机管理 / 44	汽运管理 / 40	航政管理 / 42	公路与桥梁（大专）/ 31	水运管理（大专）/ 32	航道工程 / 42	364
1988	—	汽车运用与维修 / 47	海洋船舶驾驶 / 42	海洋轮机管理 / 40	航政管理 / 31	航道工程 / 42	公路与桥梁（大专）/ 59	—	—	261
1989	公路与桥梁 / 45	汽车运用与维修 / 87	海洋船舶驾驶 / 94	海洋轮机管理 / 79	—	—	公路与桥梁（大专）/ 34	船舶电器 / 43	—	382
1990	公路与桥梁 / 50	汽车运用与维修 / 69	海洋船舶驾驶 / 42	海洋轮机管理 / 43	—	—	财会 / 50	—	—	254
1991	公路与桥梁 / 97	汽车运用与维修 / 45	海洋船舶驾驶 / 86	海洋轮机管理 / 133	—	—	财会 / 46	—	—	407
1992	路桥 / 138	汽修 / 82	船驾 / 88	轮机 / 90	财会 / 47	交管（运管）/ 46	—	—	—	491
1993	路桥 / 95	汽修 / 41	船驾 / 81	轮机 / 41	财会 / 38	船驾（大专）/ 29	—	—	—	325

第 6 章

试办高职（1994—1998 年）

世行贷款项目进入执行期。经过多年持续不断的努力，学校获批78万美元贷款(实际使用74.3万美元)和浙江省交通厅350万元人民币的基建配套投资。截至1994年10月，世行贷款购置设备完成了一至四标的招标、签约、接机、安装调试、投入使用；共引进223个品目计1269台(件)的仪器设备；建有基础和专业实验室30个。学校启用并向办公现代化迈进，为各办公室配置了电脑。这些设备很好地改善了学校的教学、实验和办公条件，为学校发展增添了实力，大大鼓舞了全校教职工的工作热情。

1994年，学校成建制接收了浙江航运技工学校。

为了更好地促进浙江海运事业和交通教育事业的发展，浙江省交通厅决定，航运技校变更隶属关系，由浙江省海运总公司成建制移交给学校。1994年9月8日，签字仪式与庆祝第10个教师节、国家重点中专命名庆典活动一并在学校举行，浙江省交通厅副厅长周志卿到会并讲话，他指出：航运技校变更隶属关系是一项体制改革，无论对学校、对企业发展都有利，能集中优势、各展所长。航运技校有着一批水上专业教师，成建制移交后，解决了学校航海技术教学实践人员的不足问题；航运技校在杭州市区的南星桥和谢村有两块土地，学校可统筹规划，能更好地利用和发挥其地理位置的优势。

成建制接收浙江航运技工学校

1994年10月18日，国家教委发布《关于在成都航空工业学校等10所中等专业学校试办五年制高职班的通知》(教职〔1994〕11号)，学校被列为首批试办五年制高职的学校之一。

1994年，学校设立高等职业教育部。高职试点班被列入地方中专招生计划单列，实行三、二分段和引入分流竞争机制进行管理，即前三年按中专学籍实施教学，同时按学校《浙江省交通学校高职教育班学生中期选拔分流试行办法》，每班按末位10%的比例，分流到普通中专班，在普通中专班选拔优秀学生补充进入高职班就读，第四学年起列入高职培养计划。在高职教学班实施中期选拔分流办法，极大地调动了中、高职学生的学习积极性。

学校五年制高职专业开设情况：1994年，先开设路桥工程监理专业；1995年，增设海船驾驶、海船轮机专业；1997年，再增设汽车检测与维修专业。

学校提出树立“勤业、力行、和谐、文明”校风，大力贯彻落实中央制定的《爱国主义教育实施纲要》《中共中央关于加强和改进学校德育工作的若干意见》，结合德育、美学课倡导心灵美、行为美；结合校史校训引导学生发扬艰苦创业精神；贯彻“三育人”方针，将爱国主义教育贯穿学校教育全过程，丰富了德育工作内涵并使之灵活多样化。

对于涉海类专业，交通部于1990年9月印发的《交通职业技术教育规划纲要(1991—1995年)》要求：航海和涉外专业实行半军事化管理；其他学校也要根据实际情况，创造条件，有计划，有步骤地试行半军事化管理，把半军事化管理的要求和学校的教育结合起来。1992年11月，交通部教育司印发了《交通部中等专业学校半军事化管理办法(试行)》，使交通中专学校的半军事化管理有章可循，逐步走上制度化、规范化的轨道，把学生管理工作提高到一个新的水平。

1994年，学校按照交通部要求，对涉海类专业学生管理试行半军事化管理，要求学生具有国际主义、爱国主义和集体主义精神和高度的组织纪律性，具有一定的军事知识和技能；要求学生具有与自然环境作斗争，机智勇敢、吃苦耐劳和大无畏的精神。学校半军事化管理的主要内容包括：军训、一日生活制度、内务卫生、容貌风纪、卫兵勤务、会操、校阅和升旗仪式等。

学校成立领导小组，校领导任组长，召开专题会议，选配干部参加半军事化管理工作，制订有关规章制度，及时解决试行过程中出现的问题。

通过一日生活制度化、学生行动军事化、教学秩序规范化、课外活动群体化来培养学生良好的职业道德和职业素养，使半军事化制度成为学生自觉遵行的行为习惯，从而推进涉海类专业半军事化管理文化建设，使校园文化中洋溢着浓厚的半军事文化气息。从此，涉海类专业学生整齐的队列、响亮的口号、井井有条的寝室内务，逐渐成为校园一道亮丽的风景线。

1994年4月，在学校中突出“跨世纪”教育和“跨世纪工程”活动，组织学生积极参加交通部和浙江省交通系统组织的教育活动。由学校党委决定，由政治处牵头组织编印《浙江交校报》。

1995年4月，交通部部长黄镇东、副部长刘锷到学校考察、调研、指导工作，指示学校要统筹安排，突出重点，办出特色。

1995年，学校试行双向选择岗位制。学校为深化内部管理体制改革，引进竞争机制，实行全员竞聘，引进制约机制实行目标考核。先后制订了《学校内部管理体制综合改革提纲》《“三定”试行条例》《校内聘任试行条例》《开发“三产”，增收节支暂行办法草案》等11项改革方案。7月，学校推行“双向选择”定岗制度，除专任教师和“三产”人员外的95人、55个不同岗位进行“双向选择”定岗聘用。最后，新上岗83人、转岗10人、待岗2人。这项“三定”（定岗、定责、定员）改革，做到“少进人，多办事”，强化了岗位职责意识。通过“四公开”的“双向选择”，变“要我干”为“我要干”，调动了职工的积极性，体现“按劳分配、多劳多得、优质优奖”原则，使分配更趋合理，既促进了人才的校内流动，也增强了部门的活力。

为发展成人教育，加强培训教学力度，提高培训效益，1995年，学校以职工集资方式，投资建造培训中心楼。

“励志力行”人物二

1995年，校长谭文莹被评为全国先进工作者、全国交通系统教育先进个人，出席全国“五一”劳模和先进工作者表彰大会。

她毕业于浙江大学力学专业，1973年从国家一机部第六设计院调入学校担任专业老师，1984年，年届不惑的她被任命为学校校长。

当时的学校，设施简陋，规模也小，与省内其他中专相比，办学实力只能算“小兄弟”。她面临的不只是自己个人从教学到管理的角色转换，更在于学校要发展的责任感、使命感。20世纪80年代初，浙江省提出“以水为主、水陆并举，先缓解求其通，后适应求其畅”的交通发展战略，力图尽快扭转浙江交通运输发展滞后的局面，学校担负着为行业发展培养急需人才的重任，作为校长的她责无旁贷、勇于担当。

她一心扑在学校改革发展、奋起直追的征途上。为尽快改变学校的面貌，她不辞辛劳、以校为家，上下奔波、内外操劳，为争取世界银行职业教育贷款项目、扩大学校面积增加校舍、扩大招生专业数量、获得五年制高职试点等工作，她不是在学校讨论方案、商量对策、督促落实，就是在向上级领导(部门)汇报、联系、沟通，直面问题、直面困难，咬定目标，锲而不舍，直到取得实效。

她十分重视、关心教职工工作、生活条件的改善，职工的集体户口、住宿、工资、职称、婚嫁、子女入托入学就业等，只要是教职工的事，她都当成是自己的事，事无巨细，尽心尽力。

她为学校发展勇挑重担，征地、建房、接受评估检查等大项目、重任务，她总是冲在最前面，探索实践、谋划决策，团结带领广大干部教师不断扩大学校办学规模，推进教学改革，提升办学能力，学校实现了质的飞跃，成为省级重点中专学校和国家重点普通中等专业学校，并于1999年成功升格为高职院校。

1995年岁末，学校创下杭州市环西湖迎新年接力跑“七连冠”的佳绩，师生们激动地说，这是辞旧迎新的最好礼物。学校男、女中长跑接力队在省、市中专比赛中，获得多项冠军。

1995年上半年，首届在杭中专学校男子足球赛决赛在省建筑工业学校举行，学校校队在客场迎战省建工学校队。比赛当天，双方校领导都到现场观战，为自己的球队加油助威。比赛进行得异常焦灼，双方攻防速度快、拼抢激烈，常规时间打成平局，加时赛也未能分胜负，最后进行残酷的点球大战。最终，学校足球队赢得胜利，这是学校首个全省中专足球比赛冠军。

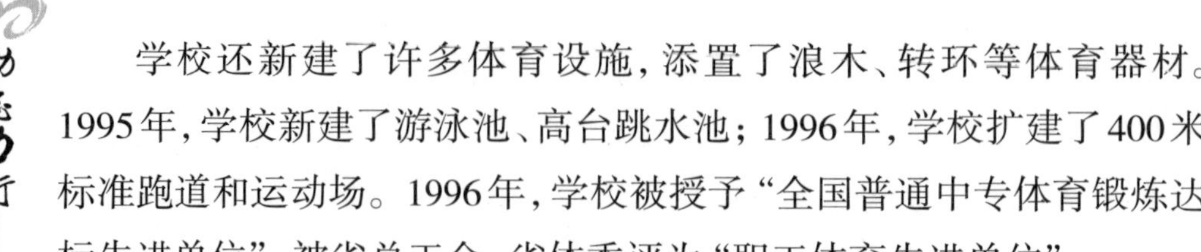

学校还新建了许多体育设施，添置了浪木、转环等体育器材。1995年，学校新建了游泳池、高台跳水池；1996年，学校扩建了400米标准跑道和运动场。1996年，学校被授予“全国普通中专体育锻炼达标先进单位”，被省总工会、省体委评为“职工体育先进单位”。

1996年8月，童隆福同志任党委副书记，金仲秋、张华等同志任副校长；10月，庞又艇、林立坦等同志退休。

1996年，为加强学生道德素质教育和养成良好文明习惯，学校开展“共创‘十无’校园，同育‘四有’新人”活动，学校团委、学生会发动各班积极行动，从清除垃圾杂物开始，运土填坑、植树造林；把培养文明习惯当作一场战役，纪检组、文明监督岗、学生自律委员会等纷纷行动，唱校园文明歌，评比文明寝室、文明班级、文明科室、优良服务等，形成了树立文明新风的良好校园氛围。

校学生科、团委组织开展绘画、书法、舞蹈、武术、音乐等第二课堂活动，扩大学生知识面，丰富学生精神文化生活。学校成立青年志愿者协会、摄影协会、院礼仪队、舞蹈团、集邮协会、篮球协会、铜管乐队等，组织开展丰富多彩的社团活动。

1997年2月，学校挑选了40名学生，组织了由长笛、小号、圆号、萨克斯、长号等乐器组成的乐队。队员们在浙江省歌舞团专业老师的指导下，培养出对音乐的浓厚兴趣，不断壮大队伍，发展到80余名队员。乐队不仅参加了校庆40周年、1999年迎澳门回归等多场演出，还参加了多次专业竞技，在浙江省大中专院校管乐比赛中获得二等奖，在杭州青年文化艺术周“博洋杯”吹奏比赛中获三等奖，还受邀到兄弟院校表演，得到了学校师生和兄弟院校的高度赞赏。

1997年，《瞭望》周刊一篇专题刊文《高等职业教育：迟来的脚步能否走好》，对我校给予了充分的肯定：“浙江省交通学校的发展是适应了交通行业对各类人才需求的典型。”学校在省交通厅大力支持下，不仅成建制地接收了浙江航运技校，充分发挥出自身的基础和实力优势，而且与行业建立了招生、就业和服务的合作网络，全方位地适应交通行业的人才需求。学校努力向全省交通行业需要的技术人才培养基地发展的一系列尝试，得到了交通部的肯定。

1997年，学校有20位教职工拿到了塘河新村和大关小区的新房钥匙，这是1993年学校改革教职工住房分配办法以来，分到新房的第一批教职工。

国务院颁布《中国教育改革和发展纲要》中提出改革毕业生“统包统分”和“包当干部”的就业制度，实行少数毕业生由国家安排就业，多数由学生“自主择业”的就业制度。计划内招生的学生也要接受“双向选择”，学生就业开始市场化。部分学校的毕业生开始试行“自主择业”的就业制度改革的试点。

为了适应市场化的就业形势，克服短线专业学生的就业难题，促进教育教学改革，培养适销对路的人才，学校组织了5个调查组，从1997年12月15日起，分别由学校领导带队赴全省11个地市，调查各地人才需求情况以及对毕业生的评价，谋求办学良策。各地(市)交通部门认为：必须加快培养更高层次交通人才，以满足浙江交通快速发展的需要。

1998年，学校提出“3211”工作目标，即在稳定总规模、扩大高层次、开拓新专业的基础上，突出素质教育，做好思想政治教育和党建工作、教学管理和学生管理三大管理工作；建设好干部和教职工两支队伍；开展建校40周年(暨浙江航运技工学校建校20周年)校庆活动，使学校上一个台阶。

1998年，学校迎来建校40周年，开始筹办系列庆祝活动。

浙江省交通厅副厅长顾德裕和科教处领导对校庆筹备工作非常重视，多次听取学校领导汇报，对学校校庆工作给予支持、指导。

4月17日，由浙江省交通厅厅长郭学焕题写“腾飞”两字的雕塑揭幕。

学校图书馆大楼和“腾飞”雕塑(摄于2002年)

5月17日，学校新大门落成典礼在大门口举行；新礼堂落成仪式暨校史展览、荣誉室开馆仪式在新礼堂举行；浙江省交通学校首届董事会举行成立大会。

5月18日，40周年校庆庆祝大会在学校大礼堂隆重召开。浙江省人大常委会秘书长杨丽英、浙江省政府副秘书长蒋泰维，交通部、教育部、浙江省交通厅、浙江省教委、浙江省计经委、浙江省自考办的有关领导出席。

省长柴松岳、副省长徐志纯及国家教委、交通部、浙江省教委、浙江省交通厅领导为建校40周年作出批示，勉励学校在科教兴国的指引下，深化改革，办好职业技术教育，特别是高等职业教育，为提高办学质量和办学效益，为实现二次创业腾飞，为把学校办成浙江名校、全国有影响、国际知晓的窗口学校而努力奋斗，希望全校师生以校庆为新起点，进一步贯彻职业教育法，抓住机遇，勇于开拓，优化教育资源配置，努力建成更高层次的学校，为浙江现代化交通事业作出更大贡献。

学校建校40周年，上级领导的关怀、大力支持至关重要。浙江省交通厅领导一直对学校发展关怀备至，优先考虑安排学校的经费，同时学校也总是厅管厅属中经费最多的单位。对于世行贷款项目的申报，浙江省交通厅十分支持，并给予了相应配套资金，用于学校基本建设。再加上热心校友和校友单位的支持，捐设备、捐资金，为学校建设添砖加瓦。学校正是由于这些支持和资助，持续积累，才拥有上述成就。

为了适应浙江省交通行业专业技术人才的需求，学校克服各种困难，努力扩大招生规模、多层次、多渠道培养各类人才。当时的指导思想就是：只要交通系统有需要，就要努力设法去培养。

学校积极申办大专。申办大学，不仅是学校的梦想，也是浙江交通人的梦想。浙江省交通厅郭学焕厅长等领导十分支持、高度重视。

大专班开学典礼

3月9日，学校向省交通厅递交了学校兼并成人高校、建立交通职业技术学院事宜的请示。

厅长郭学焕、副厅长黄廷兰先后带领学校书记谭文莹等赴北京，向教育部汇报，表达浙江交通运输行业对高级技能型人才的迫切需求，希望尽快组建专科层次的学校。时任全国大专院校设置评审委员会负责人的教育部原部长何东昌对学校升格的请示非常支持，之后亲临学校考察指导。

3月17日，浙江省交通厅批复同意学校兼并成人高校，建立交通职业技术学院，并上报浙江省教委。副厅长顾德裕与省教委、浙江省计经委取得联系，为学校申报进行沟通。浙江省教委根据高校布局和成人高校改革状况，同意学校提出的与杭钢职工大学合并组建交通职业技术学院的设想。浙江省交通厅向浙江省政府分管副省长鲁松庭做了专门汇报，他对此表示支持，后来还考察了我校。

6月26日，经浙江省交通厅、杭州钢铁集团公司同意，学校与杭钢职工大学签订合并协议，双方拟定了《关于学校与杭钢职工大学合并组建浙江交通职业技术学院的请示》，呈报省政府。浙江省政府同意浙江省教委与浙江省交通厅提出的两校合并组建学院的请示，并报教育部审批。

同时，学校向省交通厅上报《浙江交通职业技术学院1999—2010年建设规划》。浙江省交通厅就两校合并组建学院事宜向交通部请示。交通部科教司同意浙江省交通厅提出的合并组建浙江交通职业技术学院并报教育部发展规划司，由浙江省交通厅提出具体论证报告，报浙江省政府审查后再上报教育部。

1997年10月11日，我国政府向IMO递交的《STCW78/95公约履约报告》中有19所航海院校和船员培训中心列入了IMO的“白名单”，而学校未被列入。学校认识到：只有建立质量体系，只有通过国家港监局关于船员教育培训和考试规则的质量认证，获得“质量体系证书”，学校才可进行船员教育和培训，航海类专业才能够更好发展。

海运行业具有国际化的特点，无论是海上法规、国际公约、船舶经营，还是财务制度、船员劳务，全球一体化的趋势是不可阻挡的。我国在海运人才培养的标准上，也必须以国际通用标准为准则。培养出优秀的人才，以可靠的质量，跻身于国际航运市场，在世界海运人才大市场取得立足之地。因此，学校想进一步拓宽船员培训，必须引入国际公认的质量标准体系，建立和运行质量体系，并通过主管机关审核，取得培训项目许可证，以确保人才培养过程的质量。

1998年2月20日，学校成立了教学质量检查组，负责按《教学质量检查条例》对全校各教学环节进行检查，目的是为了提升学校的教学水平和教学质量，加快教学管理的科学化、规范化步伐，以加强教学研究和学风建设。2月23日，学校邀请了上海海运学院领导、专家来校，进行了船员教育与培训质量体系培训。

新年开学，学校组织干部、教师到广东参加全国航海教育研讨会议。当时对于我校来说，初次接触质量管理体系，参会老师觉得很多概念都非常新奇，认识到质量体系认证很重要，会后即向校领导汇报，学校马上决定启动全面质量管理工作体系建设。

3月4日，学校成立质量管理委员会，设立质量管理办公室，负责质量管理和质量保证体系建立和实施，组织迎接港监组织审核等日常管理工作。

学校办公条件比较简陋，为确保顺利通过质量体系认证工作，省交通厅领导专门调拨资金支持。学校马上购置办公设备，在图书馆一楼，质管办配备了第一台电脑、激光打印机以及复印机。先进的办公设备，让大家工作都更有干劲。

3月12日，学校领导带领质管办负责人及有关中层干部赴上海海运学院等学习。上海海运学院成教学院给予热情接待，提供了学校建立质量管理体系所需的材料，包括质量手册、程序文件等。

4月5—7日，学校质管办派两位老师到上海海校，参加交通部组织的质量管理培训，准备迎接港监局审核，对其发布建立体系包含的12个要素进行分解，确立了28个程序文件。

学校确定了质量方针：视教育质量为生命，履行国际公约，遵守国家法规，培养优质交通人才，确保毕业生满足国内外交通人才市场的需求。

学校强化软件、硬件建设。在软件建设方面，学校在现行管理体制的基础上，组织编写质量手册、程序文件及规范性文件等122个体系文件，建立质量管理体系，投入试运行。在硬件建设方面，按教育培训的要求新建、改建、扩建了自动控制、船舶电工工艺和电气测试、船舶电站、船桥模拟器、雷达模拟器、轮机模拟器6个实验室。

对照国家港监局发布的海员教育质量管理体系标准，学校于8月1日通过质量认证。

9月1日，质量体系开始试运行。这标志着学校质量体系建设工作基本完成，管理工作上了一个新台阶，实现了学校管理科学化、规范化、程序化。

1994—1998年学校招生情况

年份（年）	招生专业/人数（人）												合计（人）
1994	路桥/86	汽修/80	船驾/33	轮机/119	路桥（高职）/39	交管（稽征）/44	物流管理/39	工程监理/11	文秘档案/42	船舶设备/39	—	—	532
1995	路桥/178	汽修/195	船驾/43	轮机/38	路桥（高职）/54	船驾（高职）/30	轮机（高职）/29	工程监理/36	文秘档案/42	计算机/49	财电/34	—	728
1996	路桥/244	汽修/176	船驾/73	轮机/63	路桥（高职）/65	船驾（高职）/30	轮机（高职）/34	工程监理/47	文秘档案/48	计算机/81	财电/78	—	939
1997	路桥/259	汽修/164	船驾/34	轮机/70	路桥（高职）/31	船驾（高职）/35	轮机（高职）/36	汽检（高职）/60	文秘档案/48	计算机/79	财电/52	航管/31	899
1998	路桥（高职）/60	船驾（高职）/40	轮机（高职）/40	汽检（高职）/40	路桥/60	高等级公路/40	工程概预算/40	汽修/120	办公自动化/40	计算机/120	工程财会/80	烹饪与餐饮/40	720

第 7 章

重大跨越（1999 年）

1999年，学校升级为高职院校，实现从中专到大专的办学层次大跨越，具有里程碑意义。

3月12日，教育部教发〔1999〕21号文同意在浙江省交通学校与杭州钢铁厂职工大学的基础上，建立浙江交通职业技术学院，同时撤销原两校建制，全日制在校生招生规模暂定为2000人。

这个重磅消息，实现了全校师生的美好愿望，让他们为之振奋欢呼，激动兴奋不已，纷纷表示这是学校办学的重大跨越，从此走向全国。

升级成为高等职业院校，就全国交通系统的中专学校而言，学校是第二所；就浙江省中专学校而言，学校是第一所。

7月12日，浙江省政府下文学校升级(浙政发〔1999〕170号文)，明确学校系专科层次的职业技术学院，隶属于省交通厅，教育教学业务由浙江省教委负责指导和管理。

8月24日，浙江省交通厅下文，自即日起启用“浙江交通职业技术学院”印章，浙江交通职业技术学院正式走上历史舞台。

9月19日上午10时，“浙江交通职业技术学院”授牌仪式在学校大礼堂隆重举行，副省长鲁松庭出席并向学校授牌，教育部高职与高专处副处长王伟、浙江省委教育工委书记省教委主任侯靖芳、交通部科教司副司长沈以华、浙江省交通厅厅长郭学焕、校长谭文莹出席并讲话。浙江省政府办公厅、浙江省直机关党工委、浙江省人事厅、浙江省计经委、上海海事局、浙江省人才交流中心、浙江省招办等单位领导，浙江省交通厅各处室负责人和厅属单位领导，各市地县交通局的领导到场祝贺，浙江电视台、浙江教育电视台、浙江日报、浙江教育报、浙江交通报等新闻单位进行了相关报道，有200余家单位发来贺电贺信，全校沐浴在一片喜庆之中。

学校升级为高职院校，标志着经过40年风雨征程，全校抓住机遇，迎接挑战，不断提高交通职业教育水平，使学校真正成为全省交通大发展提供人才支撑的重要基地，为实现学校二次腾飞而努力；标志着学校迈出了具有历史意义的重要一步，从此跨入高层次办学新征程。

浙江交通职业技术学院揭牌仪式（1999年）

参加浙江交通职业技术学院揭牌仪式领导合影

学校升级后，浙江省交通厅领导对学校的发展更加重视，加大对学校的硬件建设、师资队伍建设的支持力度，当年就对全厅的资金安排计划进行了调整，将1200万元资金拨给学校，其中500万元用于引进人才，500万元用于购买设备，200万元用于购买图书。

学校积极探索高职教育之路，提升培养高素质人才水平。

升级后，学校立即将高职课程对接作为学校教学的重点工作。学校认识到高职相对职高有明显区别：学生生源不同，高职学生均为高中毕业生；专业设置不同，高职课程体系应涵盖完善的基础课程、专业课程和实践实训课程；教学方法不同，高职专业课程应以实践实训为重，着力技能训练。在教学过程中这些特征如何体现，教学改革如何进行，都是学校升级后面临的紧迫问题。

为保证高职学生的培养质量，学校对于“五年一贯制”学生实行了严格的淘汰机制，学生经过三年学习后，要参加第二次选拔，有10%左右的学生会被淘汰。为了争取到高职升学这来之不易的机会，学生的学习积极性高、自觉性强。教师们普遍反映，当时学生学习热情很高，课前预习、课后复习，上课认真听讲，几乎没有学生在课堂上交头接耳开小差。

学校以提高教学质量为核心，提出主要目标和任务，把教学工作推上新台阶。学校组建课程开发团队，集众人之所长，数学、语文等课程率先建设完成；没有成熟的专业课程体系，学校与兄弟院校一起共同探索建设。4月，第二届全国交通职业学校教学指导委员会工作会议、全国交通中专教育研究会常务理事会会议在学校召开，交通部教育司沈以华副司长到会并作指导讲话。5月，全国五年制高等职业教育课程开发指导委员会第四次会议在学校召开，教育部高教司高职高专处刘军谊处长、浙江省教委高教处叶宏处长、浙江省交通厅科教处徐根法处长参加会议并作指导讲话。

4月16日、5月5日，学校两次召开教学工作会议，就如何在高职试点基础上制订三年制高职教育教学计划进行研究。各科负责人围绕新开专业的培养目标、规格等要求，课程设置、教学进程及体现高职特色等内容提出意见。6月15日，学校邀请浙江省公路局、浙江省港航局、浙江省交通规划设计研究院、浙江大学、上海海运学院、杭州长运公司等十几家单位的教学、管理、生产一线的15位专家，召开评审会议，对学校7个新开设的高职专业教学计划进行论证评审。

5—6月，学校为了结合职业教学特点提升学生专业技能，举办了“技能竞赛周”活动，组织开展了工程制图、工程测量、英语演讲比赛、车钳焊工、汽车拆装、文字录入与排版等28个比赛项目，各专业共有1186名（占校本部的50%）学生参加了竞赛活动，80位教师参与了组织和竞赛考评工作。

1999年，学校组织升级高职后的首次招生。招生工作非常顺利，成绩可喜，到8月31日，共招收新生1080名。一是首次招收高中毕业生，专业招生分别为：海洋船舶驾驶120名、海洋轮机管理85名、公路与城市道路工程142名、高等级公路管理45名、汽车运用技术120名、机械制造工艺与设备（机电一体）90名、计算机应用及维护40名等7个专业共642名；二是招收中专新生400名，包括公路与桥梁工程160名（80名在浙江公路技校教学点）、汽车检测与维修40名、汽车运用工程120名（80名在浙江交通高级技工学校教学点）、计算机及应用80名（80名在浙江汽车技校金华教学点）；三是招收技工新生38名。

1999年，毕业生就业形势并不乐观。由于毕业生分配制度实施改革，进入市场化双向选择时代。一时间，许多毕业生面对新的就业方式，还有些措手不及，没有主动就业的意识，主观上还停留在传统的师兄师姐们可以由“国家分配”获得工作机会的认识中。

学校1999届高职、中专、技工毕业生共18个专业、25个班级、933名，学校就业工作任务重、压力大。“还是以前幸福，定点计划招生，招生人数计划到每个县，完全不用担心就业问题。中专毕业生回到定向的需求地，皇帝的女儿不愁嫁，多幸福啊！”这代表了相当多数毕业生的心声，也是大家对顺利就业最朴素的渴望。时代在发展，形势在变化，需要大家及时调整心态，去适应并解决。

如何适应就业改革，提升就业质量，拓宽就业渠道，成为学校创新发展急需解决的问题。面对新的就业形势，学校领导及时进行招聘模式创新，变被动等待为主动出击。在毕业生就业过程中，学校坚持四个公开原则，即公开红卡数量和红卡获得者名单、公开毕业生综合测评名次、公开用人单位需求指标、公开学校向用人单位推荐毕业生名单，择优推荐优秀毕业生就业，从而激发毕业生的主动性和积极性。同时，在浙江省交通厅劳人处的直接指导下，学校采取各种方法，多渠道、全方位地开展指导和咨询。组织浙江省毕业生洽谈会2次，召开毕业生大会4次，毕业班班主任会议7次，现场模拟就职指导1次，倡导“分步到位，多步成功”的求职模式，鼓励毕业生面向基层，面向乡镇这个广阔的人才需求市场去求职；学校通过召开毕业生洽谈会，到各地推荐，毕业生自主择业等形式，促进毕业生就业。以1999年的高职毕业生为例，公路与桥梁工程(3+2)专业共39名，到6月底签约仅19名，初次就业率为48.72%，到12月底就业率达100%。

学校首次开展“领导接待日”活动。3月30日下午，学校图书馆一楼，人头攒动，学校领导来到同学们中间，面对面交谈，现场解答提问。同学们纷纷向学校领导反映情况，提出的问题主要有收费、课程设置、生活管理等方面。各有关领导专心听取、认真记录、耐心解答。对一些无法当时回答的问题，也尽快调查研究，作出及时处理。1999年，学校安排了3次校领导接待日，学生提出的问题，得到妥善解决，并书面公布，这极大地增强了学生民主参与管理的意识和主人翁精神。

4月中旬到5月初，学校举办首届社团文化节活动。活动以“勤学苦练强素质，举旗立标跨世纪”为主题，全校诗社、英语、书画、科技、舞蹈、合唱团、校乐队等13个社团，组织了19项系列活动，参加人数达1000余人。活动主要由学生自己组织，极大地锻炼了学生自我教育、自我服务、自我管理的能力，校园文化、师生的课余生活也更增添了色彩。5月4日，学校召开五四运动80周年暨先进表彰大会，表彰全校三好学生、优秀班团干部、优秀学生干部等，600位学生获得奖励。

5月中旬，为适应新形势需要，进一步加强舆论宣传，《浙江交校报》正式更名为《浙江交院报》，每期出四版，第一版是要闻版，刊登重要消息和言论；第二版是校园纵览，刊登教学及综合新闻；第三版为青春广场，用于交院学子抒发情怀；第四版为文艺副刊。省交通厅郭学焕厅长为学校题写了《浙江交院报》的报名，更名新版后，师生们更加喜欢学校自己的校报，大家踊跃投稿，表达心声，校报成为很好的文化园地。

5月25—29日，交通部海事局教育和培训质量体系审核组对学校船员教育和培训质量体系进行了审核，认为学校的质量体系符合《中华人民共和国船员教育和培训质量管理规则》。经过一年多的准备，体系开始试运行并迎接外审，整个过程全校教工齐心协力，加班加点不言苦，任劳任怨讲奉献，65名老师连续奋战80天，顺利取得ISO 9000质量体系证书，获得水上培训项目资质。

学校开启多媒体课堂教学。6月，学校两个多媒体教室进行了改建，安装了设备设施，从此，改变了仅靠一支粉笔、一块黑板、一本教材的陈旧教学方式，开始使用电脑、投影、影像等多媒体教学。路桥专业购置桥涵、路线、建材、土工、路基路面等教学录像和实物模型；汽车专业配置了中高端汽车教学录像和大量的汽车挂图；水上专业购置了模拟器教学设施。学校部分实验室比较先进，比如配置了40台计算机路桥专业实验室，引进西安海德公司研制的CAD路桥设计教学平台，实现计算机绘图、概预算编制等，改变以往手工画图的教学方式。路桥专业的老师使用该软件完成了湖州市交通局委托的青山—

竹墩、南浔—练市等二级公路勘测设计项目。

10月初，学校图书馆安装了ILASWEB图书馆自动化集成系统检索软件，师生可以通过检索终端访问图书馆主机，获取所需信息；可以在网上对分类、题名、作者和主题词进行检索，查检书目；可以通过新书通告，获知最新图书信息；可以输入读者证号，查到读者借阅情况；还可以进行期刊数据检索。

11月，学校实行院务公开制度。院务公开的内容有：学生收费、财务、招生与毕业生就业工作、评奖评优、基本建设工程(施工)招标等。这不仅表明学校民主管理，充分依靠广大教职工谋求学校发展，不断推进管理的民主化、科学化、规范化，而且表明学校调动教职工积极性，维护教职工合法权益，保障学校稳定可持续发展。

11月4日，学校升级后召开的首次运动会开幕。浙江省交通厅顾德裕副厅长等领导应邀出席开幕式，此次运动会是建校以来规模最大、参赛选手最多、成绩突破最多的一次运动会。全校200多名教工、800多名学生运动员组成60个方阵，角逐28项赛事，学生有5项破学校纪录、1项平纪录；教工有1项破校纪录、1项平纪录。

12月6日，浙江省教委同意学校自主举办专科函授教育(浙教高教〔1999〕379号)，从2000年开始招生。12月9日，教育部高教司(教高司〔1999〕86号)批准学校在2000年试办成人高职教育班，并同意学校船舶驾驶、公路与桥梁、高等级公路管理3个专业试点招收专科学生。

12月20日，为迎接新世纪曙光，学校开展了丰富多彩的庆祝活动，主要包括：充满青春朝气的周末晚会、乐队汇报演出和“跨世纪”大型文艺晚会；青年学子喜闻乐见的辩论赛、书画展、游园活动、排球、足球赛；创新性的环保周、电影节、文学论坛、工作交流会、征文等。广大师生浓浓的爱国情怀，在一次次校园活动中得到升华。

第 8 章
厉兵秣马（2000 年）

2000年，迎来新千年。2月，谭文莹同志任学院党委书记；7月，王怡民同志任学院院长。

学校提出了如何尽快完成“一个转变，三个过渡”，即转变教育思想和教育观念，在办学水平上从中专向大专过渡，在办学思想上从计划经济向市场经济过渡，在教育观念上从传统教育向素质教育过渡，这是新千年赋予学校的新命题。强调通过转变教育思想和教育观念，树立新的教育质量观和人才观，从传统的以传授知识为主转向培养学生学会学习和创造为主，注重培养学生的创新精神。

学校开展全方位的科学规划，全面推进从中专向大专过渡。一是制定学校的发展规划。通过调查研究、分析论证、对照标准，结合学校实际，制定学校十年(2001—2010年)发展规划。二是提高办学层次。采取招收、推荐“三类生”的形式，构筑高职教育的立交桥；通过与各大学挂靠、联办、函授的形式，进行专升本的办学。三是加强教师队伍建设。计划引进副高级及以上专业人才15名，提高教师队伍的整体水平，并逐步提高教师学历和“双师型”教师的比例。四是成立学校教学指导工作委员会、校学术委员会和专业教学委员会。研究确定教学管理及教学改革中的重大问题，制定教学工作条例及相关制度，指导学校教学工作。五是建立与高职高专教育相适应的学生管理体制。六是力争取得海洋船舶驾驶和海洋轮机管理专业高职学生甲类(无限航区)3000总吨及以上和主推进力装置3000千瓦及以上船舶的三副或三管轮适任证书的考试、评估资格。

学校提出教学改革要围绕“三个有利于”进行,即教学内容、方法、手段有利于学生接受;传授给学生的知识和技能有利于学生就业;对学生进行素质教育有利于学生今后的发展。突破以课堂教学、教师、书本为中心的教学模式,建立以课堂教学、学术活动、社会实践和科学实践于一体的多元结构。五大系科和技工部确定2~3门课程进行教学改革,同时鼓励其他部门如教研室、教务处、实习工厂等设立改革项目。在校内成立“三中心”,即学生健康教育中心、学生勤工助学中心、毕业生就业指导中心。

学校升级,并不意味学校的教学水平就自然提高,摆在学校面前的一个十分紧迫的问题——如何尽快加强学校领导班子和教师队伍的建设。学校现有的师资队伍长期从事中等职业教育,在实操实践方面是能手,但在理论研究方面有短板。要尽快适应高职教育需要,就必须提高领导班子、教师队伍的素质。为此,浙江省交通厅专门拨出“人才队伍建设专项资金”,以便学校引进各类人才,提升学校师资水平。

秋季新学期开学第一周,学校迎来首任院长——王怡民教授,他是浙江省交通厅从长安大学引进的高层次人才,也是学校的第一位博士。

在浙江省交通厅的支持下,学校配套出台了一系列引进人才的鼓励政策:对调入学校工作的各类专业急需高级人才,如具有硕士学位和高级职称者,其配偶、未婚子女可随调、随迁;住房除享受按国家货币分房政策规定的住房补贴外,学校将一次性补助相应的购买住房费:具有硕士学位者补助30万元、安家费2万元;具有博士学位或具有硕士学位的副高级职称者补助45万元、安家费4万元;具有正高级以上职称者补助50万元、安家费6万元。学校谭文莹书记、王怡民院长和人事处负责人多次赴北京、西安、武汉、成都、重庆等地，参加人才交流招聘会，到相关知名高校，邀请意向人才来学校考察面谈。学校积极引进高层次人才，为专业建设、课程建设、科研和技术服务等提供强有力保障。

为培养学校需要的师资，学校联合国内高校开办研究生课程进修班。与长安大学、浙江师范大学、上海海运学院合作开办公路工程、汽车运用工程、海运管理等专业的研究生课程进修班，79名老师参加了进修学习。学校投入了大量的人力、物力，安排教学场地以及来校送教人员的食宿，并且为参加进修的教师支付80%的学习费用。课程结束后，79名教师全部取得结业证书，其中部分教师继续攻读硕士学位。有27名教师顺利拿到了硕士学位，其3年攻读学位的费用不仅全部由学校报销(长安大学为1.2万元)，还能获得学校额外的1万元奖励。进修班采用送教上门的形式，课程内容和要求完全按照全日制硕士研究生的标准，十分严格。4年硕士课程进修班加上3年硕士学位攻读计划，前后7年，学校共出资50多万元，投入资金之多，支持力度之大，在同类院校中居首。进修班的老师们一边当老师，一边做学生，尽快适应高职的教学工作要求，用心上课，利用所有空余时间，努力学习，做好研究，不负韶华。

学校实施内部管理制度改革，实现全员“双向选择”。

为了克服机构臃肿、人浮于事、效率低下等问题，教育部颁发了《关于高等学校人事制度改革的若干意见》《关于深化高等学校人事制度改革的实施意见》，推动全国高校加快步伐进行人事制度改革。为适应新形势新任务，学校启动新一轮的内部体制改革。

为改革做准备，学校组织人员赴外地调研。一组3月23—29日，调研考察了青岛远洋船员学院、大连海事大学、大连海运学校和山东交通学院；二组4月20—25日，调研考察了广东交通职业技术学院等5所院校；三组5—6月，调研考察了上海电机技术高等专科学校、上海第二工业大学、邢台交通职业技术学院等。通过三个组的考察调研，在办学指导思想、机构设置、行政管理、教学管理和教学改革、学生工作、成人教育和船员教育培训质量体系建设，收集了许多治校、发展的信息，也受到很多管理上的启示，为学校部门机构调整和人事制度改革提供了有力的决策参考。

4月26日，学校成立内部管理体制改革办公室，正式启动新一轮内部管理体制改革。9月29日，部门机构调整方案出炉。

全校部门机构调整后，设教学、教学辅助、党政管理机构共18个，分别为院办公室(党政)、人事劳资(保卫)处、学生工作处、科研处、财务处、后勤处、教务处、公共基础部、交通工程系、汽车工程系、航海技术系、轮机工程系、管理与信息工程系、成人教育部、图书馆、技工部、工会、团委。至此，新一轮内部管理体制改革取得了第一阶段的成果。

学校内部津贴分配制度改革以院系两级管理为突破口，经过几轮讨论、修改，《学院内部津贴分配方案》《学院预算经费管理(院系两级管理)》等有关制度经职代会审议通过，为学校按高校管理模式运行奠定了基础。逐步理顺高职管理体制，实施高职学生管理条例，高职与中专学生分开，用不同的管理条例和规则制度进行管理；编印新的《教学手册》《学生手册》，师生人手一册，使教学工作有章可循；制定了《教师专业技术职务评定、转评工作细则》，完成第一批中专高级讲师转高校系列的转评工作，形成了教师的奖惩、考核办法和激励制度。

为加强科研管理，保证科研工作的顺利开展，学校《科研工作管理办法(试行)》《科研经费管理办法(试行)》先后出台。新制度的实施效果显著，在校园里掀起崇尚科研的学术之风。

学校按照教育部要求，根据“按需设岗、公开招聘、平等竞争、择优聘用、严格考核、合同管理”的原则，进一步强化竞争机制，改革固定用人制度，破除职务终身制和人才单位所有制。改变传统用人制度，打破部门壁垒，实现人才全面竞争和流动。年初定下的“三定一聘”

的工作目标，在年末完成。经过严密的方案设计，多方的统筹协调，全校党政管理部门、群团组织、各系部管理人员和后勤人员进行了“双向选择”，参选员工143人，待选岗位有141个；最后被部门录用120人，其中部门间流动21人次，流动率为17.5%。未录用人员暂时待岗后进入第二次选岗。

2000年，国家科技部实施科研机构管理体制改革，全国科研机构陆续改革转制，浙江省交通厅决定将浙江省交通科研所划归学校管理。2月，浙江省政府同意省交通厅的报告。11月，浙江交通科学研究所的隶属关系，正式划归学校。该所成立于1961年，1965年撤销，1978年复设，是省内唯一专业从事交通科学研究、交通科技开发、交通工程质量试验检测、工程技术咨询和交通新材料研发等的科研机构，它的归入，给学校的科研和技术服务工作注入了强大动力。

7月，浙江省交通厅任命马云飞同志为学校党委委员、副院长。

学校制定了“十五”教育事业建设规划。学校要发展，争做高职教育的排头兵，校园环境、硬件条件是保障，各项基础设施建设工作迫在眉睫。为此，学校加大了基建项目投入。

教师就餐条件得到改善。4月，尊师重教倡新风，恢复了停开多年的教工餐厅，春风里，暖阳下，教职工们轻松就餐。

学校科研工作有力促进。6月，学校鼓励教师重视科研，为方便教师查询、借阅有关科技资料，与浙江省科技情报研究所协商，办理了供全校教职工公共使用的《科技文献馆网络证》，将图书资料服务延伸到校外。凡需要去省科技情报研究所借阅、查询资料的教职工，便可借用，免费查询科技文献信息。

学校校园面貌整修一新。暑假，学校对于年久失修的、有不同程度老旧破损的教学楼、食堂、图书馆等进行全面整修，添置了部分设施，整个校园焕然一新。

学校综合大楼顺利结顶。10月，面积9800平方米的综合大楼完成土建结顶，进入装修阶段，相关的配套教学设施得到进一步充实。

启动单身教工宿舍建设。为建造综合大楼，学校拆掉了980平方米单身宿舍、幼儿园，单身教工面临住宿困难的问题。为给单身青年员工创造良好的居住条件，学校调整安排，开建新的单身职工宿舍。

201校园卡电话安装。11月，为改善校园通信，保障联络快捷便利，学校分别与余杭市电信局、杭州市电信局合作，安装201校园卡电话卡。教工原来使用的程控交换机升级换成虚拟交换机，同时为每个学生宿舍安装201校园卡电话，共安装367门，受到师生们的欢迎。

强化实践教学设施设备建设。学校为适应技术型和高级技能型实用人才的培养，先后建立了船舶操纵模拟实训室、动力实训室等，同时鼓励教师制作教具，研制了汽车空调试验台和ABS制动防抱死装置示教台等。

按照高校要求建设图书馆。学校加大资金投入，重点采集新开设专业的纸质图书，增购专业性期刊，收集交通特色馆藏图书，建设电子阅览室。

招生就业工作稳步开展。学校按计划完成招收高职(专科)新生692名。有10个专业903名毕业生走上工作岗位，其中高职专业毕业生125名，中专毕业生540名，计划外自费学生238名，是历年来毕业生人数最多的一年。

第 9 章

上下求索（2001 年）

新年伊始，学校筹划新的大发展，成立申报示范性职业院校建设单位领导小组。1月2日，召开动员大会，凝聚全校力量，积极申报示范院校建设单位。

随着第三次全国教育工作会议的召开和《中共中央国务院关于深化教育改革全面推进素质教育的决定》的颁布，国家高等教育管理体制改革取得重大进展，高等职业教育越来越受到国家的重视，教育部开展示范性职业技术学院建设，加快高等职业技术教育改革和发展的步伐。

学校分析高等职业教育的形势和国家建设示范性职业技术学院的举措，认为既是机遇，更是挑战。在国家政策的强劲推动下，势必会有一大批优秀的职业院校崛起，给职业院校带来强劲的竞争压力。学校要求全校师生共同努力，不断开拓，争创国家示范职业院校。

学校作为浙江省最早的高职院校，有幸被省教育厅推荐申报全国示范性职业技术学院建设单位之一。按照《面向21世纪教育振兴行动计划》，促进我国高等职业技术教育事业持续、健康发展，全国要遴选30所学校建设成为示范性职业技术学院，中央财政安排专项资金予以支持建设。这项工作于2000年由教育部启动，同年6月发文公布第一批15所院校为示范性职业技术学院建设单位。8月，启动了第二批示范性职业技术学院建设。

学生在英语角练习口语

教育部对示范职业院校建设的基本条件要求是：全日制高职在校生规模不少于2000人，校园面积占地200亩以上，适用教学仪器设备总值不低于1000万元，纸质图书不少于15万册，教学、行政用房建筑面积不少于3万平方米，实验、实训场所能满足所设专业职业技能的要求，专任教师不少于150人，其中副高级专业技术职务以上职称的专任教师所占比例不低于25%，并具有一定比例的“双师型”专业课教师等。

学校对照建设基本要求，进行查漏补缺，从重点建设实验、实训场所，师资及管理人员的培训，编写适合我国高等职业技术教育特色的专业教材，高等职业技术教育改革与发展的相关课题研究等方面，积极谋划支撑项目。

1月15—17日，教育部组织的国家示范性职业技术学院建设评选专家组来到学校进行实地考察、评审。专家组一行3人听取了王怡民院长代表学校关于申报示范性职业技术学院建设可行性的汇报；现场审核了申报示范建设的有关文档和佐证材料；考察了实验室和校内实训基地、杭州市区和绍兴等地的校外实训基地。省教育厅副厅长阮忠训、省交通厅副厅长顾德裕也来到学校，现场指导学校迎评工作，对学校工作给予充分肯定，明确表示一如既往地支持、并将加大投入学校建设。

“以评促建”，学校根据建设计划和专家组的意见和建议，进一步加快建设步伐，提升整体实力。学校构建了“131人才培养模式”，即以技术应用为一条主线，构建理论教学、实践教学和素质教育工作目标三个体系，以产学结合为人才培养的一条基本途径。聘请交通运输行业的有关专家，研究讨论专业规划、人才培养计划、教学大纲和课程设置。在理论课教学方面，体现够用为度，适用为先；在实践技能课教学方面，设计灵活、小模块的项目，培养学生的动手实践技能；在素质教育方面，体现务实肯干、精细周到的职业素养，以适应交通运输业的一线多岗位需要。

经过5个多月努力，2001年6月15日，教育部发文(教发〔2001〕29号)公布学校被遴选为第二批全国示范性职业技术学院建设单位。

8月，浙江省交通厅任命季永青同志为学校党委委员、副院长。

学校被列入全国示范性职业技术学院建设单位，标志着学校登上全国示范高职教育建设的新台阶。

学校根据《关于制订高职高专教育专业教学计划的原则意见》，整合专业资源，科学规划专业规模与发展方向，深化专业教学改革，充分发挥专业优势和示范作用。加大投入力度，强化专业教学条件，提升专业实力，创新专业教学改革成果，提高人才培养质量。

学校为适应浙江省经济社会发展和交通运输行业快速发展的需要，增设应用性强的专业，开展校企合作，整合优势资源。学校组建土建类、汽车类、航海类、机电类、信息类、管理类、人文类等专业指导委员会，聘请70多位行业、企业的管理精英和技术骨干，参与专业建设规划和人才培养方案修订，使毕业生更契合行业所需。修订了13个专业及专业方向的培养计划，修订新一轮各专业教学计划，编制新开设专业教学计划和教学大纲。积极与行业企业合作开发课程，根据技术领域和职业岗位(群)的任职要求，参照相关的职业资格标准，改革课程体系和教学内容。在课程开发中强调基础理论以必需够用为度，专业课程加强针对性、实用性和实践性，例如，汽车类专业课程体系就实施“三化”，即课程内容综合化、教学组织模块化、理论与实践一体化。学校大力推进实训基地建设，加大对重点专业实验实训室的投入，筹建综合航海模拟室，安装“ABS”防抱死装置示教台、电控汽车空调示教台，建造大型轮机模拟器等。学校轮机实训中心被浙江省教育厅确定为“浙江省示范性高职实践教育基地”，得到省财政专项资金的资助。学校不断开拓校外实践教学基地，强化与行业企业、科研和技术推广单位合作，将浙江万国进口汽车修理厂、浙江新世纪汽车销售服务有限公司等作为实习基地。

2001年，学校招收高职生1494名，在校学生数达3122名，教学班级82个。

青年教师职工宿舍的建造项目顺利完成。经过8个月的施工建设，到2001年下半年顺利完工。11月15日，青年单身职工得以乔迁新居，入住新宿舍楼。在制订分房方案时，学校充分听取单身职工意见，编制计分办法、统计积分、依次排名，在整个分房过程中做到公平、公正、公开。单身职工宿舍的建成和落实分房，稳定了青年教职工的思想情绪，为做好教学中心工作提供了有效后勤保障。

9月16—19日，学校召开浙江交通职业技术学院首届教学工作会议。大会主题是：抓住机遇，深化改革，发挥优势，办出特色。省交通厅阎震副厅长、省教育厅高教处叶宏处长和省交通厅科教处徐根法处长出席开幕式并做指导讲话，学校王怡民院长代表学校做了主题报告，具有副高职称的教师代表、硕士及以上学位的教师、各系部处室负责人、各系党支部正(副)书记、教研室负责人、教学管理部门的科级干部等80余人参加了会议。

学校进一步加快了师资培养，加大了人才引进，强化了师资培训。

6月，院长王怡民被评为浙江省高校中青年学科带头人。截至年底，学校利用省交通厅特拨的人才专项基金，引进各类专业技术人员31名，其中具有硕士及以上学位、副高级以上职称的教师8名。

学校进一步强化校内教师培养，提高其学历层次和“双师”素质。学校制订管理办法，鼓励中青年教师参加硕士课程进修、攻读硕士学位，获得硕士学位的教师，学校承担其全部培养费，并给予一定的奖励；学校制订计划，选派优秀骨干教师出国进修、考察学习，先后有十几名老师到澳大利亚、德国、日本、加拿大等地。这些举措，大大激发了老师的积极性和主观能动性纷纷要求上进、继续深造、更新知识、提升教育教学能力。

学校教师赴澳大利亚考察调研

学校加强“双师型”的教师队伍建设，建立一支能够适应职业院校以就业为导向、强化技能性和实践性教学要求的教师队伍。学校进一步深化人事制度改革，打破学历限制、身份限制，坚持能者为师。制定政策措施，充分利用各方面的技能型人才，开辟具有丰富实践经验的专业技术人员和能工巧匠进入学校的绿色通道，鼓励教师在企业和学校间有序流动，建设专职和兼职相结合的教师队伍，建立与职业教育相适应的教师聘任、评估、奖惩办法和编制管理办法。

学校制订《教学工作优秀奖评选办法》，开展先进集体、先进工作者、优秀辅导员和班主任、优秀教学奖、教坛新秀、优秀教研室、优秀教研室主任等的评选工作，在教师节进行表彰。

学校一系列科学、合理、有效的管理办法，形成学校良性激励机制，大大激发了教师的敬业、奉献精神，增强了学校的凝聚力、向心力和战斗力。

学校高度重视科研工作。自学校升格后，学校领导组织力量，编撰学术内刊，创办《浙江交通职业技术学院学报》(以下简称《学报》)，每年出四期，积极申请期刊号，争取公开出版。《学报》是以交通工程技术应用研究为主要方向的综合性学术期刊，兼顾基础理论和其他应用技术研究、教育教学研究、文献综述等，倡导创新精神，在科学性、探索性、新颖性、应用性上下功夫。《学报》标志着学校具有一定的学术水准，体现学校的办学能力、科研水平，用以扩大对外宣传、交流，增强学校的影响力。2001年1月10日，《浙江交通职业技术学院学报》获准在国内外公开出版，刊号为CN33-1262/2，成为全省交通系统第一份公开出版的期刊。

高职院校在科研工作方面普遍存在起步较晚、队伍薄弱、研究经验欠缺等不足。为尽快改变学校的科研弱势，学校加强对科研工作的管理，建立行之有效激励机制。2001年，修订了《浙江交通职业技术学院科研工作管理办法(试行)》和《浙江交通职业技术学院科研经费管理办法(试行)》，倡导学术风气，崇尚科学精神，促进科研管理的正规化。鼓励教师参加各种协会，院领导分别在11个协会中担任领导职务。同时加大对科研经费的投入，经费逐年稳步提升。2001年学校立项课题有：省交通厅科技计划项目6项，省教育厅科研计划项目1项，省教育科学规划课题1项，院科技研究基金计划项目33项。科研经费45.3万元。

6月8日，学校承办召开浙江省高校科研管理研究会高职分会成立大会暨一届一次工作会议，来自全省29所高职院校49名代表参加了会议，院长王怡民被推选为首任理事长。

学校成立后勤服务总公司。学校积极推进学校后勤的社会化改革，组建成立后勤服务总公司，制定了《浙江交通职业技术学院后勤服务社会化改革总体方案(草案)》和相关人事及分配制度改革的实施细则，建立并完善后勤组织、指导、监督、保障制度，制定《学院应急供电供水预备方案》和《校园环境卫生管理办法(试行)》等制度，使后勤管理科学化、规范化、制度化，基本实现后勤管理和后勤服务的分离。

浙江交通职业技术学院首次团员代表大会召开。5月13日，203名学生团员代表参加大会，选举产生了新一届团委领导班子和团委委员。学校团委开拓进取、勇于创新，开展多样的适合青年学生的活动，为青年团员的健康成长，为团组织的壮大作出积极贡献。

浙江交通职业技术学院首次学生代表大会召开。5月19日，来自学校51个班级的217名学生代表参加大会，27名首届学委会候选人分别发表了慷慨激昂的竞选演讲。其中20名被选为首届学委会成员，还选举代表组成学生自律委员会。

为加强社团管理，将学生社团纳入规范化、健康发展的轨道，院团委特制定了《院学生社团管理条例》，其中规定：社团成立必具备社团章程和各系(部)或有关部门提供的社团办公场所等条件，申请成立社团应由筹备负责人向系(部)和有关部门提出申请，经同意后报院团委审批；社团活动必须坚持正确的政治方向，坚持课余自愿的原则举行活动，不得占用上课和自习时间，社团的管理机构由主管机构、监督机构两部分组成。

学校狠抓学风建设。把学风建设作为教学改革的支撑条件和人才培养质量的保证与前提来抓，2001年，学校成立学风建设工作领导小组，指导学风建设的开展。不断强化学生学习目的、学习态度、学习方法、学习纪律教育，多数学生学习努力，学习积极性不断提高。严格执行学籍管理、学生违纪处理、考风考纪、晚自修等规章制度，深入开展优良学风班级评比活动，奖惩结合。例如，针对2001级水上专业学生，进一步强化半军事化管理，学生的组织纪律性、服从意识明显加强。学校学风建设取得了良好成效。

第 10 章

蓝图绘就（2002 年）

元旦刚过，学校新校区开工建设。

2002年1月18日，学校运动场北面的校内地块就加上了蓝色施工围栏，作为扩建工程的一部分，总面积8220平方米，可容纳872名学生住宿的6号学生公寓楼在这里正式破土动工。

改革开放以来，外向型经济引领浙江经济快速发展，尤其是民营经济高度发展，浙江对于技术技能人才需求量急增，浙江省委、省政府决定，大力加快高职教育发展，大力加强高职院校办学体制机制创新，在高职院校建校、专业设置、招生、学生收费、助学贷款、新校园建设等方面，给予政策上的支持和倾斜，浙江省政府、省教育厅相继出台了《浙江省高等职业学校设置暂行规定》《浙江省高等职业学校教学工作基本要求》《浙江省教育厅关于加强高等职业教育的若干意见》等相关文件，推进浙江高职教育快速、健康发展。

学校领导强烈地认识到，无论在中专时期或是升级为高职后的这三年，学校发展一直都走在省内甚至全国同层次院校的前列，但现在步入了高等教育快速发展期，基础建设是制约学校发展的关键因素。校园扩建工作进展越快，学校前期发展积累优势就能得以保持，要继续在高职院校中加快速度，稍有放松，就会被兄弟院校超越。在高等教育发展的机遇期，与其他新建的高职院校一样，学校的发展面临缺乏校舍、缺乏资金、缺乏师资、缺乏后勤保障等难题。因此，尽快完成

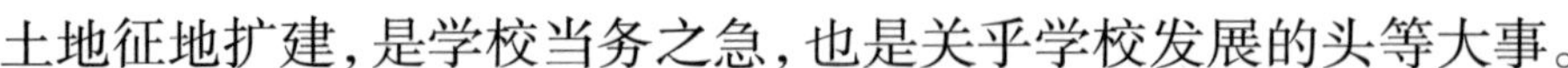

土地征地扩建，是学校当务之急，也是关乎学校发展的头等大事。

到2002年，学校占地仅为200余亩，建筑面积仅有约8.9万平方米，在校全日制高职学生2389人。与兄弟高职院校相比，学校感到实实在在的巨大压力。

按照学校“十五”教育事业发展规划，到2005年全校在校生规模要达6000人，占地面积、教室、实验实训室、学生宿舍、食堂等办学基本条件还显不足。为改善办学条件，用于建造实验室、培训楼、教学楼，建造配套的学生公寓和学生食堂，建设体育馆和其他配套设施，规划需要新增加校园面积约430亩。

在高教园区建设初期，学校还有一个选择，就是进驻下沙高教园区。当时省政府征求了学校迁建的意愿，关于学校要不要搬迁的问题，在校内也有激烈的讨论。但大多数教职员工内心里都不希望学校搬迁，因为很多老师亲历了学校一草一木的成长和一砖一瓦的建设，难以割舍这么多年来与学校共同成长的这份地缘情感。

学校是整体迁建还是原址扩建？省交通厅和学校领导进行认真研究比较。如果整体迁建到下沙高教园区，符合省委、省政府的政策导向，便于实现教育资源共享，建设地块的征地等手续全部已经由政府统一完成，在这样一张“白纸”上规划建设可以说省时省力，但校园全部新建需投入资金巨大，更重要的是学校地处杭州远郊的余杭区(2001年2月2日，余杭撤市设区)，周边是村舍和农田，进行土地置换的评估价格仅为10万/亩左右，是市区学校土地价值的二十分之一，通过土地置换获得的资金相当有限，学校迁建将面临巨额的财政负担，前期连续多年的校园建设与投入都将付之东流。况且下沙在地理位置上比较偏远，教职工上下班通勤也是个问题。

作为余杭区辖区内唯一一所高等院校，余杭区政府当然不希望学校搬迁。大学的人文环境、社会效益是工商业无法取代的，大学带动了周边的地价上涨，再看直接经济效应，学校每年开展近2万人次的社会船员培训和学历函授教育，加上几千名在校学生，产生巨量购买力，师生消费为金家渡及周边村民带来了非常可观的经济收入。村民们也不希望失去这个经济来源，更希望学校能扩展规模，加上土地征用享有的政策红利，只要征地条件合适，土地被征迁，他们是乐见其成的。

学校涉海类专业实行半军事化管理

学校党委在多次实地考察学校周边状况，到杭州市规划局、余杭区建设局等政府部门了解相关征地政策后，经反复论证与综合评估，认为从地理位置上考虑，学校从现址迁建到杭州另外一处市郊，实际意义不大，建设成本很高，相反，学校周边均为农田，仅有少量农居房，所处区域征地成本支出相对较少，在学校原址征地扩建，可以避免学校已建资源的浪费，财政负担更轻，还能兼顾广大教职工及校友的情感，于是毅然决定采用原址扩建方案，并上报省交通厅。

在广泛听取意见和充分论证的基础上，厅党组审查批准了学校原址扩建的方案，当年即安排专项资金7600万元，用于学校的征地和基本建设。省交通厅厅长郭学焕深知土地征用政策性强，涉及的部门多，且与当地群众的利益息息相关，特别叮嘱学校领导，一定要集中力量，依靠当地政府和群众，做好做细工作。

原址扩建方案决定后，学校扩建工作小组工作人员在省发展计划委员会、杭州市规划局、杭州市国土局、余杭区规划管理处、良渚遗址管委会（良渚镇政府）等各级政府部门奔波忙碌，在调研、梳理相关征地办理需要审批的流程和手续的同时，也遇到一个非常棘手的问题——农转用土地指标。按照规定，新增建设用地指标是国土部根据国民经济及社会发展状况安排审批给各省，然后由省逐级下达。余杭区每年的新增建设用地指标都是有规划的，分配到的教育用地指标非常有限。以往学校也开展过多次征地扩建，但那时都是小规模，每次征地只有几十亩。现在学校一次性征地400多亩，需要占用余杭区全区好几年的教育用地指标，这肯定是不可行的。

学校领导即刻向浙江省交通厅领导汇报，厅领导听取汇报后，分析研究相关政策，寻求按政策采用跨区域指标占补平衡，用地指标向省内其他地区调剂的办法。当获悉衢州市农转非土地指标相对宽裕的信息，郭学焕厅长随即同衢州市领导沟通，说明学校征地遇到的实际困难，希望衢州市采用“异地农保”办法，将用地指标调剂给杭州市，并划转到余杭区，用于学校扩建工程项目。衢州市委、市政府领导十分支持配合省交通厅的工作，同意借调学校扩建所需的土地指标。4月3日，省交通厅处长徐根法，院长王怡民、副院长马云飞前往衢州商洽。紧接着，通过省国土局土地管理部门，按有关规定办理划转手续，落实了扩建征地指标。

8月28日，杭州市规划局与余杭区规划管理处（余杭区建设局）批准了学校的征地计划。9月9日，学校将扩建项目可行性研究报告送省发展计划委员会。10月17日，在杭州召开学校扩建项目评审会。

11月22日，省发展计划委员会（浙计社会〔2002〕1071号文）原则同意由浙江大学建筑设计研究院编制的《浙江交通职业技术学院扩建工程项目可行性研究报告》，按全日制在校生6000人核定，新增占地约418亩，总建筑面积130475平方米，总投资32222万元。

学校成功迈出了校园扩建工程的第一步，划定了校园建设用地红线，绘就了学校基础建设发展的新蓝图。

学校迎来省高职教学工作合格评价。2002年1月，学校召开中层干部大会，传达了省教育厅计划对我校开展高职教学工作合格评价的通知，这是学校升格为高职后，对于人才培养质量的第一次正式大考。它既是对学校教学工作的一次大检查，也为学校的进一步改革与发展，提供了良好的契机。

学校接受高职教学工作合格评价

多所学校升格成大专院校，各学校一手抓建设，一手抓教学。由于高职教育还是新生事物，对什么是高职教育、高职人才培养目标、如何办好高职教育等问题，大家都在探索中前进，教学水平、人才培养质量也参差不齐。为高职教育健康、高质量发展，省教育厅决定对全省高职院校开展教学工作合格评价，依据《教育部高职高专教育教学工作合格学校评价体系》和《浙江省教育厅关于普通高校教学工作评估的补充通知》的有关要求，对办学指导思想、人才培养目标定位、教学基本条件、教学基本状态及人才培养质量等方面进行评价。

教学质量监控、评价是高职院校教学管理的重要环节之一，它直接影响学校教学管理水平和教学质量，全面体现学校对教学工作的导向作用。要提高教学质量和人才培养质量，必须建立科学的教学质量监控、评价体系。而构建科学的教学质量监控、评价体系，首先必须全方位地界定教学质量监控、评价的主体与客体。

在省教育厅公布对全省高职院校全面开展教学工作合格评价的决定后，学校立即组织学习有关文件精神和评价标准，研究部署“迎评促建”工作。对于教学评估工作的认识，学校领导高度一致，学校的根本任务是培养人才，而人才培养的中心工作就是教学工作，这是学校的中心工作，教育教学质量是学校永恒的主题。开展高职教学工作合格评价，是促进学校教育教学改革、提高教学质量与办学水平的一项有效措施，对于学校建设具有十分重要的意义和作用。

3月，学校确立“以评促改，以评促建，评建结合，重在建设”为指导思想，成立了以院长王怡民为组长的“迎评促建”领导小组，下设办公室，办公室负责对评价指标体系进行分解，确定评价项目的归口部门和责任单位，制订工作计划，指导各归口部门和责任单位对评价所必需的背景材料进行整理、汇总和保管，组织自评和起草自评报告，定期向领导小组汇报评建工作进展情况。

5月，学校梳理了自评依据和支撑材料，完成评价项目的自查工作，并起草完成自评报告。6月，学校成立自评专家组，开展实事求是、认真严肃的自查自评，查找高职教学工作中存在的问题和不足，并提出相应措施，积极改进。

另外，学校结合省教育厅开展的高等学校合格评价体系，在学籍管理、后勤服务、辅导员队伍建设、宿舍管理、招生就业等各方面，进行了积极的改革探索。

为推进教育教学改革，充分体现因材施教、因人施教，真正体现素质教育，调动教与学的主动性，积极发展学生个性，有效提高学习效率，学校于2002年完成了学分制和弹性学制实施方案的研究，制定了《浙江交通职业技术学院关于制定高职教育专业学分制培养计划的原则意见(试行)》和《浙江交通职业技术学院高职学生学分制学籍管理实施细则》，修改完善了《优良学风班级评价指标体系》。8月26日，教育部下发《教育部关于加强高等学校学生公寓安全管理的若干意见(教社政〔2002〕9号)》,明确指出学生公寓是学生日常生活与学习的重要场所,是对学生进行思想政治工作和素质教育的重要阵地。根据教育部党组《关于进一步加强高等学校学生思想政治工作队伍建设的若干意见》(教党〔2000〕21号)要求,结合学校的实际情况,学校于9月启动了学生政治辅导员进公寓的管理模式,每幢学生公寓都安排房间,设立辅导员工作室,同时作为辅导员宿舍。全院政治辅导员均入住学生公寓,使思想教育工作深入到学生日常生活中,深化素质教育,在"兴趣、爱好、特长"上下功夫,在"体、音、美"上做文章,不断改进并加强学生公寓的管理,确保学生公寓的管理工作健康、有序,保障正常的教学、科研秩序和学校的稳定。学校也同步着手制订《辅导员管理办法》,明确辅导员的职责和义务,研究学生政治辅导员职业规划与发展,探索建设专兼结合、相对稳定的学生思想政治工作队伍。

11月18日,学校正式迎来了省教育厅高职教育教学合格评估专家组,上午9时,在综合楼八楼报告厅举行了学校教学工作合格评估汇报会。省交通厅副厅长阎震表示:省交通厅非常重视学校建设,特别是升格为高职院校之后,省交通厅从人才引进、师资队伍建设、征地扩建等各方面都给予大力支持,学校上下齐心协力、团结一致、踏实工作,为学校的发展和争创全国示范性职业技术学院打下了坚实的基础。省教育厅组织这次评估是对学校的一次大检阅,通过本次评估,发现问题,找出差距,以利于学校更好的发展。

评估组专家指出:合格评估工作是时代的要求,是对人才培养的要求。社会在不断发展,高校的教学模式和方法都发生了变化,浙江省高等教育有了一个飞跃的发展,在此背景下对高校教学质量状况进行考察,将有着非常重要的意义。浙江交通职业技术学院是浙江省经教育部批准的第一批职业院校,是省内主管部门非常关心、投入很多的一所院校,通过本次评估考察,促进学校建设在原有基础上更上一

个台阶。

专家组从学校办学指导思想、教学基本条件建设与进展、教学改革与成效、办学特色等多方面，通过听取学校教学工作合格评价的自评报告，对汽车实训基地、模拟油轮、图书馆、食堂等进行了实地考察，召开各类座谈会、听课、访问有关部门、技能抽测、查阅各种材料等，花了整整4天时间，从各个角度对学校的教学工作进行深入细致的考核。

11月21日，省教育厅专家组对学校高职教学工作进行了评估反馈。专家组高度评价了学校在教学改革领域所取得的成就，宣布学校顺利通过省高职教育教学工作合格评估。

学校表示，充分认识到在浙江高等职业教育大发展背景下，学校对高职教育仍处在摸着石头过河的起步阶段，这次评估是省教育厅对学校3年来在高职教育教学改革探索与实践道路上的一次基本诊断。学校会以此为契机，进一步做好谋划管理，进一步完善各项管理制度，进一步强化校园文化，深化教学改革，不断提高人才培养质量，办出特色，更好地为浙江交通建设服务。

正可谓一分耕耘，一分收获，7月25日，教育部、劳动和社会保障部、国家经济贸易委员会联合发文表彰全国职业教育先进单位和先进个人，学校被评为全国职业教育先进单位。

11月25日，浙江省教育厅组织的省高职教育示范性实践教学基地评审委员会，对各校上报的实践教学基地进行现场考察和评审，省教育厅确定学校轮机实践教学基地为全省高职教育示范性实践教学基地，这为学校新一轮发展奠定良好的基础。

浙江电视台卫视频道播出六集系列电视专题片《浙江高等教育大众化纪实(高职教育构筑人才培养新平台)》，于11月3日晚10点30分，报道了我校的办学成就。

12月10日，学校道路与桥梁工程技术专业成为教育部公布的全国第一批62个国家高职高专精品专业建设项目之一，也是浙江省重点专业、浙江省示范专业。

学校招生、毕业生就业工作务实高效开展。2002年，学校办学取得喜人成绩的同时，毕业生就业压力不小。由于大学扩招，高等教育大众化对高职院校的招生造成一定冲击，社会上不少人对高职教育认识不足，对高职培养的人才质量有些疑问，相当多企业不愿意接受高职毕业生。在普通高校招生中，高职院校也是最后一批录取，高职教育受重视程度不高，考生和家长选择高职意愿不强，造成高职院校报考热情不高、生源质量不佳。

针对严峻的招生形势，学校改变以往中专时期“酒香不怕巷子深”观念，改变被动的“守株待兔”式招生，开始主动走出去宣传招生，利用浙江省交通系统各地场站资源优势，在全省各县市广场、车站、码头等人流密集区开展招生宣传，在杭州也到处可以看到学校的招生宣传，如在杭州武林广场、浙江省海运集团大楼等地，设招生咨询点，拉招生宣传横幅，广泛开拓渠道，多方位让考生了解学校。

特别是海洋船舶驾驶、轮机技术与管理等艰苦专业，随着浙江省经济大发展，人们的收入水平也大幅提高，原先就业时具备的高薪优势，越来越不明显，省内报考航海类专业的生源有所减少。为拓宽生源范围，学校开始在经济欠发达省份招收海洋船舶驾驶、轮机技术与管理2个专业的学生，2002年，首次在安徽、江西、湖南、海南、四川、广西等6个省(自治区)招生。通过各项努力，学校招生情况得到明显好转，顺利完成全年招生任务。当年9月，1300名新生报到入学。

6月，学校512名第一批高中起点的三年制高职生顺利毕业。这届毕业生是学校升格后进行高中三年制高职人才培养交出的第一份答卷。以海洋船舶驾驶专业99311班学生为例，班上有28人是普高生源，14人是职高生源，学生学习水平参差不齐，成绩差距较大。班里成立帮学小组，学习好的同学与学习困难的同学结成对子，共同进步。

在毕业前夕，全班大部分同学都在紧张准备全国海船船员适任考试三副证书的统考。由于寝室晚上10点熄灯，为了能让他们有更多的学习时间，学校特意为他们开放了2号楼的一个教室，可以亮灯到晚上12点。全班同学每天从早上6点开始学习，直到熄灯。正是这种拼命三郎式学习，相当多同学以优异成绩顺利通过全国统考，拥有海船船员资质证书。

高职学生起点高、自觉性强，不仅学习刻苦认真成绩好，在教室实训室图书馆到处都有他们的身影，而且团结奋进，有极强的集体荣誉感，在文体活动的赛场，有他们的英姿。

良好的学业为毕业就业打下了基础，2002届相对于之前几届，优秀毕业生比例较高。到当年年底，绝大多数毕业生都落实了工作，得到了妥善就业。

第 11 章
迎难而上（2003 年）

2003年春，一场突如其来的传染病蔓延开来，一场没有硝烟的战斗打响了。

春节过后不久，杭州城里往日熙熙攘攘的街道安静了下来，拥挤不堪的公交车车厢里乘客稀少，从广东或北京方向来的旅客被另眼相待，甚至避而远之；当看到或听到身边哪个人发烧咳嗽，大家就会神经紧绷，提心吊胆。一场突如其来的非典疫情在全国各地蔓延，党中央及时作出部署，打响防控非典疫情阻击战。

时任省委书记习近平、省长吕祖善高度重视抗击非典，亲临指挥亲自部署，多次作出重要指示。全市人民迅速行动，一场没有硝烟的特殊战斗在杭城打响：杭州暂停所有影剧院、歌舞厅、卡拉OK厅、人防坑道内的各类公共场所的营业；所有药店暂停销售治疗发烧、咳嗽药品；民航、铁路、车站、码头、机场和各旅行社对发热、咳嗽的来杭人员开始实施严格的健康申报制度；放宽非典药品用药范围。

学校领导高度重视非典疫情的预防工作，4月8日，成立了由学校党委书记谭文莹为组长、副院长马云飞为副组长的非典防治工作领导小组，下设领导小组办公室，对学校的非典防治工作进行部署。

学校非典防治办迅速组织采购大量体温计、手套、消毒液、喷雾器以及中药等防治非典用品及药品。对参与防控的一线人员进行业务培训，印发各类防治宣传资料，提高防治水平。利用广播、局域网、黑板报、张贴宣传画等多种形式进行防治宣传，广泛传播非典防治知识，解除恐慌思想和麻痹思想。

学校领导慰问防非典工作人员

学校虽地处杭州市郊区，四周没有高楼林立，人员流动也并不多，但抗击非典的号角已在校园吹响。4月19日夜晚，杭州市第一人民医院发现非典病人。杭州的一家三兄妹从北京出发到杭州，途中出现发烧、咳嗽等症状，被确诊为非典患者。消息很快传到学校，21日，学校紧急召开全体中层干部会议，并立刻启动了《浙江交通职业技术学院非典型肺炎应急处置方案》。紧接着各系、部召开班主任会议，传达学校非典防治会议精神，要求将防治工作落实到每个班级、每个寝室、每个学生，动员全体师生积极采取各项防治措施。每个寝室发放1块肥皂、1个温度计，以及棉花、酒精和杯子，寝室同学每天起床后必须自量体温，并向寝室长汇报数据，对可能出现的情况争取做到早发现、早报告、早隔离、早治疗。

4月24日，学校成立非典疫情监控小组。为了更好地处置随时可能出现的非典疑似病例，配备非典专用车辆，设立应急热线，实行24小时值班制度。各系部(单位)日报告，严格筛选可疑情况；监控小组每日召开例会，汇总前24小时的疫情动态和学生流动情况，按照要求上报省交通厅、省教育厅。

4月28日，校园非典防治措施进一步加强。学校决定在非典防治工作中要完善应急预案，做好应急准备工作。门卫加强对来访人员的管理，禁止无关人员进入校园，严格执行学生外出审批制度；教职工原则上停止出差。必须出差的，已离校的出差人员在返校前，必须接受医学检查。为了应对随时可能出现的疑似病症者、密切接触者和疫区返校者，院卫生所在南苑设立了临时隔离观察室。首先对在校人员出现的疑似病症进行隔离检查，如发现有发烧、干咳等疑似病症时，立即通知非典疫情监控小组送往余杭区第三人民医院进行进一步检查。

5月4日，在原有临时隔离观察室的基础上，增设返校学生留观区，对返校学生进行留观检查，主要针对严重违反有关规定擅自离校又返校的学生。留观区由综合服务中心负责设立，在当时时间紧、任务重的情况下，综合服务中心老师加班加点，完成了留观区15个房间的床铺装配。

非典病毒主要通过近距离呼吸道飞沫传播，因此，非典防治办组织人员对校园进行全面消毒，教室、宿舍、图书馆、实验室、办公室、食堂、实习车间以及交通车辆等都是需要消毒的场所，每天一次，其中重点部门、重点部位(如卫生所、送病人车辆等)做好随时消毒。后勤膳食要求工作人员必须佩带口罩，对餐具进行消毒，对餐厅、操作间及食堂周围环境用含氯消毒液每天喷洒一次。给全校师生免费提供防非典食用汤、中药等。为更好地排解部分师生对非典心理压力，学校安排了4位有一定经验的心理老师，在综合楼7楼A701室开设心理热线，为师生提供心理咨询和辅导服务。

在抗击非典期间，按规定都不能外出，校园教学秩序井然，学习氛围良好。图书馆成了学生们的好去处，图书借阅量增加了48%，阅览室利用率提高了42%。

在学校党委的坚强领导下，学校教师特别是监控小组成员奋战在防控非典的第一线。在抗击非典期间，完成转送发烧病人46人次，处理擅自离、返校学生60人，留观26人，对全校3000多名学生、400多名教工每天进行去向追踪，用细致周到的工作构筑了坚固防线，战胜了非典疫情，保护了全体师生的健康安全。

9月23日，中共浙江省委、浙江省人民政府颁布决定，表彰抗击非典斗争中做出突出贡献的先进集体和先进个人，我校张华同志获得“浙江省抗击非典先进个人”荣誉称号。

学校扩建工程持续推进。扩建区域东临原学校操场，西至古墩路延伸段，南距金家渡北路约100米，北至勾庄规划道路，征用金家渡村土地418亩，涉及农户107户。学校扩建工程按照省发展计划委批复的可行性研究报告，建设包括：管理与信息实训楼5200平方米、汽车工程实训楼9300平方米、轮机工程实训楼15500平方米、航海技术实训楼11800平方米、交通工程实训楼13900平方米、专家楼5800平方米、培训楼4200平方米、图书科研行政楼19575平方米、体育馆3000平方米、学生宿舍20000平方米、生活辅助用房20000平方米、单身教工宿舍楼2200平方米。计划总投资逾3.23亿元，其中省交通厅拨款1.3亿元，学校自筹约4500万元，后勤服务社会化引进资金4800万元，向银行贷款1亿元。学校多渠道筹措办学经费，积极引进社会资金投资学校建设。

学校扩建工程设计方案有浙江大学、同济大学与浙江工业大学三家设计单位参与投标，3月4日，省发展计划委员会办公室组织专家进行开标评审，最终浙江工业大学建筑设计研究院的方案中标。3月13日，省重点办将学校扩建项目列为重点建设报备项目。

3月19日，学校成立扩建项目办公室，副院长马云飞兼主任，具体负责扩建项目的组织实施工作。4月16—17日，在省发展计划委员会的主持下，学校扩建工程初步设计评审会在杭州召开，省国土资源厅下达省留规划建设占用耕地指标，同意学校扩建项目实行追加。6月3日，省发展计划委员会同意学校扩建工程初步设计方案，总建筑面积为逾14.7万平方米，核定征地面积为418亩，项目概算投资3.2亿元。7月7日，学校与良渚遗址管委会签订征地协议。8月8日，余杭区给学校发放建设用地规划许可证。8月16日，省人民政府、省国土资源厅审定同意学校征地方案，随后，余杭区进行公示。8月27日，余杭区政府下达《关于同意划拨土地的批复》，至此，学校扩建征地报批工作完成。

学校教职工的收入有了大幅提高，有相当部分的老师购买了商品房，私家车也逐渐多了起来，上下班的班车也慢慢不再那么拥挤了。2003年，在杭省级机关事业单位的工作人员参照杭州市可享受"同城待遇"，学校根据省级事业单位"同城待遇"的意见和要求，以及浙江省人事厅、省财政厅《关于调整事业单位工作人员工资标准的实施方案》，对事业单位进行工资标准的调整，将基本工资进行了上调。积极筹措资金，让教职工享受"同城待遇"。学校进行了第二轮收入分配方案改革，提高校内津贴系数值，同时年度考核奖也相应提高。教师工资收入的提升，也得益于高校扩招政策，在校学生数达到了3923人，比上年增加26.8%。作为公办学校，省财政厅对学校经费的拨款主要依据之一，就是在校学生数量。因此，随着招生数量的增加，教师教学工作量也增加了，教师工资收入也得以提高。这改变了当时学校教师在同类高职院校中收入偏低的情况，也激发了全校教职工的工作热情。

2月25日，学校聘请省政协提案委员会主任、省交通厅原厅长郭学焕为名誉院长。

3月5日，在学校综合楼七楼多媒体教室举行的"大学生助学活动"结对仪式上，学校22名学生从厅管厅属各单位团组织、学校各党总支

（支部）拿到了助学金。省交通厅副厅长杨瑞丰、学校党委书记谭文莹、院长王怡民等领导出席了结对仪式。这次活动由学校党委和省交通厅团委联合组织开展，是对家庭经济困难、学习成绩优良、平时表现较好的学生进行结对资助。其中，学校内组织的“爱心结对”活动，得到捐款15000多元，用于资助贫困学生。

6月17日，学校召开网络工作会议。学校各职能部门负责人、网络信息员等参加了会议。党委书记谭文莹在会上要求学校各级领导要高度重视网络建设，善于利用校园网进行行政办公、教学、学生思想政治工作等，校园网工作要做好“管、导、建”。“管”即党政干部、业务人员要统一认识，理直气壮地管好网络；“导”即要积极主动正确地引导网上舆论；“建”即网页内容要丰富，形式要新颖，能吸引师生员工。在网络建设中，要转变观念，认识到位，全面推进，提高水平。

学校召开首届发展战略研讨会。10月17、18日，学校邀请教育部、省教育厅和省交通厅领导参加会议。教育部高职高专处副处长李津石作了高职高专教育的专题报告，省教育厅高教处、省交通厅科教处领导到会讲话。学校党委书记谭文莹、院长王怡民分别做了主题报告。学校各职能部门、教师代表参加了研讨，分析自身所面临的挑战和机遇，寻找学校的优势与差距，探索新形势下学校的定位、办学指导思想、办学特色、发展目标和发展思路。

学校紧跟高等职业教育的发展趋势，适应高校扩招形势变化，尤其把握住了专科层次的高职扩大招生的有利时机。在思想认识和行动举措上，学校强化高职的“升学”“转学”功能；强化“就业导向”的教育与培训；重视非正规、非学历的成人职业技术培训；重视省内边远和海岛渔村海员的继续教育，不断扩大学校专业教育的受益面；重视远程教育、扩展教育空间。

学校涉海类专业受到社会热捧。2003年，航海技术系和轮机工程系招生数量大幅度增长，同时新增了国际航运业务与管理、集装箱运输管理与外轮理货、船舶机械制造与维修等3个涉海类专业。当年，涉海类专业共计招生335人，在数量上增加95.9%。

涉海类专业招生数的大增，使航海、轮机等专业得到了长足的发展。航海技术专业成为教育部教学改革试点专业、国家骨干高职院校立项建设重点专业、浙江省示范性高职院校重点专业和浙江省优势专业；轮机工程技术专业成为浙江省高职重点专业和国家骨干高职院校立项建设重点专业；船舶工程技术和国际航运业务管理也成为浙江省高职高专院校特色建设专业。

学校成立外事工作小组。为加强与国内外院校、企事业单位和培训机构的交流，在合作办学方面进行尝试，学校通过参加"英国BTEC推介会"和"中澳职教论坛"，了解国际职业教育形势；与英国教育咨询公司和澳洲教育咨询公司代表进行了交流；组织加拿大荷兰学院(Holland College)的专业教师与学校有关系主任及专业教师，就拟合办专业进行了探讨，经过多次磋商，与对方签订了《中加合作办学协议书》，并准备了全套的申请文件。

学校与日本丰田公司合作开展T-TEP(丰田汽车技术教育系统)项目，12月26日，举行了T-TEP开业典礼。作为日本丰田公司在中国首批遴选的7所学校之一，我校是浙江省唯一入选的学校。

学校始终坚持把教育创新作为第一要务，努力深化教育改革。近年来学校除了着力奠定学生坚实的理论知识外，还特别注重加强企业之间的联系，先后建立了浙江省路桥建设集团公司等34个校外实训基地，通过企业平台，给学生以更多实践锻炼的机会，真正做到培养社会需要的适用性人才，增强学生就业竞争力。当学校领导了解到日本丰田公司已在中国启动T-TEP后，积极与日方取得联系，经过多次磋商，终于达成校企合作办学项目。

T-TEP是日本丰田汽车公司为其在中国的服务网点培养后备技术人才而开展的一项支持职业技术教育的活动。丰田公司定期向T-TEP

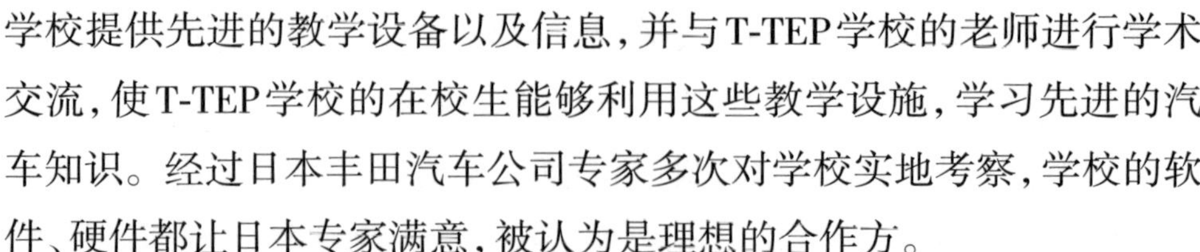
学校提供先进的教学设备以及信息，并与T-TEP学校的老师进行学术交流，使T-TEP学校的在校生能够利用这些教学设施，学习先进的汽车知识。经过日本丰田汽车公司专家多次对学校实地考察，学校的软件、硬件都让日本专家满意，被认为是理想的合作方。

学校首届科技体育文化节隆重举行。科技体育文化节是学校师生开展职业技能竞赛、创业创新活动，营造科技创新校园氛围，是激发学习热情，提高实践能力、创新能力和就业能力的活动，也成为全校师生热热闹闹、释放自我的一个盛大节日。11月26日，学校决定将先前的“技能节”与“校园文化节”结合起来，举办首届“科技文化节”，活动时间跨度长，一直持续到12月31日。学校还开展了众多校园文化活动，举办了“教授论坛”，旨在“活跃校园学术气氛，提高学生求知欲望”，2—7月，先后安排10位高级职称(副教授、高讲)教师举行了专题讲座，向学生介绍新知识新技术。10月，举办学校首届网页设计大赛，通过大赛专题网站进行网上公众评选，既推进了各部门的网站建设工作，也提高了师生的计算机应用能力。

学校重视“双师素质”教师的培养，分期分批派青年教师到生产第一线、实习基地或赴国外(主要是日本)研修，接受实践锻炼。有计划地选拔培养专业(课程)带头人和中青年教师骨干，营造学术、科研氛围，提高教师创新能力。学校“双师素质”教师占专任教师(“两课”、公共课等除外)比例的59.6%以上。企事业单位从事专业实际工作的兼职教师，占有专业课教师比例达13.1%以上。

第 12 章

校区扩建（2004 年）

4月，浙江省委任命戚步云同志为学校党委书记，谭文莹同志退休。

学校召开专题学习动员大会。5月12日，300多名教职工参加，同商在新形势下的发展大计。会议由院长王怡民主持，党委书记戚步云作了题为《统一思想，抓住机遇，实现学院发展新跨越》的报告，他首先传达了省教育厅、省交通厅主要领导来学校指导工作时的讲话精神，学校党委决定用1个月时间，组织教职工学习讨论。他要求大家通过总结学校在长期发展中取得的经验，分析当前面临的困难，达到统一思想、明确目标，加快学校发展步伐。他强调指出，每一个“交院人”都必须深刻领会领导讲话精神，应该有“时不我待”的危机感、紧迫感和知难而上的精神，要树立科学发展观，充分调动全校师生的积极性、能动性，把实现学校跨越式发展成为全校师生的自觉行动，齐心协力，致力于学校发展。他要求学校教职工要充分认清实现新跨越的艰苦性、复杂性，采取有力措施，有重点、有步骤地开展各项工作；要求大家以求真务实精神，大兴调研之风，用前瞻性的目光去分析内部、外部影响学校发展的瓶颈，要花大力气做好依法治校、人才强校和花园式校区建设工作，尽快实现师资质量、教学质量和校园环境建设的三个新跨越。

学校全面加快校园扩建工程建设。1月21日，省交通厅杨瑞丰副厅长到校调研新校区建设等工作。当时，学校在校园扩建过程中遇到的问题主要有三个：一是拆迁进展缓慢；二是造价远超预算；三是缺电影响施工。首先是对涉地村民拆迁安置补偿问题，学校依据国家征地补偿安置政策与地方征地补偿安置办法，与金家渡村的4个村民组开展了房屋拆迁费、青苗补偿费、劳动力安置费等方面的协商。二是建设费用问题。当时的建设资金预算为3.2亿元，由于设计变更、原材料涨价、建设周期长等原因，造价增至约6亿元。学校通过拓宽经费筹措渠道，由省交通厅追加立项3个多亿，加上省财政补助与学校自筹，最终完成了建设费用的筹集，保证了建设资金的及时到位。三是缺电影响施工问题，浙江遭遇了历史上最为严重的"电荒"，电力紧张，每周实行限电措施。特别是夏季用电高峰期，每周限电常常有2—3天。但施工过程的桩基钻进、混凝土拌和与浇筑等工序都不允许中间停工，为此，施工人员伤透了脑筋。针对这一严峻的情况，学校一方面购买发电设备，自行发电供给；另一方面与余杭区电力部门协商，引入备用电力线路保障工程施工。

6月1日，学校成立扩建项目工程指挥部，党委书记戚步云任指挥，院长王怡民、副院长马云飞任副指挥，进一步强化扩建项目工程力量。当时的在建项目，主要是3号、4号学生公寓。自2003年11月30日开工以来，克服高温、限电等困难，到2004年8月27日顺利通过验收，9月初迎来新生入住。

6月17日，学校与杭州金丰丰田汽车销售服务有限公司(以下简称"杭州金丰"）签订合作协议。杭州金丰总经理刘智勇、学校党委书记戚步云，院长王怡民，副院长马云飞、季永青及汽车系领导和汽车系部分教研室主任参加会议。

双方就校企合作事宜进行了广泛交流，达成合作意向，主要内容：一是确立长期合作关系，实现校企资源共享；二是成立联络小组，定期召开会议，分析情况，制订合作计划，适时调整合作内容；三是为学校汽车系学生提供实习与就业的基地，学校优先为丰田推荐毕业生；四是提供一定的教学设备，解决学校器材短缺，支持学校办学；五是为汽车系学生设立“丰田奖学金”，资助奖励品学兼优的学生；六是学校教师参与公司有关管理与技术工作，承担公司员工的有关培训项目。

学校与杭州金丰合作协议的签订，标志学校与杭州金丰校企合作的正式启动。

学校与杭州金丰丰田汽车销售服务有限公司签订校企合作协议

6月18日，交通部副部长翁孟勇在省交通厅主要领导的陪同下，就交通职业教育发展情况来校进行调研，期间参观了轮机实验室、汽车实验室等。学校党委书记戚步云、院长王怡民和原党委书记谭文莹陪同调研。在听取学校情况和教育研究会工作汇报后，翁孟勇对学校工作提出：一要加强高级人才的引进，特别是加强具有较强实践能力的高级专业技术人才的引进；二要加强联合办学，实施产学研相结合的根本途径；三要明确专业定位，要根据人才市场需求，及时调整专业设置，不要追求面广，而应具体，口径小、目标明；四要大力抓好科研工作，充分发挥科研所的作用。

学校召开产学研结合研讨会。7月，学校邀请省交通厅、教育厅的领导和全省水陆交通、机电、IT等行业的60余名专家和企业单位负责人参加会议，以产学研结合为基本途径，加强专业改革，使培养模式、培养方案更加符合高职教育的要求。会议就专业设置、培养目标、职业特色、课程设置等进行了互动式讨论咨询，探讨了如何进行全方位的合作，如何开展“订单式”培养和实施“双(多)证制”等问题，达到了人才供需双方相互了解、共同谋求发展的目的。

学校招生数量持续增长。莘莘学子纷纷来校就学，到8月18日，学校顺利完成年度招生任务。当年生源十分充足，学校呈现出良好的招生态势，超计划完成招生任务，计划招生2142名，实际完成招生2410名，且录取的新生都是第一志愿报我校的考生。学校录取的普高理科最高分为506分，最低分为344分；普高文科最高分为486分，最低分为403分；单考单招(三校生)最高分为574分，最低分为360分。

学校2004届毕业生共有1036名，截至8月31日，就业率为95.08%，绝大部分毕业生都顺利走上了工作岗位。

学校举行科技文化体育节

学校高度重视、系统部署精品课程建设。学校按照《教育部关于启动高等学校教学质量与教学改革工程精品课程建设工作的通知(教高〔2003〕1号)》精神，制定了《精品课程建设规划(2003—2007)》，提出了精品课程建设的指导思想与建设目标，明确了建设标准与考核保障制度，并以申报立项的方式确定了《汽车底盘构造与检修》等11门课程为首批院级精品课程建设项目；《公路工程进度监理》等13门课程为首批系部(分院)级精品课程建设项目，投入了大量课程建设经费。2004年上半年，学校专门购置了精品课程开发系统软件和平台，同时在人员、管理等方面予以充分保证，把精品课程建设与高水平教师队伍建设结合起来，推动学校教学质量和教学水平的提高，确保精品课程可持续发展。

学校工程检测试验室获得CMA标志及证书。2月23日，学校正式取得了《计量认证合格证书》，这标志着工程检测项目获得加盖CMA标志及证书编号，可以全面开展工程检测服务。根据国家规定，为社会提供公证数据的产品质量检验机构，必须经省级以上人民政府计量行政部门对其计量检定、测试能力和可靠性考核合格。根据原国家质量技术监督局认证与实验室评审管理司2000年10月24日颁发质技监认函〔2000〕046号关于发送《产品质量检验机构计量认证/审查认可(验收)评审准则》(试行)的通知，规定新的评审准则于2001年12月1日起正式实施。

学校工程检测试验室始建于1980年，前身为浙江省交通学校公路工程检测试验室，具有交通行业的乙级检测资质，但是在2004年以前，没有获得政府部门的计量认证，这意味着将来不能面向社会开展试验检测工作。为了使学校的工程检测试验室能够持续开展社会服务，学校按照工程检测试验室计量认证要求，成立了新的管理机构，在原有试验场地的基础上，于第二试验楼内新增了部分试验室，并在一楼大厅设立了收样室，成功申请了320万元的省财政专项资金，用于检测设备的更新与提升。经过一系列的努力，最终全部通过包括沥青试验、桩基检测等79项试验评审项目。在通过认证的过程中，老师们付出了大量心血。当时，路桥系的许多老师作为试验检测人员，参与到抽查评审项目的试验训练中。老师们经常在试验室强化自身的试

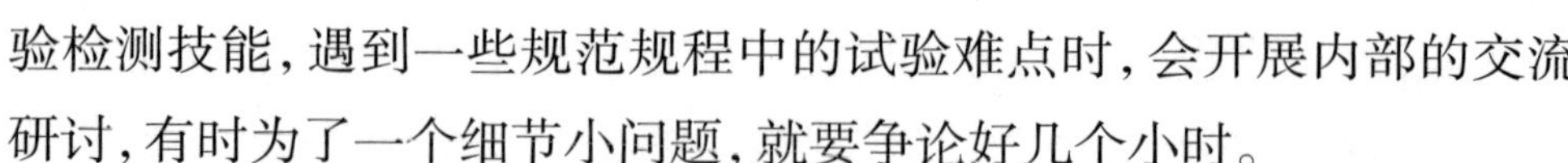
验检测技能，遇到一些规范规程中的试验难点时，会开展内部的交流研讨，有时为了一个细节小问题，就要争论好几个小时。

5月23日，学校与浙江省国际货运代理协会合作设立“国际货运代理资格证书”考证培训点，负责杭州市、宁波市以外的国际货运人员和在校学生的培训工作。6月18日，省教育厅公布第五批现代远程教育校外学习中心名单，同意在我校设立北京航空航天大学远程教育校外学习中心。

8月18日，浙江海事局同意学校为受理海员证申办单位。我校成为中华人民共和海事局公布的第二十七批海员证申办单位。

12月20日，学校正式成为国家职业技能鉴定所。省劳动和社会保障厅同意设在我校的浙江省水上运输职业技能鉴定所为国家职业技能鉴定所设在浙江省的分支机构，并增加汽车驾驶员、汽车修理工、维修电工、电气设备安装工、家用电器产品维修工、电子仪器仪表修理工、电子设备装接工、电子计算机(微机)维修工、车工、机修钳工10个工种鉴定项目。学校学生和社会有关工种(专业)的从业人员，均可参加相关的职业技能鉴定。

学校学风建设取得可喜成效。学校海运学院的01411班作为学校试行半军事化管理班级之一，率先基本实现学校提出的“9789”学风建设评价目标，达成了四项指标：计算机等级考试通过率达到100%，超过90%的目标10%；英语三级通过率达到97.1%，超过70%的目标27.1%；毕业生一次签约率达到97.1%，超过80%的目标17.1%；船员适任大证全国统考通过率88.2%，距离90%的目标1.8%。

学校受社会关注度不断提升。6月9日，由教育部发起中央新闻单位记者组成的“高职征程 市场主导 实训先行”——职业教育采访团一行12人到我校采访。他们参观了校内实训室，在海运学院轮机实训中心，校领导介绍道：学校要求海运学院水上专业学生在毕业前，应持有高级船员适任证书及若干专业训练证书，因为这些证书国内外通用。这就大大拓展了学生的就业渠道，可以到国外寻求发展机会。

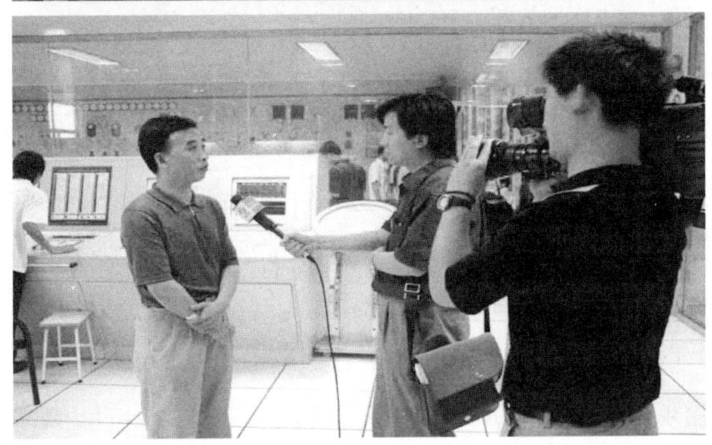

中央新闻单位记者组成的职业教育采访团到学校采访

学校新增了一批有影响力的专业。继2003年新增汽车技术服务与营销、市政工程设施与管理、船舶机械制造与维修、国际航运业务与管理、集装箱运输管理与外轮理货、宾馆机电设备管理专业后，2004年3月10日，省教育厅同意我校增设市场营销、数控加工技术、数据库管理与应用、汽车电子技术4个专业，至此，学校的招生专业由原来的15个增加到25个，招生规模得到大幅提升。

12月，学校两个省级重点建设专业轮机技术与管理、道路桥梁与技术和新设专业工程监理通过了省教育厅组织的抽查验收。省教育厅专家组对学校专业建设情况进行了验收抽查，听取了专业建设自评情况汇报；详细查阅、核对了学校提供的主要信息与原始资料；实地考察了三个专业的实验、实训场所；随机选听了2门课程；召开了教师、学生座谈会；并对60名学生进行了问卷调查；对专业骨干教师及教务处等相关部门负责人进行了个别访谈。专家组就验收抽查情况作了反馈评价：改革与建设思路清晰，定位准确；重视实践性环节和实验实训基地建设，大力开展产学合作，成效明显。通过专业评估，学校进一步明确了专业建设的思路、目标及努力方向，强化重点专业的示范作用和辐射作用，以重点专业为龙头，进一步突出特色专业，带动相关专业发展，创造专业品牌。

4月7日，学校公布第二轮体制改革机构设置的办法，宣布成立海运学院和机电系。这样，学校形成了7个教学院系：海运学院、路桥系、汽车系、管理与信息系、机电系、基础部、成人教育学院。

学校进行内部管理体制改革，在定编、定员、定岗、定职责的基础上，进行了双向选择工作。先后拟定《学院人员编制管理办法》《学院第二轮内部管理体制改革方案》《学院分流待岗人员管理暂行办法》《学院内部津贴分配改革方案》等。

学校科研工作取得新成绩。9月11日，学校主持的省交通厅科技计划项目《汽车综合性能要求与检验方法规范和科学管理研究》通过省交通厅组织的项目验收。7月12日，学校老师完成的《浙江省高职学院教育服务质量评价体系与实证研究》项目获省教育厅公布的2004年度高校优秀科研成果二等奖(这是浙江省高职院校首次获得此奖项，全省高职院校获的奖共3项，其中二等奖1项，三等奖2项)。2004年，学校列入省交通厅科技计划项目6项，获得厅补助经费28万元，列入全国职业教育教学指导委员会项目4项。

学校在“两课”建设与大学生“三下乡”活动中成绩斐然。

7月2日上午，在学校综合楼大门前，学校大学生“三下乡”暑期社会实践活动出征仪式隆重举行，这是学校首次以小分队的形式开展

"三下乡"暑期社会实践活动，共组建了近十支小分队。由此，2004年学校暑期社会实践正式开始，共有来自各实践小分队的120余名师生。这次出征是根据团中央和团省委相关文件的精神，以"受教育、长才干、做贡献"为活动宗旨，积极投身社会实践，提高社会实践的实效。

7月2日，管理与信息系"大学生走进良渚文化"社会实践小分队参观良渚文化博物馆。汽车系组建了"三下乡服务小分队"，在暑假期间开展了一系列丰富多彩、卓有成效的社会实践活动。路桥系在暑期远赴龙泉县龙南乡兴和村，开展为期一周的扶贫助教与贫困山区社会调查的暑期实践活动，其中调查内容主要包括经济、交通、教育及科技卫生等方面的情况，并进行系统的整理和宣传。8月26—29日，海运学院开展了参观访问式的暑假社会实践活动。

11月11日，中共浙江省委宣传部、共青团浙江省委等相关单位联合发文，表彰2004年浙江省大中专学生暑期"三下乡"社会实践活动。学校获组织工作奖，管理与信息系"大学生走进良渚文化"社会实践小分队和机电系赴缙云仙都希望小学支教社会实践小分队获得优秀团队奖。4位学生获得省级先进个人荣誉称号。

学校与青海交通职业技术学院缔结为对口支援结对院校。为落实西部大开发战略，加快中西部地区教育发展，2001年5月10日，教育部"对口支援西部地区高等学校计划"正式启动。对口支援也是学校对外交流的重要组成部分，作为东部地区领先的高等职业院校，学校积极参与教育部"对口支援西部地区高等学校计划"，支援西部地区交通职业院校，提高交通类专业技能人才的培养水平。

第 13 章

谋求变化（2005 年）

3月23日，学校召开深化学校教学改革与专业建设研讨会。

学校深入贯彻落实《国务院关于大力发展职业教育的决定》(国发〔2005〕35 号)精神，深刻领会国家对职业教育的高度重视，了解到教育部等部委召开的全国性职业教育专项工作会议已达6次之多，规格之高、力度之大为历年罕见。学校领导和各系部(分院)负责人、专业带头人(负责人)参加研讨会，学习分析国家职业教育发展的政策文件，研究学校教学改革与专业建设，部署编制学校专业建设规划。

通过研讨，大家认为：高职院校只讲专业不讲学科是不科学的，但我们讲的学科有别于普通高校的学科，类似于专业群的概念。为了促进专业的良性发展，我们要按学科要求搭建平台，在这个平台的基础上去考虑师资队伍建设、实验实训基地建设等，以达到合理利用资源、优化资源配置的目的，促进学校的可持续发展。作为专业带头人(负责人)应该认真考虑，如何才能把这个专业建设好，对该专业到底要确立一个怎样的人才培养目标，就业岗位在哪里，需要哪些知识和能力等进行认真研究；除了要仔细考虑本系的专业建设外，还应考虑学科建设问题，如师资队伍、专业群如何布局等等。要正确处理好专业建设规划、品牌专业、学校教改试点专业之间的关系，组织教师认真研讨高职教育的人才观、质量观、教学观，抓好学风、教风以及教师教学水平的建设，加强教学改革，不断提高学校的教学质量。

各系(分院)充分发挥专业指导委员会作用,通过横向联系与交流,精心编制各专业建设规划,以就业为导向,加强专业建设和改革。根据2005级专业培养计划原则意见,及时了解市场信息并做好培养计划的修订与完善工作,注重以人为本,使培养目标更加明确,教学计划更具可操作性。对新申报专业进行了深入而细致的调查、走访,科学做好申报工作。3月17日,省教育厅对2002年新增设的专业进行了抽查,学校路桥系工程施工与监理专业名列高职高专第四组第一名。3月22日,省教育厅公布省普通高校重点专业名单,学校道路与桥梁工程技术、轮机技术与管理专业名列其中。

学校精品课程建设取得新进展,航海学被确定为省级精品课程。

学校获得第五届高等教育省级教学成果一等奖。

12月13日,财政部在中国高职高专教育网上发布,学校"汽车维修技术实训基地"建设项目获中央财政支持职业教育专业性实训基地建设专项资金资助。学校机电系数控中心完成一期项目,台套数与先进性兼顾。数控加工中心、数控铣床和数控车床配备有适量刀具与操作软件,能满足正常教学所需,并准备参加2006年全国的数控大赛。

学校与丰田汽车企业合作开办首届丰田教学试点班开班。为了加强校企合作,实行汽车专业人才的订单式培养,满足企业对专门人才的需求,挑选出综合素质高、成绩优秀、有较强动手能力,愿意去丰田汽车相关企业就业的15名2003级学生。经过本人申请,班主任推荐,汽车系和有关丰田企业人事主管审核录取。录取后先随原班学习,期间参加"丰田班"系列的有关教学活动,大三开始独立组班教学,实施独立的教学计划,参加丰田技师考核,毕业实习安排在丰田相关企业进行。

10月19日,浙江省教育厅公布(浙教高教〔2005〕228号)第五届高等教育省级教学成果奖,学校"汽车发动机构造与检修课程改革的研究与实践"项目获一等奖。

开展保持共产党员先进性教育。2005年上半年,学校按照中央、省委和省交通厅党组的要求，集中力量开展了以实践“三个代表”重要思想为主要内容的保持共产党员先进性教育。在省交通厅党组的指导下，学校党委高度重视，学校各级党组织和广大党员，以“干在实处、走在前列”为要求，经过扎实有效的工作，完成了先进性教育的各项任务，教育活动取得了明显成效，实现了“提高党员素质、加强基层组织、服务人民群众、促进学校各项工作”的目标要求。

学校“两课”社会实践基地揭牌仪式

1月25日，学校成立保持共产党员先进性教育领导小组。2月2日，学校党员先进性教育分管领导和办公室成员、各支部书记19人参加省交通厅组织的共产党员先进性教育支部书记培训班学习。2月25日，学校召开了保持共产党员先进性教育活动动员大会，党委书记戚步云代表学校党委作了题为《保持共产党员先进性，实现学校三大新跨越》的动员报告，提出要求：一是提高党员素质；二是加强基层组织；三是积极服务师生；四是推进学校各项工作。3月2日，省交通厅副厅长薛振安为学校全体党员作了题为《坚持宗旨、与时俱进、永葆先进》的党课报告。3月17日，学校全体党员观看了电影《张思德》，加深了对“为人民服务”的理解，明确了如何在学校发展的新时期发挥好党员的先锋模范作用。7月6日，学校召开党员先进性教育总结暨先进表彰大会。

在为期半年的先进性教育活动过程中，通过学习使全体党员了解先进性教育活动的历史背景、现实意义，各阶段的方法、步骤、要求，以及“三个代表”重要思想的时代背景、实践基础、科学内涵、精神实质和历史地位等。各支部结合自身情况，积极组织了先进性教育学习，掀起了活动的高潮。后勤公司党支部，采取了用业余时间集中学习和自学相结合的方式，保证每个党员每天1个小时的学习时间，同时对于文化水平较低的老党员，采用集中讲解、分散自学、统一辅导的学习模式，加强其对学习材料的理解。海运学院党支部赴长兴县参观新四军苏浙军区纪念馆，通过缅怀先烈，重温历史，增强党性观念。

学校开展了“百名教工党员进班级活动”，结合辅导员制度，使进班党员在日常教育和管理中不断学习，并在学生中非常直接地发挥先锋模范作用。9月7日，学校启动“百名教工党员进班级活动”实施方案。9月21日，学校召开百名教工党员进班级活动动员大会，129名教工党员以一名教工党员联系一个班级为工作平台，进行为期一年的结对活动。活动形式多样：如结对一名学生，解决学生的一个实际困难；举行一次思想政治教育主题班会；拟写一份调研报告；组织一次有意义的实践活动等。学生在学业、经济、就业、心理等方面的困难，除了找班主任，辅导员帮助外，他们还可以找新的可依赖的人——进班级的教工党员。教工党员不仅要帮助学生克服困难，而且要向所在班级宣传党的基本知识，帮助学生和入党积极分子，了解和掌握党的基本要求和入党的具体步骤。配合系党支部和辅导员，做好学生党员的发展工作，了解学生思想动态，及时有效地做好相应工作。他们还要发挥个人专长和优势，组织开展有益的活动，帮助和培养提高学生的人文素养。此项活动是为了进一步巩固和扩大保持共产党员先进性教育活动成果，全面展示党员“甘于奉献为人梯，服务交通育新人”的先锋形象，进一步加强学校的大学生思想政治教育，加强“校园文化”建设、“平安校园”建设而采取的重要举措。

学校完成《发展党员工作操作程序(试行)》和《入党积极分子管

理工作细则(试行)》2个制度的制订并实施，进一步加强了对组织发展工作的管理，规范了发展党员的程序，确保了新发展党员的质量。严格按照“坚持标准、保证质量、改善结构、慎重发展”的方针，有计划、有步骤地做好发展党员工作。新发展党员115名，其中教师党员2名。

学校以此次“保先”教育活动为契机，夯实基础，深入开展保持共产党员先进性教育，构建党建工作的长效机制，进行干部用人制度改革，加强制度建设，规范程序，科学管理。

学校规范人事管理，完善人事分配制度。1月26日，行政部门领导岗位干部聘任仪式在综合楼8楼会议室举行。学校30个行政部门领导岗位经公开招聘，27人被录用。实施干部聘任制度，突出岗位意识，淡化级别概念，实行职级分开，对中层行政领导岗位职务全部进行了重新聘任。严格按照干部选拔任用条例，聘任中层干部35名。在干部能上能下、能进能出的机制上，做了卓有成效的尝试。

以加强制度建设为切入点，努力用制度和法律规范行为，形成按制度办事、靠制度管人的机制。落实年初教代会讨论通过的分配方案，完善各项配套措施。起草并实施了包括《学院双师素质教师认定办法(试行)》《成人教育教学酬金发放细则(试行)》在内的6个《学院分配制度改革方案(试行)》配套办法，基本实行了按实绩和贡献计酬，多劳多得，易岗易薪。启用人事处与财务处接轨的联通人力资源管理软件，完成430位在职和145位离退休职工的人员信息和工资信息的录入校对工作。根据人事厅、省交通厅人事信息化要求，开展人事信息采集工作，实施人事信息化制度。

学校完善管理制度。修订了《学院财务收支审批制度》。完善财务管理手段，推广应用联通财务管理软件。强化领导和部门负责人的“当家理财”意识，加强规范财务管理和审计监督。积极推进增收节支，压缩日常公用开支，提高专项资金的使用效益。出台《学院校办产业管理办法》《学院国有资产管理办法》，按照国家有关资产管理的政策、规定，完成教练队的改企工作，组建浙江佳迅交院机动车驾驶员培训有限公司。结合学校校办企业生产、经营情况，实行“一企一方案”，签订年度经济目标责任书，明确落实年度经济考核目标。制定了《后勤公司分配办法(试行)》并顺利实施。实现了公司效益与个人利益挂钩，以量入为出为原则，依据公司效益进行分配。以责任和贡献来确定薪酬，岗变薪变，每月考核，每月浮动发放。大大提高了工作人员的积极性，改善了服务质量。按照“增强意识、改善服务、提高效率、预防事故”的总体要求，以高质量服务，弥补硬件设施的不足。

学校提出凝练人文精神，强化校园文化建设。

7月，学校认真贯彻《中共浙江省委关于加快建设文化大省的决定》，落实文化大省建设精神。进一步凝练人文精神，充分挖掘长期以来学校优秀传统、师生品质精神和校园文化典型事例，并加以创新的工作思路。党委书记戚步云强调校园文化建设和构建和谐校园，加强校风校纪建设，创造良好的育人氛围；加强校园建设、完善设施、优化育人环境；加强教师素质的培养提高；加强对课余文化的创设、引导、管理，牢固占领校园文化的主阵地；加大对校园文化的宣传力度，使其深入人心。

学校举行扩建工程开工典礼

为传承学校历史和文化，更好地反映学校风貌，体现学校特色，走出一条以内涵求发展的道路，使学校办学理念、人文精神以潜移默化的方式，渗透到校园建设的方方面面，以创建校园文化为平台，开展了多种形式的文化活动，对交院精神进行了提炼。

9月29日，学校召开党委理论学习中心组扩大会，结合省委关于加快建设文化大省的决定，就加强校园文化建设进行了深入探讨。学校成立校园文化建设领导小组，由党委书记戚步云任组长、院长王怡民任副组长。

继承校训“励志力行”的内涵，结合社会发展的新形势和学校办学实际情况，通过广泛征求意见，赋予其更广更深的内涵，使之更完善、更具时代性。使其在反映学校历史和文化的积淀、学校精神和灵魂、学校办学理念方面更切合当今实际，并成为师生员工共同遵守的行为规范。对校标进行了重新设计，对体现校园文化的校歌歌词，也根据原校歌曲谱，结合学校实际，开展了征集和征求意见工作，并请专业人员进行了修改和录制。

以餐饮文化和公寓文化建设为切入点，制定了后勤文化建设和发展的方案，搭建师生和后勤员工互动的平台。管理员和辅导员、学生一起共建和谐温馨的“家”。公寓文化体现以人为本，以情感人，以理服人。学生寝室的内务检查，也融入了公寓文化的内容，为改善学生公寓生活环境提供保障。管理与信息系举行“我爱我家”寝室设计大赛，女生寝室个个推陈出新，既精致幽雅，又彰显个性，独具匠心的设计随处可见：有的用树枝拼出字母，有的用废旧塑料片粘成花朵，更有用千纸鹤串成的装饰绳，寝室里洋溢着家的温馨。有的以精美的乐器表达对音乐的深爱之情，有的以苍劲的书法飘出浓浓的墨香，有的以流离的彩画表现多彩的大学生活和审美情趣。

为营造良好的校园文化氛围，活跃师生生活，陶冶师生情操，学校以科技体育文化节为载体，积极开展多种形式的活动。历时三个星期的第三届科技体育文化节，包括22个科技竞赛项目、11项体育运动项目、14项文化艺术活动。例如机电系以“创造和谐，散发激情，享受趣味"为特点，文明寝室评比、羽毛球比赛、20×50米趣味接力、手工比赛、拔河比赛和教工乒乓球比赛六个大块，也给师生们在繁忙的工作学习中增添了乐趣，拉近了师生们的距离。汽车系的"多元化的舞台，尽显你的风采"活动，展示了学生心灵手巧。管理与信息系的"Cosplay"大赛，以生动活泼的形式，演绎出了当代大学生熟悉的时尚动漫影视。路桥系开展了"反法西斯胜利60周年征文比赛"等系列征文比赛和"新秀杯"新生才艺展示大赛、"路桥系与人文系联谊活动"等，为学生提供了一个展现自我才能的舞台。

此外，还开展廉政文化建设。根据省委要求，推进廉政文化进机关、进社区、进学校、进企业、进农村、进家庭，在全社会弘扬以廉为荣、以贪为耻的良好风尚。6月22日，院党委下发《关于加强廉政文化进校园工作的意见》《廉政文化进校园活动实施方案》，根据方案开展为期半年的廉政文化进校园主题系列活动。10月7日，中层领导干部"廉内助"座谈会在综合楼八楼会议室召开，29位中层干部家属参加会议。11月9日，学校举行"预防职务犯罪警示教育"专题报告会。余杭区检察院反贪局的检察官同志，为学校全体教工党员、科以上干部和重点岗位工作人员作专题报告。11月11日，省纪委驻省交通厅纪检组组长张建康在来学校检查基本建设中的廉政工作时，提出"保证工程优良，干部优秀"的要求。

平安校园建设成为学校的重要建设内容。为深入贯彻《浙江省"平安校园"创建活动实施意见(试行)》等文件精神，结合学校教育改革、发展和稳定的实际，坚持教育与管理、治理与建设相结合，2005年开展创建"平安校园"工作。修改制订了创建安全集体考核办法，制订了学校创建"平安校园"实施细化标准。切实维护学校正常教学、科研和生活秩序，校园治安状况和周边治安环境的明显好转，治安、刑事案件发生率为零。

为预防学生群体性事件，预防校园火灾、食物中毒、校内盗窃等恶性事件发生，各个部门做了大量工作，保障校园安全。4月份在“抵制日货”事件中，学校认真贯彻上级指示精神，明确双休日禁止学生走出校园参与游行活动的管理目标，免费开放所有活动设施，主动邀请省学联执行主席到学校与学生面对面交流，引导学生认识当今世界形势，正确把握基本国情，增强法制观念，把爱国热情转化为认真学习的实际行动，真正做到了“看好自己的门，摸清自己的人，管好自己的人，做好自己的事”。

5月份举行的“安全教育宣传月”和6月份全国“安全生产月”活动，以安全教育、安全检查、征文活动为载体，充分运用广播、报刊、黑板报等宣传工具，开展安全法制宣传教育。如路桥系与拱墅区人民法院联合在学校举办法制教育图片展，组织100多名学生到法院观摩旁听，在典型案例中使学生感悟人生真谛，让学生接受法律与正义的教育。学校为加强对化学危险品和易燃易爆品的安全管理，严格落实各项管理制度，保证消防设施器材完备无损，邀请杭州市消防支队特勤二中队官兵数十人对学校的消防重点部位进行实地勘察，对室外消防栓的出水情况进行测试。保卫处拟订了警民共建交院消防应急救护预案，组织2次消防操作技能和救护逃生演练。宿管员和学生在积极参与中，提高了消防安全操作技能。

12月13日，学校召开创“平安校园”考评动员会。后勤处、后勤公司成立了迎接考评工作组，确定了宣传材料组、膳食工作组、公寓工作组、综合维修工作组及相应的责任人和职责，并召开动员会，让所有员工领会“平安校园”工作的目的、意义、工作安排和具体要求；危险品储藏室、教学楼、大会堂、饮用水源、发电房、配电间、食堂、公寓等管理重点部位的工作难度；要求全体员工必须熟悉本部门的规章制度、岗位职责，提高处理突发事件的应变能力，做到部门人员反应迅速，到位及时，处置得当，真正起到“以评促建”，确保考评顺利通过。为及时查漏补缺，邀请保卫处有关领导对后勤管理重点部位进行了认真细致的检查，并将存在问题与相关责任人沟通，落实整改措施。公寓中心、物业中心和膳食中心为将工作做在前头，利用节假日和其他休息时间，展开了查漏补缺工作。

全面推行质量管理体系。学校提出质量方针是“以人为本，提供优质教育服务，培养交通建设和社会需要的高技能人才”，充分体现教育为学生、为用人单位、为社会服务的思想。

以信息网络为平台，建立起科学、规范、高效的教学管理模式，排课管理，学籍管理，成绩管理，选修课管理，教学质量评价管理，英语、计算机等级考试管理等均已使用教学管理软件，促进了学校教务管理的信息化、科学化和规范化，教务管理效率和水平得到了整体提高。同时，公共选修课的选课及期中教学质量检查的“学评教”项目也均在网上完成，教学管理得到了进一步规范。

学校组建职业技能鉴定所的领导班子，明确了工作职责。充分发挥职业技能鉴定所的作用，积极开展业务范围内各种培训和鉴定。2005年，开展数控、电焊工、高级钳工、车工、铣工等技能鉴定，有600余名学生参加了各类鉴定。2005届80%的毕业生取得了职业资格证书(专业技能水平证书)。全面实行“双证制”，实现职业教育与上岗就业的全面“对接”。

2005年，学校在河南、河北招收了300名海洋船舶驾驶、轮机管理专业成教学生。进一步扩大继续教育市场，拓宽办学渠道。6月20日，省高等教育自考委决定，在浙江省开设汽车营销与售后技术服务本科专业，我校列入专科起点本科首批衔接试点学校名单。

学校全面实施《科研工作量考核办法》，对拥有技术职称的所有工作人员，具体到个人提出年度科研积分考核要求，实行个人科研积分与收入分配挂钩。以制度激励教职工参与科研工作。另外，科研所对原有的内部分配制度进行了调整，制定了《科研经费使用规定》。分配向科研一线，向责任大、任务重的科研工作者倾斜，杜绝挂名现象和平均主义。

2005年，学校完成科研项目33项。新立项的各级各类课题共66项，总经费达170.85万元，其中省哲学社会科学规划课题1项、省教育厅项目6项、省交通厅项目3项、省教育科学规划课题2项、交通职业教育教学指导委员会科研计划项目4项。2005年度教职工在各级各类刊物上发表论文312篇。学报被"书生之家"数据库和思博网列为入编期刊，宣传渠道得以进一步扩大，社会影响力得以提升。学校教职工学术论文首次被EI收录，实现了零的突破。

省交通厅决定浙江省交通科研所正式移交给学校管理。2005年9月26日，省机构编制委员会办公室(浙编办〔2005〕88号文)同意变更交通科研所隶属关系。浙江省交通科研所由省交通厅下属事业单位调整为学校的校属科研机构，保留原有名称和法人资格。调整后，其机构性质、机构规格、事业编制、经费渠道等不变。

省交通科研所实行课题合同制和科研项目主持人负责制，省交通科研所全年立项课题10个，其中省交通厅课题4项，省公路局合作课题6项，研究项目总经费210万元，比2004年增加了57万元。

10月25日，在杭州宁波大厦召开了学校科研资源整合，加快科研所发展恳谈会，出席会议的有学校党委书记戚步云、院长王怡民、副院长马云飞，各专业院、系、科研处、院办的负责人和科研所所长书记以及科研所中层干部共20人。院长王怡民在讲话中指出，为加强学校与科研所资源整合，科研所是学校教育体系的重要组成部分，融入学校将相得益彰，互为促进。在今后的发展中，人才是关键，要建立人才的品牌效益，充分发挥和利用学校现有设备，产生良好的社会经济效益，把已有的科研成果推广和转化应用，要成为科研所发展的重要任务。戚步云书记强调：一是要找准定位；二是要尽早争取做对浙江省交通建设与发展有较大影响的课题，提升科研所的品牌；三是要加大宣传力度，与各方面建立广泛的联系，扩大影响。

迎接高职高专院校人才培养工作水平评估。9月28日，在学校大礼堂召开了动员大会，学校党政领导和全院教职工400多人参加了大会。

开展高职高专人才培养水平评估工作，是教育部在新的历史条件下，重视加强高职高专教育，提升教育质量和水平的重要举措，也是学校加强自身建设和加快发展的重要机遇。通过评估，重点是引导学校把关注重点转向核心竞争的提高，引导学校不间断的设置目标，产生张力，不间断的完成新目标。

大会要求全校要高度重视，各部门要组织师生认真学习评估指标体系，吃透标准，对评估任务要层层分解，责任到人，要求树立全校一盘棋的思想，齐心协力，互相配合，确保各项工作顺利完成。

学校新校区扩建工程取得实质性进展。在扩建工程指挥部、扩建办及各相关部门的通力协作下，通过与金家渡村民沟通、协调，与管委会、村委会达成一致意见，于7月19日完成了拆迁补偿评估办法的签订，在做好村民工作并征得地方政府认可后，提前于5月底前完成拟征地块一期工程6个项目的地质勘探。征用土地的拆迁农户房地产价格评估9月30日开始，至12月21日全部完成。

在学校老校区的地块，2号教职工宿舍楼工程从4月27日开始施工，于12月6日通过竣工验收。建筑面积2344平方米，每套建筑面积29.16平方米，共53套。7号、8号学生公寓完成竣工报备的房屋面积测绘及规划验收、工程竣工后的档案备案、建筑和安装及附属工程的结算对账工作。一期项目中的食堂、生活辅助用房、锅炉房，确定建筑单体设计方案，完成全套施工图纸，进入前期规划审批阶段。

11月25日，学校扩建工程开工典礼在扩建工地隆重举行。扩建工程一期项目第一幢教学楼(9号教学楼）正式开工建设，标志着学校扩建工程建设正式开始。良渚遗址管委会、金家渡村村委领导和学校中层干部及学校师生代表共300余人出席开工典礼。

第 14 章

水平评估（2006 年）

学校参加全省高校创意设计大赛。11月20日，浙江工业博览会人头涌动，热闹非凡。时任省委书记习近平在省委常委秘书长李强、副省长金德水、杭州市市长孙忠焕等陪同下，兴致勃勃地来到全省高校创意设计大赛展厅。学校党委书记戚步云向前来视察的领导汇报了学校的情况，一一介绍了学校参赛的6件作品——船舶电站、硬合贴角机、模拟中央空调实验系统、新型万用夹紧器、竹制音响及图像分析式浮法玻璃锡槽漂砖检测仪。省委领导对学校参展的硬合贴角机等参赛作品的创新设计表示肯定，并勉励学校要不断创新、帮助企业制造出更多受消费者欢迎的产品。

学校校训、校标、校歌启用。3月22日，启用仪式在综合楼七楼多媒体教室隆重举行。经过几年的提炼酝酿，在几易其稿，多次斟酌讨论后，校标制作工作小组从20多个备选方案中，选择了当前正在使用的这款校标。它通过组织融合形成波浪，代表激情和力量，以及学校在时代大潮中的蓬勃发展，反映“励志力行”的校训。浪花的设计吸取良渚文化鱼纹、云纹、玉综边纹的理念。从整体上看，标志图形似一个拳头，代表力量和团结的精神。标志下面的弧线，代表的是一条路，弧线向上，和浪花并行，这表示学校的教学之路无止境和我们的教育事业具有许多亮点，体现学校的专业文化。而图形上的一点，寓意早上的太阳，代表学校蒸蒸日上的教育事业，并使得整个图案显得灵动而富有寓意。学校党委书记戚步云强调，我们学校就要注重培养、熏陶、引导学生形成正确的择业观念，良好的职业道德，全面的职业素养为导向，并注重交通行业文化和校园文化的对接，促进学校校风、教风、学风建设。

学校举办“感动交院”事迹评选活动。3月，在学校校园的黑板报、海报、广播等渠道，都在宣传“感动交院”的事迹，从而大力弘扬中华民族的传统美德，培育团结友爱、无私奉献，自强不息、顽强拼搏的“交院人”品质，丰富学校思想品德教育的内涵，促进学校精神文明建设，用我们身边的优秀人物和感人事迹，感染和教育广大师生。

学校校徽

学校党委书记戚步云说：“当代大学生内心所流淌的，其实都是一种真实存在，只是缺乏挖掘。”感动事迹，应该从多方面、多角度去寻找。除了挖掘自身的感动事迹以外，还可以挖掘整个群体，具体的事情可以是见义勇为，也可以是涉及科研、学习、工作、生活等方方面面。孜孜不倦的学习精神，通过进一步深化，就是一个令人感动的故事。很多人在某一件事情上的执着，也能体现出感人的一面。触动感动，积极向上，树立标兵。引导大家努力学习，用心做事，真诚为人。书记的讲话，道出了学校开展这项活动的意义。

校园中每天都有在波澜不惊中书写着无数平凡却感人的故事。正是这些故事，编织着连绵不断、日益昌盛的历史长链。校园中许许多多每天默默无闻，平凡却又伟大的灵魂得到洗礼。正是这些崇高的灵魂，铸就“交院人”的浩浩正气和铮铮脊梁。

学校号召全校师生能从“感动交院”的人物身上，吸取宝贵的精神养分，更加勤奋地工作，更加刻苦地学习，更加努力地进取，更加爱我们的亲人，爱我们的朋友，爱我们的校园，爱我们的社会，让我们一起在劳动创造中收获感动，在感动中创造更加美好的未来。

学校一期扩建工程进入关键阶段。自2005年11月25日正式开工以来，扩建办人员多次反复深入农户家中，进行面对面直接沟通交流，做村民的思想工作，先后40余次召集征地红线内的农户开会，并于2005年底签订了《施工安全协议书》，同意学校打桩施工。针对因打桩导致个别农户房屋出现部分地面开裂等问题，学校在打桩过程中采用了多种技术措施(防震沟等)，并对房屋加强严密监测，严防发生房屋倒塌和村民人身伤亡事故。边打桩、边检测、边做个别村民思想工作，协调沟通、化解矛盾，最终在2006年3月30日，打完了最后一根管桩。春节过后不久，工地上已经是一片繁忙的景象，省交通厅、余杭区、学校领导多次前往施工现场，视察工程进展情况。

做好金家渡村征地拆迁工作，对于金家渡村拆迁村民来说，涉及其切身利益；对于学校来说，关系到后续发展保障。因此，维护好与村民的和谐关系，是至关重要的。在和余杭区的各级管理部门多次磋商、协调后，5月15日，管委会召集评估公司和拆迁公司专业人员参加会议；5月17日，管委会召集金家渡村两副领导班子召开动迁会议；5月18日，召开组长动迁会议；5月20日，召开村民代表、党员动迁大会。拆建办人员自5月23日至6月6日两周时间内，日以继夜不懈努力地多次去农户家中做通村民思想工作，常常工作至深夜，并最终在6月17日，全部完成《房屋拆迁安置补偿协议书》的签订。

扩建办工作人员暑假连续上班。随着工程的进展，杭城夏日连续多日40摄氏度以上的天气，成为工程建设中的难题。从7月份开始，新开工项目如体育场馆、河道驳勘桥梁架设、市政管网和道路等工程先后开工，工作量不断在增大。为确保新学期新生入学前新建教学大楼和学生公寓投入使用，必须加快施工进度，工作人员时常要冒着地表温度40摄氏度以上的高温，奔走在建筑工地，天天是衣衫尽湿，被晒得通红。

随着施工大楼陆续结顶，新校园渐具雏形，教职工信心满满。

4月14日，2号教职工宿舍楼交付使用，首批28名教职工满怀欣喜地领取了宿舍钥匙，搬入新居。

9月21日，1号桥桥面合龙，桥单跨16米，三跨长48米。10月9日，新校区教学大楼正式投入使用。大楼有不同规格教室51个，6400多个座位，教室根据多媒体教学要求进行设计，能满足现代化教学要求。

2006年，学校新校区的建设项目按计划推进，建成了2幢学生宿舍楼14870平方米，1幢教学楼13537平方米，体育馆3477平方米。总建筑面积为53601平方米的4幢实训楼正在建造，基本满足评估条件。

《教育部关于公布2006年度国家精品课程名单的通知》(教高函〔2006〕26号)中，学校副院长金仲秋副教授的《测量技术》、汽车系主任陈文华副教授的《汽车发动机构造与维修》2门课程被列为高职高专层次国家精品课程，实现了国家级精品课程建设的零突破。

7月10日，学校召开浙江交通职业技术学院第二次教学工作会议。大会主题是：全面提高人才培养质量，扎实推进示范性学院建设。院长王怡民做主题报告，书记戚步云作了题为《践行“励志力行”校训，全面提高教育教学质量》的讲话。会议由副院长季永青主持，学校领导、教学督导、中层干部、高级职称教师、专业带头人、专业建设负责人、实验实训和教研室主任等140人参加会议。与会人员围绕《关于深化改革进一步提高教学质量的意见》开展了深入讨论，提出深入开展迎评促建工作，扎实推进示范性职业技术学院建设，全面落实质量立校战略，打造学校高职教育品牌，推动学校教学工作水平向更高层次迈进的号召。

2006年，是学校迎接人才培养工作水平评估之年。

学校上下高度重视这次水平评估工作，充分认识到这次评估将是学校难得的发展机遇，要以这次评估为动力，加快学校的全面建设，使教学水平、师资水平和基础设施建设再上新台阶。省交通厅、省教育厅关注学校的迎评工作进展，并拨专款200万元，用于学校迎评促建工作。

教育部对我校进行高职高专人才培养工作水平评估（2006年12月）

学校组织了多次培训，1月份举办了两期教学和管理骨干培训班。学校领导就评估指标体系的相关内容进行解读，使大家认识到评估是全院的大事，学校的目标是要达到示范性学校标准。评估不是几个人搞搞材料，也不是大家都去搞材料，全员参与是每一位教师和员工都能够充分认识评估重要性，积极投身于以评促建活动中。教师上好每一堂课，职工做好身边每一件事，按照质量体系，规范管理，从严要求。学校领导强调要求在教学水平评估工作中必须脚踏实地，注重每一个细节。要认真再认真，仔细再仔细，确保水平评估工作达到优秀目标。学校迎评任务层层分解，责任层层落实，“态度决定一切，细节决定成败”，是迎评促建工作期间的一条横幅，也成为2006年迎评促建工作的最佳注脚。

教师队伍素质是评估工作的重点。人才培养水平评估是教育质量的评估，其中最根本的还是人的因素。“十五”期间，学校共投入800多万元用于人才引进、教职工培训和专任教师的学历进修。2006年，学校以引进和培养相结合的方式，大幅度提高了具有副高及以上职称教师在专任教师队伍中的比例和青年教师中具有硕士学位的人数，同时通过对具有中级及以上职称教师的培养，使其具备双师素质，教师队伍的职称、学历、智能结构得到了优化。其中副高以上教师达95人(不含高级讲师)，比例为33.5%；青年教师157人(其中研究生学历以上63人)，比例为40.1%。双师素质教师占比73.6%。

学校一批高级讲师在2006年通过了高级职称评审，并取得了副教授职称。在从中职学校转为高职学校过程中，许多原本具备高级讲师职称的教师，通过转评的方式取得高级职称。当时，很多老师利用业余时间，在浙江大学、浙江师范大学等攻读相关专业的硕士研究生课程。老师们通过这样的方式参加继续教育，提升专业素养和学历层次。学校鼓励老师们读研，提升学历层次，除报销读研费用外，最终能取得学位的教师还会给予1万元奖励。

同时，学校加强了对教学运行管理和教学质量的监控，在对规章制度的执行情况进行彻底自查，并全面修订培养计划的基础上，对课程教学大纲尤其是实践教学内容进行了全面修订，整理和规范了有关教学管理文件，进一步完善了两级教学管理体制及教学质量监控体系。

学校与庆元县人民政府签订教育扶贫合作协议

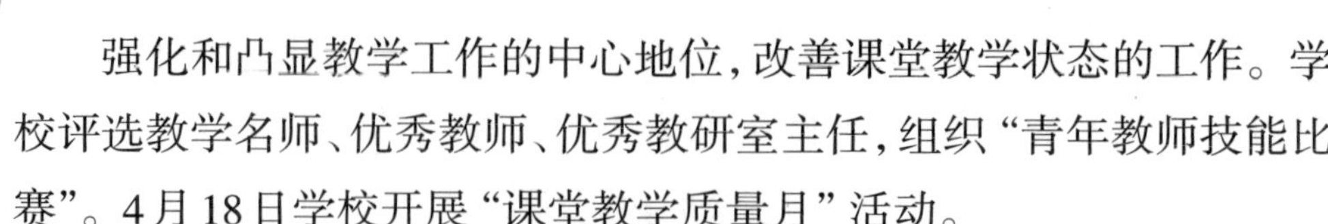

强化和凸显教学工作的中心地位，改善课堂教学状态的工作。学校评选教学名师、优秀教师、优秀教研室主任，组织“青年教师技能比赛”。4月18日学校开展“课堂教学质量月”活动。

9月27日，学校召开动员大会，开展为期一个月的“学孟二冬、当好老师”师德师风建设主题教育活动。孟二冬是北京大学教授，博士生导师。多年来，他热爱教育事业，热爱学生，坚持不懈地教育学生追求真知、树立正确的人生理想，成为学生健康成长的良师、高尚人格的楷模。为支援新疆高等教育事业的发展，对口支援石河子大学教学的工作，因患食管恶性肿瘤病逝，年仅49岁，人事部、教育部授予孟二冬“全国模范教师”荣誉称号。这一系列的活动中，涌现出了一批师德高尚、爱岗敬业的优秀教师。

学校除获得两门国家级精品课程外，还获得五门省级精品课程。精品课程建设成果的取得，并不是凭老师们几天内鼓足干劲、力争上游式运动就能实现，而是靠他们日积月累、水滴石穿般勤勉工作和丰富的成功经验积累，以及数十年如一日在教学岗位上磨炼，还有更多的则是不计报酬、不辞辛劳的持续付出。例如，汽车发动机构造与维修课程，录制了60个课时的视频，汇编了2000多道习题。从制作PPT开始，小到每一副配图都精益求精，大到每一个视频都重复拍摄多次，其工作量数倍于平时上课。这些大多都不是在白天上班时间，往往是老师们加班加点、甚至通宵达旦完成。

为了争取国家、省级精品课程立项建设，学校多次召开精品课程建设工作会议，就国家、省级精品课程建设的评价标准进行研讨、分析，对各课程组提出具体要求，经费重点扶持成绩突出的课程。为改善信息化教学条件，学校投入100万元用于校园网络的升级改造；为课程建设创造更好的录播环境，专门配置了录播教室；集中改善部分实训条件。同时，得到省交通厅的大力支持，帮助学校争取到交通部补助资金300万元，用于建设学校的航海技术实训基地。学校还投入

189万元，为专任教师配置笔记本电脑，用于备课和多媒体教学；在教学经费中，增加教材建设的资金。

教学管理理念的提升和经费的全方位投入，使学校在教学水平和基础设施建设方面大步上台阶，人才培养质量提高迅速。至2006年底评估时，学校专业结构进一步优化，涵盖了教育部颁布的专业目录中的7大类和16小类，相关行业密切的专业达60%以上；人才培养计划进一步完善，各专业实践教学时间在总学时的40%以上；校企合作能力逐步增强，企业奖学助学收益人数达150多人；教材选用和建设水平进一步提高，3年出版的高职高专教材占选用教材的比例达68.3%，9月《道路工程专业英语》等教材被列入普通高等教育"十一五"国家级教材规划；教学方法和考核方式日趋多样，建立了网上教学平台。在全国首次网络教育统一考试中，2004年春季武汉理工大学网络教育专升本学员参加大学英语(B)考试和计算机基础考试，2门课程都高出该校网考平均合格率10%以上，在武汉理工大学网络教育所有学习中心中排名第一。

迎接水平评估中学生们也精神抖擞，表现得更加出彩。在学校的学习成长历程，成为多年后共同的话题和青春记忆。学校组织了各种迎评活动：树立"八荣八耻"社会主义荣辱观主题教育活动；"人人是评估对象 事事是评估内容"宣传；"明礼诚信"系列活动；优良学风班级评比、学生文明寝室评比、班级黑板报评比；"我与迎评促建"主题活动；旨在提升学生综合素质的各类演讲比赛、诗歌朗诵比赛，辩论赛、现场书画比赛，师生篮球赛等诸多活动，让全校同学展现自我、挥洒青春，增长知识、增长技能。

12月9—13日，受省教育厅委托，由教育部专家朱传礼教授为组长的高职高专人才培养工作水平评估专家组全面考核学校人才培养工作。院长王怡民代表学校全面汇报建设情况。省交通厅厅长郭剑彪、教育厅高教处领导到学校参加有关会议，并表态积极支持学校建设。

12日，在学校报告厅内，年轻学子从容自信、神采飞扬、侃侃而谈，而台下来自教育部人才培养工作评估组的专家全神贯注、面带笑容、仔细记录。观众席上座无虚席，以“发展 · 和谐——赢在交通”为主题学生专题研讨会正在进行中。当一阵掌声落下，评审席上一位专家打破常规，出人意料地用英语向台上的同学们提了一个专业问题，现场似乎有片刻的停顿——就算拥有基本的英语听说能力，像我校这样一个以工科类为主的学生，能否用英语解答专业问题呢？学生的综合素质是否足以应对这种难度的检验呢？在老师和同学们紧张又期待的目光中，海运学院的一位同学走到话筒前，用平稳的语速、流畅自然发音，条理清晰地回答了专家提问，台下响起了热烈的掌声。学生们的惊艳表现，也赢得了评估组专家们的高度评价。这一幕为“迎评促建”紧张工作的气氛，添上了颇为浓墨重彩的一笔。

专家们经过实地调研，考察教学条件、调用资料、分头听课、召开学生座谈会和学生研讨会、组织学生专业技能测试等一系列评估活动，高度评价学校的人才培养工作水平，认为学校能够全面贯彻“以评促建、以评促改、以评促管、评建结合、重在建设”的方针，深入发动、精心组织、狠抓落实、以务实的态度进行自检、自评，推动了学校的各项建设的发展，人才培养工作迈向了新台阶。

党委书记戚步云代表学校表态：学校要进一步加强对高等职业教育教学规律的研究，更新观念，增强竞争意识，进一步加强师资队伍建设，加大课程改革，加强与行业的合作、注重质量管理体系的内涵建设，不断提高学生实践能力和综合素质。对于专家们提出的宝贵意见，学校会认真研究、加以改进，全面总结评建工作的经验和教训，抓紧制定整改方案，采取切实有力的措施，弘扬“励志力行追求卓越”的精神，努力提高教育教学质量，巩固和发展评建成果，使学校教学工作不断改进和提高。

学校顺利通过教育部高职高专人才培养工作水平评估，并获得

"优秀"等级。

学校提出"每个孩子都是我们的孩子"的口号，在毕业生就业方面，获得了全省优秀单位称号。

高校毕业生就业问题已经成为社会和百姓议论的热点话题，普通本科院校的毕业生就业都面临严峻的形势，高职院校毕业生又如何来缓解就业压力？学校提出"每个孩子都是我们的孩子"的口号，实行"产销"衔接，引导学校的就业工作。2004年、2005年，毕业生初次就业率分别为95.08%、96.48%。到当年年底，毕业生就业率均达到100%，被浙江省教育厅评为浙江省普通高校毕业生就业工作优秀单位，在全省27所就业优秀单位中名列前茅。2006年，毕业生就业率达98%以上，就业评估总分名列高职院校第一。

面对浙江省交通高速网络工程、干线畅通工程、水运强省工程、乡村康庄工程、绿色通道工程、廉政保障工程等"六大工程"的大好发展形势，学校坚持以社会需求为目标，学生就业为导向，面向市场建设专业，传统专业与新兴专业齐头并进，对传统专业进行改造，扩大专业外延，整合专业内容，拓展专业方向，增加社会需求的新兴专业。学校高度重视产学研结合、校企合作，已形成了与浙江省路桥、汽车、海运、物流、宾馆、计算机、通信等相关的56家企事业单位实习基地群建设雏形，并与丰田汽车有限公司合作T-TEP项目。这些举措大大提升了学校毕业生就业率。

学校以培养学生能力为主线，以素质教育为基础，作为办学指导思想，以内涵建设为重点，确立特色鲜明的人才培养质量观，强化人才培养针对性。学校结合专业发展实际，成立了专业指导委员会，由来自行业企业技术部门的负责人、学者和专家组成，在专业指导委员会的参与下，制定指导性教学计划，修订和完善实施性教学和实践计划。企业对技术性应用人才的培养要求，充分反映在课程设置和内容上，使毕业生面对不断发展的经济社会，拥有更强的适应性和创新能力。学校近几年来以示范性职业技术院校建设为目标，以高标准要求就业指导服务，建设学校的就业中心与就业指导服务体系，形成学校就业特色体系，队伍不断壮大，配备就业专职工作人员4名，兼职就业指导和服务人员150名，形成了学校、两级学院（系）领导、班主任和专业骨干教师等人员组成的就业指导队伍。学校除加强毕业生常规的就业指导外，还特别要求各分院做好“两个一”工作，即向每一位学生家长打一个电话；给每一个实习岗位上的毕业生寄一封就业指导信，并制订回访计划，加强对就业学生的质量跟踪服务。掌握社会需求信息，力求准确率，采用“请进来”“走出去”的方式，使就业信息“宽带化”。与近300家单位“联姻”，建立了“走亲戚”交流制度。“只有就业好，才能发展好”，是学校发展的永恒主题；“对每个孩子负责到底”，是学校不变的承诺。

2006年，全国掀起高职教育改革发展热潮。时任国务院总理温家宝指出：“职业教育是面向人人的教育，国家要把发展职业教育放在更加重要、更加突出的位置来抓。”中国职业教育在经历30多年波澜壮阔的历程后，进入了大发展时期，高职教育已达相当规模。但与规模快速扩张相比，高职教育存在质量提高不快、投入不足、人才培养模式与本科无异、社会认同度不高等状况，已成为制约职业教育发展的瓶颈。高职教育领域的改革已势在必行。

教育部、财政部印发了《教育部 财政部关于实施国家示范性高等职业院校建设计划 加快高等职业教育改革与发展的意见》（教高〔2006〕14号），提出了建设国家示范性高职院校战略布局。重点支持100所国家示范性高等职业院校。通过实施国家示范性高等职业院校建设计划，使示范院校在办学实力、教学质量、管理水平、办学效益和辐射能力等方面有较大提高，特别是在深化教育教学改革、创新人才培养模式、建设高水平专兼结合专业教学团队、提高社会服务能力和创建办学特色等方面，取得明显进展。

教育部印发了《教育部关于全面提高高等职业教育教学质量的若干意见》(教高〔2006〕16号)文件，这是推动高职教育事业发展的重要文件。高等职业教育作为高等教育发展中的一个类型，肩负着培养面向生产、建设、服务和管理第一线需要的高技能人才的使命，其内涵建设体现“校企合作、工学结合”，提出解决高职教育发展问题的九条意见：一是提高教学质量的重要意义，深刻认识高等职业教育全面提高教学质量的重要性和紧迫性；二是素质和职业道德教育，加强素质教育，强化职业道德，明确培养目标；三是专业改革与建设，服务区域经济和社会发展，以就业为导向，加快专业改革与建设；四是课程建设与改革，加大课程建设与改革的力度，增强学生的职业能力；五是工学结合的人才培养模式，大力推行工学结合，突出实践能力培养，改革人才培养模式；六是校内实训基地建设，校企合作，加强实训、实习基地建设；七是师资建设，注重教师队伍的“双师”结构，改革人事分配和管理制度，加强专兼结合的专业教学团队建设；八是教学评估，加强教学评估，完善教学质量保障体系；九是组织领导，切实加强领导，规范管理，保证高等职业教育持续健康发展。

第 15 章
大力扩建（2007 年）

新年伊始，创建国家示范性高职院校成为学校工作的主线。学校上下紧紧围绕如何创建这一主题，一方面总结学校已经取得的成绩和经验，另一方面提出下一步建设思路和方案，并将设想落实到实践中。学校进一步加强校园文化建设、质量管理体系建设、学校管理水平建设以及专业教学改革试点，把工学结合作为高等职业教育人才培养模式改革的重要切入点，加强宣传工作，积极做好毕业实习和招生就业工作，进一步推进基本建设。

戚步云书记强调，国家示范性职业技术院校建设，就是以专业建设为龙头，校企合作、工学结合。全校教职工要积极贯彻教育部(教高〔2006〕)16号文件的精神，坚持育人为本德育为先，把立德树人作为根本任务，将学生的职业道德培养融入教育过程中。在人才培养模式上，立足交通行业，围绕如何为交通建设提供服务。全校教职工要统一思想认识、明确目标任务，迅速掀起争创示范性高职院校工作高潮。

学校附近的良渚古城遗址发掘成为全国考古大事件。良渚古城遗址(公元前3300年—公元前2300年)于1936年首次被发现，主要分布于余杭区的良渚、瓶窑、安溪三镇范围，总面积约34平方公里，是新石器时代晚期人类聚居地。目前的证据显示，良渚先民在古城建设之初，就有极其智慧的通盘考虑，在这一流域的上游、中游、下游兴建了不同类型的水利设施，组成了一个庞大而复杂的水利体系，具有防洪、农田灌溉和运输等综合功能。

为传承中华优秀文化，2006年学校就成立了“良渚文化和运河文化协会”学生社团，确立协会的宗旨为：传承文明，共创未来。许多同学积极加入，越来越多地开始认识良渚文化，并且通过参与志愿宣传良渚文化，提升了青年学生对学校历史、良渚曙光和中华文明的热爱之情。

学校扩建工程概算获准调整。在建设资金未完全到位的情况下抓紧推进，抓好工程质量和安全生产，采取各种有力措施，确保如期完工。随着市场价格和扩建征地规模的变化，学校扩建的征地安置补偿款和工程建设款都有一定增加，扩建工程概算需要调整。省发改委于2月2日下文同意学校调整方案，将工程概算调整为4.9亿元。5月9日，在省交通厅和省发改委的支持下，学校扩建工程项目列入2007年省重点建设项目，作为重点项目建设，加快了工程进度。

由于学校扩建时间长，持续3年多，师生不仅要继续在老校区内学习和生活，还要克服校园扩建过程中带来的诸多不便，扩建期间学校师生的办公学习和生活的地方依旧在老校区，可以满足基本的生活需求，但是体育活动的场地匮乏，业余休闲的地方也较少。5月下旬，扩建工程中相继建设完成投入使用的建筑单体有3581平方米的风雨操场、建筑面积11528平方米的食堂辅助用房及锅炉房、河道整治、桥梁、田径场、汽车楼、机电楼，其余航海交通楼、图书信息综合楼也在加紧施工建设。

5月29日，副省长盛昌黎在省交通厅厅长郭剑彪、省教育厅副厅长沈敏光等领导陪同下，专程来学校视察指导工作，参观了学校建成投入使用的轮机实训中心、路桥实训中心、汽车实训中心、体育馆、新教学楼等教学设施。领导们肯定了学校为全省交通事业发展培养高技能人才所做的贡献，也对学校扩建工程表达了关心和支持。

学校的航海技术专业教育迅猛发展。随着我国改革开放步伐加快，实行优惠政策吸引外商投资，扩大商品进出口，航运业得到快速发展，对航海技术人才需求量急增，航海技术专业毕业生供不应求。为顺应形势，学校不断争取扩大航海技术专业招生数量，拓宽培养渠道。

1月12日，省港航管理局局长郑惠明受邀来到学校，为海运学院师生作《港航发展与人才需求》专题报告，指出浙江省海运高级人才奇缺的现状。他从多年的海上实践和管理经验出发，阐述了港航业在市场化和全球化背景下面临的机遇和挑战。随着经济快速发展，国际海运市场呈现四大特点：全球海上贸易量将保持持续增长的趋势；贸易不平衡问题将越来越突出；航运政策越来越开放，全球航运服务质量将不断提高；安全与环保问题将越来越受到各方面重视。浙江省港航业"十一五"发展规划确立了浙江构建海洋经济强省的目标，从数量、结构和素质上对海运人才提出了更高要求。全国每年需新增海员8000名左右，其中浙江2000名。省内院校每年毕业生不足1000人，远不能满足浙江省海运业对高素质高技能人才的需求。希望学校加强海运人才培养，希望学生在校期间努力学习，从能力和品德两方面培养自身，争取使自己成为复合型的高级人才。

5月19日，交通部海事局同意学校开展非航海工科毕业生海员培训，航海技术专业、轮机工程专业每年招生不超过200人。6月17日，交通部海事局同意学校开展两年制航海教育，学生在校期间可参加甲类三副、三管轮全国海船船员适任统考。

学校实施全校范围的质量管理体系。成立质量管理办公室，明确相应岗位职责。质管办牵头培训了一批专业的质量管理体系内部审核员。质量体系首次在学校全面实施，工作程序化，责任更加明确，建立了有效的审核制度和预防监督机制，学校教职员工的质量意识和规范意识明显增强。

"在航海界，你要从事什么岗位就必须先拿到什么证书，只有持证才能上岗。”所谓“职能发证”，是指STCW78/95公约从船员作为一个整体要履行的功能出发，允许改变船上部门和船员岗位及其职责，根据每个船员所达到的某类等级功能的适任标准签发相应的适任证书。学校运用航海教育中的质量管理体系，借鉴“职能发证”理念，积极推进人才培养模式的改革，不断改进和完善学校的质量管理体系。

11月7日，学校通过交通部船员教育和培训质量管理体系再有效审核，继2003年之后再次通过该项审核。

质量管理体系是学校教育质量管理的保障。学校的质量体系文件分为三个层次，即质量手册、质量体系程序文件和支持性文件，其中支持性文件包括5个不同类型的文件。不同的质量文件适用于不同部门的管理项目，教务部门和人事部门都有一套相应的文件表格。全面实施质量管理体系对部门人员提出了更高的要求，需要各部门人员齐心协力投入更多的精力。

质量体系的全面实施，并非想象的那么简单和顺利。长期以来，学校内部管理的不同部门人员已经形成了特定的习惯，而质量体系是一套新的思路，有严格的预防和监督机制。由于部门之间的沟通机制不健全，质量体系的制度执行也常会遇到障碍。如果严格执行质量体系的要求，在实践过程中会遇到一时难以解决的问题，领导的意志就会成为解决问题和推进工作的关键。因此，质量体系的全面实施是一个长期、持续的过程，会遇到各种问题和挑战，需要不断推进和完善。

季永青教授荣获第三届高校教学名师奖(国家级教学名师奖)。他从1991年获船长证书后，先后在中外公司的“长航”“津链1”“STAR-CLORY”等远洋轮上担任船长职务，到过20多个国家的100多个港口，累计担任船长50个月，具有丰富的航海经验。他是2000年学校从武汉理工大学引进的高层次人才，不久就担任副院长，主管教学。他积极推进学校人才培养模式改革，改进和完善学校的质量管理体系，开展航海技术专业教育的改革创新，取得一系列建设成果。他先后讲授了航海学、海上货物运输、船舶操纵、海商法等十几门航海技术专业课程。他坚持以学生为本、因材施教，注重培养学生的职业道德、职业技能和可持续发展能力。他怀着对学生深深的爱，以阳光般的性格和无私的精神，身体力行，言传身教，使学生在获得知识的同时，也学会了很多做人的道理，从而赢得了学生发自内心的爱戴。担任副院长后，他还坚持给学生上课，不离讲台。他根据工作岗位能力要求设计教学内容，让学生在学中做、做中学。他运用航海教育中的质量管理体系、适任评估、职业资格认证等先进教育手段和方法，带领广大教师在教学中学会灵活运用各种教学手段，鼓励学生独立思考，激发学生的学习兴趣和自主学习的能力，培养学生的专业核心能力和终身学习能力。

季永青教授获第三届高校教学名师奖

教育部开始启动国家示范性高职院校建设项目，计划在全国建设100所高水平示范院校。学校通过高职高专人才培养工作水平评估后，立即积极投身创建工作，争取跻身100所国家示范院校行列。

学校加紧创建国家示范性高职院校建设工作。2月6—7日，学校举办干部理论培训班，学校领导、中层干部、专业带头人和专业建设负责人70人参加了培训，为争创国家示范性高职院校交流认识、统一思想、理清思路。

为期两天的干部理论培训班。学习了教育部《关于全面提高高等职业教育教学质量的若干意见》（教高〔2006〕16号）文件中高职学生培养目标、专业建设课程改革、人才培养模式改革、教师队伍建设评价和质量保障体系等方面内容。为深刻理解文件内涵，各部门结合学校自身特点，根据部门职责，就如何创建示范高职院校提出意见并做了讨论研究。学校6个分院、系负责人分别就专业建设工作，提出了下一步的具体思路和举措。学校邀请专家对意见建议进行点评，帮助其明确改革和创新的思路。学校提出，对照国家示范性高职院校建设，要加深理解、明确目标，增强忧患意识，为开展创建工作贡献力量。

2月8日，省教育厅公布高职高专人才培养工作水平评估结论及具体的评估意见，学校被确定为评估优秀。

4月4日，教育部专家朱传礼教授来学校指导工作，就学校创建示范性高职院校工作提出建议：既要抓紧建设，又要科学推进。必须花力气进行两个方面的扎实工作，一是要加强特色建设，形成学校办学个性；二是要进一步深入细化分析，加深理解思考，认识教育本质。要激发学生的学习热情，注重对学生职业能力的培养。

4月5日，邀请了世界合作教育协会理事、高职高专校长联席会秘书长、上海第二工业大学高教研究所所长陈解放教授来学校作了题为“学习与工作相结合的人才培养”的专题报告。

4月26日，学校和杭州金丰合作进一步深化，签订协议，合作组建汽车专业工学结合教学实训基地、杭州金丰汽车维修与培训基地。这是学校在探索校内生产性实训基地建设校企合作新模式，为创建国家示范院校建设工作走出崭新和坚实的一步。由学校提供场地和师资，企业提供设备技术和岗位，把维修车间搬到学校里，汽车学生不仅在校内就可以开展生产性实训，还有更多的时间和机会接触实际汽车维修环节，充分增强实践动手能力；而且将有助于学生近距离的接触最新的维修技术，了解汽车市场的发展趋势，实现学习、就业零距离。

10月8日，学校正式成立国家示范性高等职业院校申报与建设领导小组，由学校主要领导担任组长、副组长，组织人员全力投入申报材料的准备工作中，积极为参加申报第二批国家示范性高等职业院校做好各项工作。

11月19日，省交通厅副厅长郑黎明来到学校，讲述浙江省交通事业的目前形势和未来发展思路。浙江交通呈现三大特点，一是处于快速的发展期，二是处于矛盾的凸显期，三是处于重要的历史转折期。学校要紧紧围绕交通事业的总体目标，以市场为导向，为交通事业培养更多有用的人才。

11月27日，省港航管理局局长郑惠明来校为党政领导班子、示范高职院校建设工作小组成员、骨干教师、专业带头人等做浙江港航强省的主题报告。他讲述了浙江省近5年围绕“2468”建设，规划新增三级内河航道200公里，内河运力新增400万载重吨，新增60个万吨级沿海港口，新增集装箱运力800万标箱，大力构建沿海港口体系、内河航道体系、集疏运体系、航运体系、服务保障体系、临港产业体系等六大体系。紧紧围绕加快建设港航强省的目标，推进区域协调、发展与资源环境协调；实现从传统产业向服务产业、从追求数量速度向追求质量效率；从建设为主向建管并重的三大转变，进行体制、机制、手段和保障的四个创新。希望学校进一步找准发展定位，明确前进方向，谋划建设好示范院校。行业管理部门领导的讲话，为学校航海类专业的人才培养指出了重点，鼓足了信心。

学校汽车系被评为“全国教育系统先进集体”。9月4日，人事部、教育部联合发布《关于表彰全国教育系统先进集体和全国模范教师、全国教育系统先进工作者的决定》，这是对学校师资团队建设工作成绩的极大肯定。近几年来，汽车系的专业建设实力明显增强，汽车专业影响力不断扩大，先进集体的荣誉实至名归。

9月，省交通运输厅任命孙常强同志为学校党委委员、副院长。

为促进学校青年教师发展进步，打造一流的师资队伍，在教师节举行了年度教师表彰活动。

学校的多位教师被评选为省级人才称号和省级高职高专专业带头人，学校两位教师被确定为2007年度浙江省新世纪151人才工程第三层次培养人员，学校8位教师被确定为浙江省高职高专专业带头人培养对象。青年才俊不断涌现，标志着学校发展势头蒸蒸日上。

浙江省交通教育研究会成立。1月，省交通厅召开省交通教育工作会议，为提高浙江交通人才的培养质量，搭建交通教育发展交流平台，决定成立浙江省交通教育研究会。研究会由浙江省交通厅牵头，我校作为主要成员单位，省交通厅管厅属各单位、各市交通局(委)、24所交通职业院校组成。省交通厅原副厅长张治中任首任会长，学校院长王怡民任常务副会长，我校为秘书处所在单位。

浙江省交通教育研究会在学校成立

学校教师主持的科研项目数量和质量都在不断提高两个交通部交通行业联合科技攻关项目通过鉴定，均达到国内领先水平；学校牵头第一次承接省级科技项目；下属交科所部分交通科技成果得到推广应用；学校在首届全省交通教育优秀论文评选中有4篇论文获奖，在第十四届省自然科学优秀论文评选中有5篇论文获奖。学校主办的《浙江交通职业技术学院学报》首批通过合格期刊(A类)审查。

5月27日，学校正式成立了学生社团联合会。学生社团是学生成长成才的一个重要平台，社团数量也在不断增长，为服务学校学生社团发展建立了组织机构。6月26日，学校铜管乐队获“2007年浙江省高等学校优秀学生社团”称号。

3月,学校专门聘请了学校优秀毕业生——浙江省劳模、第六届“金锚奖”获得者、浙江省优秀青年岗位能手、优秀船长(万吨级)杨剑文担任学校德育辅导员,为学生成长成才提供辅导。他与学弟学妹们分享了当年在学校成长成才的经历,鼓励同学们好好学习,努力成为一名德才兼备的技能人才。

培养学生树立服务社会的观念,是德育工作的重要内容。一年来学校学生参加了多种形式的志愿和社会实践活动,多个团队和学生获得社会实践活动先进集体和先进个人荣誉。许多学生积极参加无偿献血活动,学校的组织工作得到浙江省献血管理中心、浙江省血液中心的肯定,部分学生受到表彰。

学校在校企合作和对外交流等领域取得了可喜的成果。

6月12日,澳大利亚西海岸职业技术学院(West Coast College of TAFE)院长苏·斯拉芬教授到学校考察参观,就双方开展合作事宜进行了深入交流,并签订合作备忘录。

6月28日,学校与澳普兰游艇制造(湖州)有限公司共同签订了《定向培养合作协议》和《校企合作开发课程与特色教材协议》。

9月,泰国教育专家来学校考察交流,重点了解了学校的汽车专业工学结合、校企合作的办学情况,双方就开展合作进行了探讨。

2007年9月,青海交通职业技术学院按预定计划,首次派送道路桥梁工程技术专业的30名学生来我校学习,学校为他们专门安排了班主任。起初,同学们担心不适应课程,学习上会有较大压力。学校专门组织了多次“破冰”活动,使同学们很快融入了新环境,适应了学校的新生活。在学校元旦晚会上,藏族学生性格活泼,能歌善舞,赢得了师生的阵阵掌声和喝彩。

第16章
昂首阔步（2008年）

五十年一遇的冰雪天气给浙江造成重大灾害。

1月，持续低温、雨雪、冰冻，铁路、公路、机场等交通运输严重阻断，自然资源及基础设施遭受重创，很多植物冻伤冻死。浙江省委省政府高度重视，举全省之力推动灾后重建，以最快速度恢复通水、通电，修复被毁的道路、设备设施，加快生态资源恢复，重建生态家园。

学校响应号召，积极行动。3月12日植树节，浙江省关注森林组织委员会、省交通厅、省林业厅、团省委、省公路局、杭州市公路管理局联合在学校举行“取四海之土，育交通之林——浙江省森林城市创建活动”启动仪式。省人大常委会副主任程渭山、省交通厅厅长郭剑彪、省林业厅厅长楼国华、共青团浙江省委书记鲁俊、省林业厅副厅长叶胜荣、省公路局局长李良福、杭州市交通局副局长索学金、杭州市公路管理局局长曹国银及学校党政领导班子成员参加了启动仪式和义务植树劳动。

百余份来自祖国五湖四海、大江南北的土壤，于当天撒在了交通林。来自主办单位的机关干部和学院校友以及在校师生300多人，将1300余棵樟树种植在学校新校区内。

167名志愿者利用寒假远赴四川、山东、湖北、甘肃、黑龙江等十多个省份，来到长江、黄河、黑龙江等几大水系选取土壤，省内则有钱塘江、瓯江、灵江、苕溪、甬江、飞云江、鳌江、京杭运河(浙江段)等8

条水系。志愿者们希望此举能为创建“绿色森林”城市出力。省林业厅还向学校赠送了5棵寓意“向往”和“赤子之心”的珍稀树种——南方红豆杉树苗。

学校“取四海之土 育交通之林”活动

省交通厅厅长郭剑彪表示，我们要借今天的活动凝聚大家的力量，弘扬绿色生态新理念，掀起交通植树造林新高潮，尽最大努力减少冰雪冻灾害对绿色环境造成的影响，为建设生态省，打造绿色浙江作出新贡献。

“城在林中，路在绿中，人在景中”，推动城市森林建设，就是要特别注重林木覆盖率、生态功能、绿化空间、城市统筹等方面大提升。创建森林城市，让城市融入森林，让森林拥抱城市，这是顺应国际社会城市生态化潮流，建立以森林植被为主题的城市生态系统的迫切需要，也是推动城市生态文明建设，提高城市生活品质的内在要求，是落实“创业富民创新强省”战略的实际行动。

绿色是生命的颜色，是为人类带来健康的颜色。植树造林可为人类提供氧气，净化空气，美化环境，有益于生态环境的保护。学校承办这个活动，以独特的方式为建校50周年华诞，献上一份非凡而寓意深刻的祝福。绿色代表自然，象征生命。绿色就是希望，我们用自己手中的铲子播种了学校美好的未来。

学校党委戚步云书记说："我们种下的不光是树苗，更重要的是给每个学生心中植入了人与自然和谐发展的理念。"在示范性高职院校创建过程中，学校上下一心，将科学和谐发展的元素植入到建设之中，让每一棵树每一根草都发挥教育功能，是学校建设中一以贯之的做法。学校师生也正享受着共建人文示范校园的成果。

1月16日，学校青年志愿者协会成员带着礼品和爱心，去杭州市第一社会福利院慰问和帮助福利院孩子们。长期以来，学校青年志愿者协会一直不间断地组织志愿者，前往福利院与孩子们沟通，开设爱心课程，担任他们的老师，帮助他们学习，促进共同进步。协会成员主动承担爱心课堂的班主任，每周安排志愿者兼任数学、语文、常识等学科的讲课，启发引导孩子克服困难，帮助他们树立健康向上的人生观、价值观。协会对孩子们的学习情况进行了解，然后给每个孩子发放一个学期期末考试成绩和学期总评，对表现好的孩子给予奖励，赠送奖品。与每个孩子进行心灵沟通，耐心讲解试卷，帮助他们好好学习，还送上了新春的祝福。

学校被评为全国交通企业文化建设优秀单位。作为62个获评单位中唯一的高职院校，学校将交通文化融入校园文化建设，呈现出三大特色：一是从行业中来到行业中去。开展体现行业特色的文化实践活动并实施活动经常化、专业化、学分化、论文化；二是从行业中来到管理中去。对航海类专业学生实施"四化三一样"的半军事化管理模式，包括：思想意识职业化、每日生活条理化、日常管理制度化、举止行为文明化，运动场上与场下一个样、检查与不检查一个样、集体行动与单独行动一个样。不断提高作为一名国际海员所必需的综合素养；三是从行业中来到生活中去。以兴趣、情感为纽带创建四大类32个社团，尤其是凸显交通行业的特色社团，如交通之星营销协会、汽车爱好者俱乐部、交通旅游协会、运河文化协会等。

学校重视校园文化建设，努力寻求校园文化与交通文化的融合，以铸就“路魂海量”精神烙印为内核，把“根植于交通文化，养成于校园环境，服务于社会发展”这一开放型校园文化生态建设理念，融入学校建设的各个方面，建立了以交通文化为主线的校园文化自觉发展思路，培养学生“海的博大，自强不息”和“路的开拓，默默奉献”的品质特性，从而使他们能“出得去、用得上、留得住”。

学校大型船舶操纵模拟器建成投入使用。“将大海搬进课堂”，从平静的悉尼港到宽阔的新加坡港，从繁忙的上海港到美丽的大连港，短时间内便可以领略几个世界级大港的风采。学校海运学院配置的大型船舶操纵实训室，能为同学实现这种“梦想”。

5月，学校筹建1年，投资300余万元，占地1000多平方米的大型船舶操纵模拟器落成。它具有系统功能完整、技术先进、实用性强的特性，是通过国际著名船级社DNV(挪威船级社)所提出的最高级别A级航海模拟器性能指标认证的模拟器，主要包括：1个主本船及270°的视景系统、2个副本船及2个120° 的视景系统、3台雷达模拟器、2个教练员操作台以及多媒体教师机、桌面系统，每套系统均包括与本船相似的各种训练软件、导航仪器、带三维视景的船舶操纵、雷达、ARPA、ECDIS与GMDSS、AIS、GPS等模拟功能。采用先进技术，无缝拼接宽视角环幕、投影技术、虚拟现实技术、计算机成像技术等，将数字化的港口及相关设施动态逼真地显示在人们面前。相关技术达到国际先进水平，是国内最先进的大型船舶操纵模拟器之一。大型船舶操纵模拟器为海洋船舶驾驶员提供安全而真实的训练环境，符合STCW78/95公约所要求的使用模拟器进行适任评估和持续熟练程度的训练，可满足学生、船长和船员、高级引航员的团队配合或单人训练，进行游艇驾驶员培训，也可用于事故调查分析、工程论证、海事分析等研究工作。

大型船舶模拟器实训室成为学校航海教学和海事分析的重要实

训基地，标志着在应用航海模拟器进行航海教学与培训，开展科学研究等方面上了一个新的台阶。

5月18日，学校举办50周年校庆暨校企合作推进大会。

副省长王建满、省交通厅厅长郭剑彪和省教育厅厅长刘希平专程到学校参加校庆庆典，并视察指导工作，给学校师生员工以极大的鼓舞。省长吕祖善给学校50周年校庆发来贺信，省政协主席周国富为学校题词。省交通厅厅长郭剑彪向学校的全体师生员工表示热烈祝贺，他希望学校依托长三角地区的经济强市以及浙江交通提出的大港口、大路网、大物流发展战略目标，以50年办学的经验和实力为起点，以实现"港航强省"为已任，按照系统规划、重点推进、持续发展的建设思路，创建工学结合为核心的"岗位需求导向、校企合作教育、教学做一体"的人才培养模式，进一步拓展校企合作的领域，提升校企合作的层次，提高人才培养质量和适用性，努力把学校建设成为办学理念先进、办学质量优秀、社会服务能力强，具有可持续发展能力的一流职业技术学院，成为浙江交通高素质技能型人才的主要培养基地。

承前启后接硕果，继往开来展宏图，50周年校庆是学校发展史上的重要里程碑，更是学校迈向新征程，铸就新辉煌的崭新起点，学校以50周年校庆为契机，凝心聚力、励志力行，向建设成省内有影响的示范性、高水平的高职院校大步迈进。

为保证2008年9月，新生入学如期住进新宿舍楼，确保新学期教学正常运行，以及行政部门日常办公全部搬迁至新校区，学校紧锣密鼓抓紧新校区落成整体搬迁。

首先是思想上坚决一致。新校区早日建成，既是学校拓展办学空间，优化资源配置，提升综合实力的重要举措，也是争创国家示范高职院校的紧迫需要。尽早实现整体搬迁，对节约办学成本、提高工作效率、优化教学环境都很有意义。

其次是行动上只争朝夕。楼宇、道路管网及水、电、气、暖交叉施工等错综复杂，扩建办积极协调施工、监理，督促工程进度。在按照上级有关要求做好扬尘防治的同时，道路管网施工也在不停歇地进行着。扩建办还制定了应对恶劣天气的应急预案，保证雨天室内施工不停歇，晴好天气室外开足施工作业面。抓质量、保进度，全力保障各项建设工作快速推进。

再次是保障上畅行无阻。在新校区建设期间，学校党委高度重视和加强对学校新校区扩建工程项目招标投标工作的监督。根据有关法律法规和上级纪检监察部门要求，对学校新校区扩建工程项目招标投标工作实行全程监督，确保新校区建筑立起来、亮起来，负责扩建工程的干部和工作人员形象树起来。

学校领导到新校区建设工地高温慰问建设工人

学校数字校园建设整体得到了提升。8月，汽车机电楼、交通楼及图书信息综合楼等楼群网络基础设施(弱电工程)全面投入使用，完成UPS系统建设，搬迁中心机房，配置新校区网络设备，完成校园智能卡系统设计，安装调试新综合楼五楼会议室音响系统及无线网络系统，改进了学生寝室网络的技术方案。

学校积极支援汶川大地震灾区重建。5月12日，四川汶川发生8.0级特大地震灾害，导致阿坝、成都、德阳等地区严重受灾。“一方有难，八方支援”，学校响应党中央号召，动员全校师生立即行动，支援灾区。5月20日，学校为汶川地震灾区重建捐款20万元。6月2日，学校又募集到46万余元，分别通过交纳特殊党费及教育、民政和残联系统多个途径，用于地震灾区重建。

学校领导高度重视四川籍学生的思想动态，立即组织学管部门对这些学生家里的受灾情况进行细致调查，特别是对家中物资受损和人员伤亡情况进行摸底，多次组织座谈会，与学生进行交流，安慰叮嘱鼓励学生，并组织专业的心理辅导老师对他们进行心理干预和辅导。

学校组织老师参加对汶川地震灾区的支教团心理援助小分队，梁金慧老师成为首批赴四川广元心理辅导小分队的成员。在全校师生的支持下，她出色完成支教任务，受到当地学校的一致好评。她被派到四川省广元市苍溪县石马初中，距苍溪县城约4个多小时的车程，位于苍溪县、旺苍县、南江县和巴中县4个县交汇处的石马镇，属于大巴山脉，交通十分闭塞，山路复杂。汽车行进在乡村碎石路上，尘土飞扬，浓密的尘土吸入鼻孔，经常让人感到窒息。石马镇80%左右的学生家长外出打工，因此，当面临这次大地震来袭时，很多学生缺少父母的直接陪伴和关爱，对震后学生的心理复原产生一定的不利影响。她们为石马初中的学生设计了一套主题为相亲相爱一家人的团体辅导方案，也对苍溪县的教师团体进行心理辅导，以调整教师震后不良情绪，在团体活动中激发其潜能和生活、工作的动力。她们每天的行程安排得非常紧凑，早上六点多起床，简单洗漱，早餐后立即赶往学校工作到中午。下午又要奔赴另一所学校，一直工作到晚上7点才回到旅馆。晚上还要集中总结当天的情况，制定第二天的工作方案，经常到深夜才能休息。辛勤的付出得到回报，这种形式新颖，寓教于乐的教学活动，给震区学生带去了难得的轻松和快乐。震区学校的老师表示，以后会把这种方式引入到教学中，让更多的学生受益。7月3日，心理援助小分队结束工作返回学校。

有序推进扶贫结对工作。10月9日，学校党委书记戚步云带领学校干部来到兰溪市柏社乡白鸠村进行考察，指导开展扶贫结对工作。兰溪市交通局、柏社乡、白鸠村领导一同参加座谈，在座谈会上听取了村领导关于白鸠村的详细介绍，着重了解了白鸠村公路、村路、供电、供水建设状况以及白鸠旧村土地资源、村民收入等基本情况，研究、讨论、交换了扶贫项目的设想、意见，督促加快开展下一阶段的工作。

校企合作不断深化。学校召开校企合作推进大会，增进学校与企业的深度合作。学校与北京科拉斯化工技术有限公司签订定向培养协议，与浙江苏宁电器有限公司、三花控股集团、杭州东风船舶制造有限公司等企业签署校企合作协议，与浙江省邮电工程建设有限公司共建"通信技术实训培训基地"。与世界500强、全球顶级网络设备制造与网络应用解决方案提供服务商——思科公司合作成立思科公司网络技术学院，每年可获赠价值约13万美元的网络设备、学习软件、师资培训，并持续开展校企合作。与浙江科技学院在人才培养、师资队伍建设、共享办学资源等方面开展合作商谈。

与行业内龙头企业的订单式培养达到了新水平。学校面向海外市场培养专门人才，与宁波中策动力机电集团有限公司共建订单班级，培养学生主要外派至非洲尼日利亚，主要负责发电站安装、调试、运营管理及维护，根据用人单位要求编写教材。5月21日，宁波中策动力机电集团有限公司派员来校，与40名自愿报名的学生就赴非洲工作事宜进行了沟通，标志着学校面向海外进行订单式人才培养工作全面展开，由学校海运学院、机电系共同授课与管理。

轨道交通开始受到社会关注。2008年，学校开办铁道工程技术专业。学校主动与上海铁路局联系，计划申报铁道工程技术新专业。上海铁路局管辖上海市、浙江省、江苏省、安徽省，管辖范围内铁道类高等职业院校较少，浙江省内仅有浙江师范大学设有培养火车司机的专业，人才缺口很大。随着铁路快速发展，人才需求激增，主动拓展专业面向，适应铁路类人才的需求，是学校向大交通人才培养领域迈出的坚实一步。

学校邀请上海铁路局领导来学校指导。上海铁路局人事处负责人明确表示支持和鼓励学校开办铁道工程类新专业，努力争取铁道部同意与学校建立校企合作，共同培养紧缺人才。长三角区域特别是浙江省，铁道工程技术、铁路运输等专业人才的缺口大。上海铁路局希望学校在人才培养上，采用“2+1”培养模式，即第一、二学年在学校完成专业基础课的学习，再通过选拔与上海铁路局开展订单培养，第三学年到铁路部门顶岗实习，毕业后直接参加工作。

11月19—20日，上海铁路局专程来学校招聘与铁路建设相关的道路桥梁等专业的毕业生。在全国各大铁路局中，上海铁路局技术装备领先，动车组最多，旅客及货物运输最繁忙，对专业技术人才要求较高。上海铁路局来校招收的毕业生，主要是交通运营管理、电气自动化技术、工程技术、铁道机车车辆等专业，有238名毕业生与上海铁路局签订了就业协议书。

学校根据人才需求，经上级部门同意，新开设铁道工程技术、钢结构建造技术、交通运营管理、船机制造与维修4个专业，专业总数达到30个。

学校实施“阳光招生”，招收高职新生2965名，第一志愿录取率为99.76%；加强成人学历教育工作，2008春季入学注册成人高职新生1190名，招收武汉理工网络教育春季注册学生219人，招收录取2009年春季入学新生1095名。

学校努力打造长三角交通高职教育第一品牌，深化学校科学发展的认识，进一步完善学校发展战略，抓住大交通背景下快速发展的良好时机，主动服务“两创”及“港航强省”的战略任务，服务交通三大建设，立足浙江，面向长三角，继续深化教育教学改革，实施人才强校战略，提升社会服务能力，提高人才培养质量。

第17章 乘势而上（2009年）

1月12日，学校召开浙江交通职业技术学院第三次教学工作会议。党政领导班子、中层干部、全体专任教师及相关职能部门教学管理人员近300人参加会议。会议决定：深化校企合作教育机制改革，构建校、系、专业三层面机制；深化工学结合人才培养模式改革，构建以工作过程、职业活动为导向的课程体系；加强校内实训、校外实习、顶岗实习系统化；加强“双师”结构师资队伍建设，全面提高人才培养质量。

3月30日，学校被确定为省级示范性高等职业院校立项建设单位。

机遇从来都青睐有准备的人，历经10年高职发展和积淀，学校迎来了新的发展局面。为推进省级示范性高等职业院校建设项目的顺利实施，确保项目建设的进度和质量，学校专门成立了省示范性高等职业院校建设领导小组，统筹省级示范性高等职业院校建设工作。同时成立示范院校建设办公室，具体负责项目建设的日常指导、组织协调、督促检查工作。

学校建设项目有：全校性工学结合人才培养模式改革平台建设和道路桥梁工程技术、汽车运用技术、航海技术和通信技术等4个重点建设专业。项目建设预算总经费为2695.7万元，其中省财政投入1100万元，省交通厅投入815万元，学校自筹198.7万元，企业投入582万元。

院长王怡民向省长吕祖善汇报学校情况

在省示范建设中，构建学校、分院和专业三个层面的校企合作教育平台。以学校为龙头，以集团式整合与学校合作紧密的行业协会、企事业单位、战略合作伙伴等，组建交通职业教育集团；在校企合作教育的框架下，各分院建立校企合作教育工作站；以专业教学团队为核心，建立专业校企合作教育的平台。

学校以重点专业建设为龙头，开发基于工作过程或工作任务的课程体系，并以全校性工学结合人才培养模式改革为基础，在学校各专业中推广基于工作过程或工作任务的课程开发。各专业找准校企合作开发课程的结合点，找准工学结合课程开发的切入点，充分体现课程的职业性、实践性和开放性。校企合作开发工学结合特色教材，完善课件、案例、习题、实训实习项目、学习指南等相关教学资料，并为学生可持续发展奠定良好的基础。各专业开展各具特色的人才培养模式改革，如道路桥梁工程技术专业构建和实施了“四段培养、能力递进”的人才培养模式；汽车运用技术专业实施“平台+方向”的人才培养模式改革；航海类专业深化“以培养能胜任国际化、现代化海洋船舶驾驶与管理的操作级船员为目标，以海员素质和岗位适任能力养成为两条主线，以学校、企业和海事局(校、企、政)三方联动育人机制为保障”的人才培养模式改革；通信技术专业基本形成了“标准统一、校企互融、三段交替”人才培养模式。各专业通过专业调研、职业岗位和职业能力分析，构建基于工作过程的课程体系，优化专业人才培养方案并组织实施。同时在原有7个订单班基础上，新增“中德实验班”“康桥班”“国际通信班”等9个订单班，使校企合作订单班增加到16个。

浙江省启动特色专业建设项目，《浙江省教育厅办公室关于组织开展2009年省高职高专院校特色专业建设项目推荐工作的通知》(浙教办高教〔2009〕152号)明确省高职高专院校特色专业建设项目立项建设期为4年，省财政投入建设经费为40万元/专业，要求学校给予不小于1∶1的经费配套。学校市政工程技术、物流管理、汽车技术服务与营销、汽车运用技术、通信技术等5个专业立项为浙江省特色专业(浙教高教〔2009〕213号)，其中汽车运用技术、通信技术等2个专业为学校自筹经费建设项目。

学校按照课程的需求确定教学模式、教学条件、教学管理制度。针对课程内容和教学要求确定课程教学模式，改革课程教学方法与手段，提高课程的针对性、实践性、有效性。改革各类课程考核办法，突出基础课程知识、核心课程应用能力的考核；在课程设置上，既要考虑基础理论知识的学习，也要考虑专业技能的培养。忽略基础知识的学习，学生的后续发展就会失去动力，难以满足技术不断更新的要求；不注重专业技能的学习，就很难适应工作环境的需求。以汽车运用技术为例：与行业企业合作，加强专业课程的建设和开发，以专业核心课程为重点，建设7门工学结合的专业核心课程和2门双证书课程，开发建设3—5门专业岗位课程和订单式培养课程。4月，浙江省启动省级重点教材建设工作，《浙江省教育厅关于做好2009年度省高校重点教材建设工作的通知》(浙教办高教〔2009〕54号)，教育厅给予立项教材每本2万元教材出版资助，要求学校给予1∶1配套资助。学校15

本教材被列入浙江省重点教材。

学校列入浙江省重点教材表

序号	立　项　号	教材名称	主　编
1	ZJG2009178	桥梁工程技术	郭发忠
2	ZJG2009179	工程地质与水文	杨仲元
3	ZJG2009180	汽车营销技术	陈文华
4	ZJG2009181	汽车使用性能与检测	张琴友
5	ZJG2009182	二手车鉴定、评估与交易	金加龙
6	ZJG2009183	航运管理实务	徐秦
7	ZJG2009184	轮机维护与修理	胡强生
8	ZJG2009185	船机专业英语	丁晓梅
9	ZJG2009186	船舶辅机	胡启祥
10	ZJG2009187	微机组装与维护实训教程	李锦伟
11	ZJG2009188	计算机网络与应用	江锦祥
12	ZJG2009189	企业网络实务	叶忠杰
13	ZJG2009190	通信线路工程与施工	楼惠群
14	ZJG2009191	仓储管理实务	孙秋高
15	JZWG200902	汽车营销实务	王怡民

校内实训基地得到改善，学校共有路桥、汽车维修、航海技术、轮机工程技术、船舶工程技术、机电技术、计算机网络与信息技术、通信、软技能、物流管理等校内实践教学基地10个，新建或扩建实训室项目65项，包括海上通信实训室、航海仪器训练中心等。其中省示范性建设项目25项，其他(中央财政、省级财政、学校专项）建设项目40项。校内实践教学基地建筑面积和设备总值大幅度增加，实训实习条件得到改善。在省级示范院校建设期内，学校接受社会捐赠设备值1000万元。学校在寻求行业企业技术、设备和资金支持方面取得较大成绩，建设校外实践教学基地196个，接待顶岗实习学生2600多人，录用顶岗实习毕业生1600多人。

学校下属浙江省交通科学研究所入驻浙江省现代交通科创基地，完成地下空间基础设施建设。参加浙江省科研机构创新基地、浙江海外高层次人才创新园北京推介会，签署共建协议。与交通运输部科学研究院、公路科学研究院、水运科学研究院、天津水运工程科学研究院4所部属院共建浙江省交通运输科学研究院。引进高层次专业人员，加强重点实验室队伍建设。以浙江省交通科学研究所为主，成立物流信息平台推广指挥部，入驻浙江省物流电子枢纽，负责全国交通物流信息平台推广工作，加快推进浙江交通现代物流研究院的建设。负责物流基地建设与运营管理规范编制及推广实施，入驻东北亚秘书处负责常务工作。学校全年教师承担课题数为144项，合同到款为1826.28万元，教师参与科学研究的积极性不断提高，科研和技术服务能力得到大幅度提升。

9月，学校季永青教授主持的《以国际海员适任能力为标准的高职航海类人才培养模式的改革与实践》项目，荣获国家级教学成果奖二等奖，这是学校首次荣获国家级教学成果奖。

国际船员劳务市场的东移，使我国迎来了海上运输的黄金期，沿海地区的船公司如雨后春笋，迅速发展。船公司的壮大，催发了市场对船员极大需求，出现了船员紧缺的状况。学校准确把握人才市场脉搏，结合高职教育培养目标和海运行业特点，在教育部教学改革试点专业航海技术和浙江省高职重点专业轮机工程技术专业建设与改革的基础上，通过一系列教学改革，形成了具有鲜明特色的以国际海员适任能力为标准，以海员品德和职业技能养成为主线，以实施教学做一体和半军事化管理为措施，以学校、企业和海事管理部门(校、企、政)三方协同强化过程质量监控为保障的航海类专业人才培养模式。从2002年开始探索，到2005年形成雏形，再经过不断实践、检验、深化、优化，最终形成了《以国际海员适任能力为标准的高职航海类人才培养模式的改革与实践》。这一研究成果凝结了方方面面的智慧，是海事管理部门、海运(船务)企业和学校长期合作、共同研究的硕果。

项目对航海专业人才的培养改革创新主要体现在：校企合作开发

"双证融通"专业教学标准，专业教学标准的课程设置与无限航区高级船员适任标准融通，明确专业人才培养目标、培养规格、职业能力、职业资格证书。突出职业能力培养，强调人才培养的岗位针对性、适任性，教学、学习的"一体化"；突出教学过程的实践性和职业性，推行理论与实践、教与做、校内考核与海事部门考核的一体化等教学模式；强化学生的职业能力，提高毕业生职业资格证书的获得率，提升学生的就业竞争力，人才培养质量体系的自我完善、自我发展机制；建立船员教育和培训质量体系，开展校、企、政三方联合质量监控工作，通过质量体系内部审核，海事部门的中间审核和再有效审核，形成质量体系的自我完善、自我发展机制，促进质量体系的持续、有效运行；实施半军事化管理，素质教育和职业道德培养从"无形"到"有形"的转变，充分呈现具有航海特色的素质教育和职业道德培养。

从2001年开始"双证融通"专业教学标准和课程标准在学校航海类专业实施，受益全日制学生达1400多人。以项目为依托，团队成员主持编写了多部航海类专业教学指导性文件，出版了国家级规划教材十余部。航海类专业毕业生就业率和就业质量不断提高，深受海运企业等用人单位的欢迎，首次就业率100%，"双证"获取率95%以上。

项目主持人被评为第三届国家高等教育教学名师、全国交通高职教育优秀专业带头人，由其带领的教学团队被评为浙江省优秀教学团队。各有1门课程分别被评为国家精品课程和浙江省精品课程。航海技术实训基地成为交通运输部重点建设项目，轮机实训基地成为浙江省高职示范性实践教学基地。建立了浙江省船员培训中心，每年培训各类船员13000人次以上，成为全国培训量最大的船员培训基地。浙江海事局投资300万元在学院建立了海员网络考试中心。浙江省海运集团有限公司在航海类专业中设立了专项奖学金，奖励品学兼优的学生，并向学校捐赠大量航海图书资料和仪器设备，以改善航海类专业办学条件。

2月11日，《浙江日报》刊登的《春天一定会到来》一文，报道了全国人大常委会委员长吴邦国一行，在浙江考察调研的情况。在永福村考察了村党史陈列室、图书室，叮嘱当地党委、政府负责人和村干部，农村既要繁荣又要和谐，要在发展经济的同时重视社会主义建设和村级基层民主建设。在党员服务站，大学生村官、我校毕业生沙智萍向吴邦国委员长汇报了工作一年多的心得。委员长勉励她说，农村天地很广阔，需要高素质的青年人投身到社会主义新农村建设中来，希望她能踏实工作，好好为农村群众服务，实现自己的价值。她表示一定不辜负委员长的期望。

学校贯彻落实招生考试政策，开始“自主招生”。

4月开始，学校招生办的电话一直没有停过，全省各个市县的考生和家长都在咨询同一件事——“自主招生”，一个崭新的词汇就这样进入到大家的视野中。这是浙江实施高考新课改的第一年，为适应高考改革的需要，学校认真贯彻落实教育部、浙江省教育厅和浙江省教育考试院的文件精神，首次开展了自主招生工作。

自主招生工作的实施，为广大考生提供了更多渠道，受到考生们欢迎。学校积极开展自主招生宣传活动，围绕浙江“两创战略”“交通三大建设”和学校“强特色、创一流”，通过社会媒体、学校网站、招生宣传小分队等进行宣传，解答考生疑问。

为了确保提前招生工作的顺利进行，更好地建立素质测试考评专家库，学校加强考评人员业务培训，设立专业综合素质测试考评工作小组，负责专业综合素质测试考核实施工作。组织考评人员70人，其中组长13人，制定《自主招生专业综合素质测试考评人员守则》9条，《自主招生专业综合素质测试考生守则》10条。测试考核前，学校分别对考评人员和考生在会议上进行宣讲。为了保证考试的公平公正，教务处组织人员组卷、排版、印刷、封装。

4月25日，提前招生素质测试考核在学校第三教学楼如期地进行。

此次测试考核内容分为：已掌握的知识程度和学习能力、人文与心理素质、专业岗位相适应的兴趣与能力、语言表达能力、特长，总分300分。每次面试前30分钟，随机抽取产生当次各组考评人员。考评小组按照由考生抽签决定的顺序号逐一面试，采用自我介绍、回答问题、现场才艺展示等形式多样的考核形式，公平合理地评价每位考生的综合素质，各自独立评分。考评人员的平均得分，即为该考生的最终得分。

综合素质测试工作紧张而有序地进行。一周后，学校官网公布了拟入选的人员名单，有300余名考生通过自主招生，顺利成为学校新生。

2009年，学校实施新一轮的专业调整和分院组建，运输管理学院等相继成立。

学校于2008年底启动了教学部门调整的相关筹备工作，于2009年4月初设立了筹建工作小组，开始具体的筹建工作。为适应浙江发展现代物流业的新形势、新要求，主动服务交通三大建设，在已有的办学基础上进一步提升办学高度、增强办学实力，培养航运管理、现代物流管理等新型交通管理类人才，结合交通运输大部制改革的要求，学院以高度的责任感和紧迫感，顺应时代发展需求，在经过深入调研的基础上，决定调整学院的教学部门，成立运输管理学院。

到5月18日，学校对两级管理的教学部门进行了调整，将学校下设各系更名为二级学院，即将原路桥系、汽车系、机电系、管理与信息系、人文系分别更名为路桥学院、汽车学院、机电学院、信息学院、人文学院，同时增设了运输管理学院。

随着二级学院的成立，学校初步具备了实行内部两级管理的改革条件和基础。为实现学校发展整体规划，进一步增强分院办学自主权和办学活力，明确学校和分院的责权利关系，逐步形成“目标管理，过程监督，分级负责”的管理新机制，结合学校实际情况，在2010年4月15日，学校制订并出台了《学院校、院两级管理改革方案制订计划》，根据部门职责，建立了8个起草小组，牵头部门分别是学院办公室，人

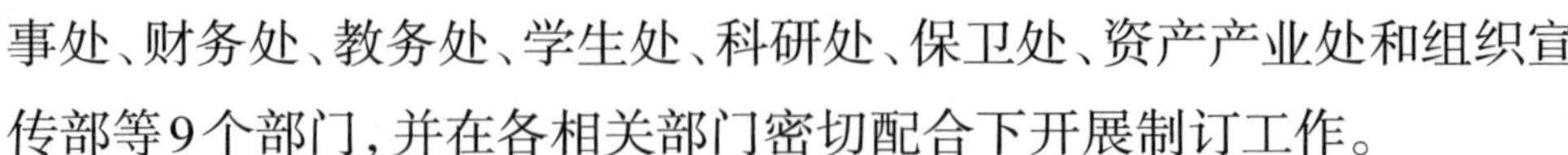
事处、财务处、教务处、学生处、科研处、保卫处、资产产业处和组织宣传部等9个部门，并在各相关部门密切配合下开展制订工作。

深化校院两级管理体制改革，是学校深入开展学习实践科学发展观活动的重要内容，也是促进学校和二级学院可持续性发展的重要举措。两级管理体制改革要以权责对称、教学中心、整体协调、因校制宜为原则，以科学发展观为引领，全面贯彻落实党的十七大精神，以人为本，统筹兼顾，促进学校和二级学院的协调发展。两级管理体制改革主要内容包括校院行政管理、教学工作、科学研究、学生管理、党务工作等权限与职责，校院机构设置与人员编制，人员任(聘)用，考核目标和考核办法等，如学校和分院行政的主要职责、主要议事制度、管理权限、考核目标和考核办法，党委和党总支主要职责等。

两级管理体制改革的目标，要体现促进学院和谐发展和增强二级学院办学活力两个方面。明确目标，分清职责，不断完善校院两级管理体系。简政放权，重心下移，进一步扩大二级学院的办学自主权。加强领导，强化考核，促进二级学院的更快发展。使二级学院逐步成为具有较强竞争能力和持续发展能力的相对独立的办学实体，以适应不断扩大的办学规模过程中科学、高效管理的要求。

学校实行两级管理后，侧重于宏观管理和目标管理，主要任务是统筹规划、掌握政策、组织协调和检查监督，强化决策咨询和审议评估等职能，提高宏观管理水平。二级学院侧重于微观管理和过程管理，拥有一定的管理、科研、人事、财务、处罚、奖励等方面的自主权。二级学院是一个实体性行政组织，既是学校各种规章制度的具体执行者，又是在具体工作中学生问题的发现者，更是学校教育教学秩序的有效保障者。

学校关注学生的成长成才，重视对学生的品行引导和价值引领，引导学校大学生开启积极进取的大学生活，并要求同学们努力践行社会主义核心价值观，将核心价值观融入社会实践、融入校园文化，不断提升自身素养。

学校人文学院梁丽华老师带领的研究团队，积极探索“软技能”培养教育体系的构建与实践课题，提出实施“阳光成长包”计划。先后在人文学院和运输管理学院试行，涵盖了专业教学进程、自我效能管理、学习研究、活动竞赛、社会服务等五大板块，把分散在课堂学习、团学活动、企业实践、虚拟空间等培养活动有机地联系起来，构建“时间—内容”二维培养矩阵。时间维度包括新生季、成长季、成才季、毕业季等育人四季；内容维度包括责任意识、时间意识、质量意识、沟通能力、学习能力、创新能力等技能六核。软技能培养成果和活动被《光明日报》《中国青年报》《浙江日报》《中国交通报》《浙江教育报》、中国新闻网、中国高职高专网等先后报道，社会反响良好。

11月27日，浙江省副省长郑继伟、副秘书长马林云在省交通运输厅党组书记、厅长郭剑彪和省教育工委委员、省教育厅副厅长鲍学军等陪同下，到学校考察指导工作。郑继伟一行深入学校路桥、汽车等校企合作校内实训基地及航海模拟、T-TEP、汽车营销模拟、机电数控实训室等实践教学一线，实地了解学校教学情况，听取了学校党委书记戚步云就办学优势和特色、改革成果、近期建设计划等工作的汇报。

郑继伟对学校取得的成绩予以肯定。他指出，浙江省第一批高职升格已十周年，十年来，浙江省高职教育从无到有，从小到大，发展快，整体水平高，高等职业教育已经成为浙江高等教育的亮点，学校的发展历程就是浙江省高职教育发展的缩影。目前职业教育的形势非常好，高职院校必须抓住机遇。学校要在交通事业快速发展的大好背景下，在内涵建设上下功夫，创出特色。高职教育不是岗前培训，要不断提高学生的综合素质，为学生的长远发展奠定良好的基础。他要求我院在建设过程中，认真思考接下去十年的发展之路，创新体制机制，设定目标，坚持走自己的特色之路，发挥自己的独特优势，把交通职业教育越办越好。

陈文华老师荣获“浙江省劳动模范”称号和浙江省教学名师奖。1978年，他考入学校汽车运用维修专业。1980年，他因成绩优异毕业留校工作，开始从事学校实习工厂见习汽车修理工、教务科实验员、汽车专业科实验员等工作。1987年7月，任汽车专业教师，先后主讲汽车构造、汽车修理、汽车电控装置结构与检修等十几门专业课。1993年起，他先后任汽车专业科副主任、主任，汽车系副主任、主任，汽车学院院长等职务。他带领团队对汽车专业培养模式、课程体系、教学内容、教学方法和手段等进行一系列改革，并取得显著成效。他主持开展课程体系改革，把学科型课程体系转变为模块化(CBE)课程体系；把单一独立课程，优化组合成为综合化课程。同时，他还带领老师改进教学方法，开发多媒体课件，积极推广多媒体教学；研制仿真模拟实训设备，改进实训方法；开发试题库，开展模块化考核等，将传统教学方法向多样化现代教学方法推进。他负责的汽车发动机构造与检修被选定为2003年浙江省首批省级精品课程，2006年确定为国家级精品课程。他主持的“汽车发动机构造与检修课程改革的研究与实践”教改项目，2005年荣获浙江省教学成果一等奖。

第 18 章

夯实示范（2010 年）

3月6日，学校号召全体教职员工“凝聚共识、深化改革、提升内涵、科学发展”，就学校高职10年所取得的成绩和经验、学校如何争创一流，学校上下要继续坚持“励志力行追求卓越”价值观，“依托交通服务交通”的办学思路，“路魂海量校园文化”的建设愿景，“以人为本共享成长”的育人理念，“校企合作工学结合”的教学路径，向着一流的办学理念、一流的校园环境、一流的师资队伍、一流的专业建设、一流的学校管理目标发展。

学校步入新的发展阶段，只要有解放思想的先导，有抢抓机遇的胆量，有创业创新的勇气，有求真务实的作风，有锐意进取的毅力，有转型发展的决心，就一定能够完成各项工作计划，实现争创一流的目标，开创学校美好的明天。

3月、4月，省交通运输厅先后任命胡克同志为学校党委委员、副院长，姚钟华同志为学校党委委员、副院长。

6月14日，学校分别与平湖市人民政府和嘉兴市交通学校签订合作框架协议，推进校地合作、校校合作。

合作双方表示，在科技孵化与产业对接、人才服务教育培训等领域开展校地双方的合作与交流，重点加强科技合作，发挥学校在道路与桥梁工程技术、物流管理、航海技术和轮机工程技术等专业方面的优势，结合平湖有关部门、协会共同探索科技合作与产业对接创新模式，打造推动区域经济发展的科技创新载体和成果产业化平台。

学校召开“学道修路先锋”创先争优活动动员大会。6月18日，学校召集全体党员参加的动员部署大会，党委书记戚步云结合上级党组织部署开展创先争优活动的精神，强调指出：一是抓好学习，提高认识，深刻领会，创先争优活动开展的意义；二是瞄准目标，认真按照活动方案开展实施；三是结合实际，强化学校特色；四是加强组织领导，确保创先争优活动取得实效。

6月23日、24日，院长王怡民在上海参加了首届中澳职业技术教育研讨会。与澳大利亚职业技术教育团就师生交流项目、院校与课程互认、合作办学模式和改进职教体系能力建设等4个主题进行研讨。王怡民作为合作办学模式这一主题的小组组长，组织参加研讨。

8月24日，学校与浙江省12家物流龙头企业在浙江物流业转型升级论坛上签订战略合作协议。省交通运输厅副厅长郑黎明出席论坛，做了嘉宾主旨报告并见证签约。有150多家浙江省交通物流5A级企业参加，主要是为了应对后金融危机时代浙江物流业发展多、小、散、乱的问题，实现物流业的标准化、规范化、信息化、网络化运行，逐步提高物流业的服务水平和增值能力。学校是本次论坛的举办方之一，副院长姚钟华在大会上做了专题发言，表达了学校承担着行业发展的智力支持和人才保障的任务，期望物流人才的培养得到行业主管部门、企业更多的关注，推动物流企业与学校进行多领域多层次的人才培养合作。

学校掀起省示范建设高潮，积极申报国家骨干院校。

校企合作体制机制突破，“三层次一网络”的校企合作组织体系逐渐清晰。第一层是学校牵头，交通龙头企业、行业协会、其他交通院校结成浙江交通职业教育集团形成协调层；第二层是二级学院校企合作工作组形成执行层；第三层是专业建设委员会形成操作层。在台州、湖州、温州等地校友联谊会基础上，建立11个校企合作工作站，形成校企合作“一网络”。

“三层次一网络”的校企合作组织体系，创新了学校的校企合作体制机制，为人才培养模式改革提供了保障。在建立新组织体系的基础上，学校又进一步完善了校企合作运行机制，明确了“三层次一网络”的工作任务，行业企业和学校开展合作的方式、职责和权益等，理顺了学校与合作企业之间的关系，逐步形成了学校与企业多元合作的长效机制，拓展了企业参与人才培养的深度与广度，实现了校企双方的深层次合作。

改革人才培养方案，注重区域产业发展的需要，创新工学结合人才培养模式，校企合作共同构建课程体系。明确要求：为加强专业人才的职业核心能力的培养，不断提高专业人才的岗位竞争力和可持续发展能力，要求各专业在人才培养方案中增加素质教育活动设计。素质教育活动主题可以从学生方法能力、社会能力、心理素质拓展和公共艺术教育等几个方面去考虑设计，具体的活动名称、活动目标、活动形式等可根据专业人才培养的特点和要求确定。学校设立素质学分(附加学分)，计入毕业总学分。学生在毕业前，应至少取得5个素质学分。为了此项改革能够推行，学校教务系统进行了个性化升级，即在成绩管理模块中增加一项功能，用于记录学生在校期间素质教育参加的每项活动，由分院对学生的每次活动进行记录和打分，获得的学分显示在毕业成绩总表中。

学校荣获5门国家级精品课程

序号	课程名称	所属专业	批准年份	课程负责人	文号
1	汽车发动机构造与检修	汽车运用技术	2006	陈文华	教高函〔2006〕26号
2	测量技术	道路桥梁工程技术	2006	金仲秋	教高函〔2006〕26号
3	运输管理实务	物流管理	2007	季永青	教高函〔2007〕20号
4	通信线路工程与施工	通信技术	2007	楼惠群	教高函〔2007〕20号
5	航运管理实务	国际航运业务管理	2010	徐秦	教高函〔2010〕14号

学校荣获20门省（含5门国家）级精品课程

序号	课程名称	所属专业	批准年份	课程负责人	文号
1	航海学	航海技术	2005	李德雄	浙教高教〔2005〕180号
2	汽车电气设备与维修	汽车运用技术、汽车电子技术、汽车技术服务与营销	2006	张琴友	浙教计〔2006〕129号
3	仓储管理实务	物流管理	2007	孙秋高	浙教高教〔2007〕167号
4	公路勘测技术	道路桥梁工程技术	2007	王建林	浙教高教〔2007〕167号
5	通信工程概预算	通信技术	2008	李锦伟	浙教高教〔2008〕197号
6	中小企业网络组建与管理	计算机网络技术	2008	叶忠杰	浙教高教〔2008〕197号
7	路基路面养护技术	高等级公路维护与管理	2009	张乐飞	浙教高教〔2009〕163号
8	制冷与空调技术	楼宇智能化工程技术	2009	金湖庭	浙教高教〔2009〕163号
9	采购管理实务	物流管理	2009	潘国强	浙教高教〔2009〕163号
10	船舶管理	航海技术	2010	戴耀存	浙教高教〔2011〕9号
11	汽车营销技术	汽车技术服务与营销	2010	叶志斌	浙教高教〔2011〕9号
12	航海技术英语	航海技术	2010	吕青	浙教高教〔2011〕9号
13	汽车维修业务接待	汽车技术服务与营销	2010	金加龙	浙教高教〔2011〕9号
14	集装箱运输实务	集装箱运输管理	2010	方照琪	浙教高教〔2011〕9号
15	汽车底盘构造与维修	汽车运用技术、汽车电子技术、汽车技术服务与营销	2010	赵金祥	浙教高教〔2011〕9号

专业建设按照“区分层次、突出重点、强化特色、创建一流”的思路。浙江省继续实施省特色专业建设项目，学校国际航运业务管理、

楼宇智能化工程技术、船舶工程技术等3个专业立项为浙江省特色专业建设项目，省财政投入建设经费为40万元/专业，学校给予1∶1的经费配套。浙江省继续推进重点教材建设(浙教办高教〔2010〕106号)，学校有13本教材被列为省级重点教材建设项目。

学校列入省级重点教材建设项目表

序号	主　编	教材名称	序号	主　编	教材名称
1	金仲秋	工程测量技术	8	高华	通信工程概预算
2	康忠寿	道路建筑材料	9	梁丽华	高职生就业指导
3	叶志斌	汽车维修业务管理	10	边浩毅	汽车实用英语
4	吕青	航海英语	11	徐秦	国际船舶代理实务
5	白继平	船舶管理(轮机)	12	马兆丰	实用组网技术
6	柴勤芳	热工基础	13	马林才	汽车使用技术
7	姚建飞	电气控制技术			

实训基地建设特色发展，注重质效。船舶工程技术实训基地被确定为中央财政支持的职业教育实训基地项目；汽车技术实训基地和机电技术实训基地被确定为省高职高专院校示范性实训建设基地；新、改扩建17个院内实验室建设项目。到年底，学校共有国家级合格示范实训基地2个，省高职高专院校示范性实训基地3个，中央财政支持的职业教育实训基地2个，交通部财政支持实训基地1个。

7月4—6日，在全国交通职业教育示范院校授牌仪式上，我校领取了全国首批交通职业教育示范院校的牌匾，排名位列交通职业院校第一名。

11月30日，教育部、财政部公布《关于确定“国家示范性高等职业院校建设计划”骨干高职院校立项建设单位的通知》(教高函〔2010〕27号)，学校被确定为国家示范性高等职业院校建设计划骨干高职院校第二批立项建设单位。

“终于通过了！”校园内一片欢呼雀跃。国家骨干院校建设立项是学校多年来深耕高等职业教育内涵建设结出的硕果，无数交院人为

项目申报工作付出了大量艰辛劳动。

2011年为启动年，2012—2014年为建设期。同时中央财政确定支持航海技术、轮机工程技术、道路桥梁工程技术和汽车运用技术为重点建设专业。

学校开始全面实施“四百行动计划”。7月，暑假期间学校组织开展“选派百名教师、深入百家企业、培养百名骨干、建好百门课程”的“四百行动计划”，派出140名教师，组成33个项目组，围绕主题教学课程，奔赴68个企业进行顶岗实践锻炼。

专任教师们深入行业、企业一线，实实在在地掌握行业最新行情，接触企业实际情况。在假期的短短时间里，学校与企业之间的联系更加紧密。教师在企业锻炼期间，结识了许多生产一线的行业能手，通过交流与沟通，为将来加强校企合作，让企业一线人员走上讲台作好准备，为学校的兼职教师建设储备人才。

在“四百行动计划”开展期间，为确保教师下企业实践工作的有效开展，各分院成立督查小组，以电话问询、实地走访等多种形式，对各项目小组开展督查工作。教师下企业锻炼结束后，各分院以不同的形式举行了实践经验交流会，由每个项目组负责人作总结报告。学院还将各个项目组的总结资料上传人事处网站，以供大家阅览交流，进一步推广教师下企业锻炼的经验。除了学校各个项目组之间讨论总结之外，还有个别专业与企业单位领导一起探讨专业课程建设。比如海运学院的船舶工程技术专业课程教学方案设计项目小组，在舟山召集了几大船厂的总工程师或总经理召开了专题会议。会议对职业岗位典型工作任务和船舶工程技术专业的3个方向的职业岗位工作任务进行了详细分析，为相应课程的整体教学设计与单元教学设计获取了一线资料和建议。

7月23日、24日，学校党委书记戚步云到浙江省海运集团舟山五洲船舶修造有限公司，考察指导学校“四百行动计划”活动。他看到老师们都在辛勤工作、积极锻炼，高兴地表示：学校要创造更多的机会，丰富教师的企业实践工作经验，推动师资队伍主动适应高等职业教育和交通行业的发展趋势，实现强特色创一流的学校发展目标。

学校深入开展“四百行动计划”，重视教师的实践教学能力提升，鼓励教师在教学科研、育人、社会服务等方面做出显著成效，努力打造一支结构合理的高水平“双师”教师队伍。

开展教师职业教育教学能力测评。为提高教师教学能力，学校举行第一期教师职业教育教学能力培训班，7月6—9日，所有青年骨干教师在学校五楼报告厅参加培训。正值天气闷热，老师们克服困难，把自己当成一名普通学生，认真聆听教学法讲解，仔细琢磨工作过程课程教学案例，完成所有内容学习。39位老师参加了课程整体设计和单元教学设计两部分测评，其中34位取得合格证书。

学校迎来首批德国来访师生。学校党委书记戚步云等一行6人在2009年8月考察了德国、英国的物流中心建设，对德国不来梅的德国外贸交通学院(DAV)和英国伦敦的普通教育委员会(General Teaching Council，GTC)进行了深入了解交流、合作洽谈，达成了互访和合作的意向。DAV成立于1959年，是德国联邦物流协会(BVL)联合德国邮政敦豪(DHL)、德讯公司等几家大企业作为发起人设立的一家私立高职学院，开设工商管理、外贸经济及交通运输3个专业，在外贸交通领域有较大影响。

2010年10月10日，德国DAV的Peter Anders教授带队一行54人来学校访问，这是学校历史上首次接待如此规模的国外师生考察学习团。在校期间，中德双方的师生进行了友好交流，教师用英语为德国学生讲授了供应链管理课；德国学生参观了学校图书馆、学生寝室、航海模拟舱、校外实训基地等；双方学生还切磋了乒乓球技艺。语言的差异挡不住两国年轻人的交流，双方师生像多年未见的老朋友般接触。DAV的来访，为学校国际交流与合作开了一个好头，播下了两校友好合作的种子。

学校首次荣获全国职业院校技能大赛项目一等奖，实现“国赛”一等奖零的突破。

学校领导高度重视全国职业院校技能大赛，分管教学的副书记金仲秋协调教务处、资产处、财务处等部门，解决了参赛设备购置等问题。学校领导多次亲临训练现场指导，为学生加油鼓劲。二级学院选派具有丰富教学经验的老师带队指导学生。由于是第一次代表学校参加国家大赛，同学们心里非常紧张。学校领导、老师给予的支持和教导，让他们感到无比温暖，参赛热情高涨。

从4月开始学习了解大赛公布的竞赛规程、技术规范，到5月参加全省组织的选拔赛，再到6月下旬参加全国决赛，指导教师认真负责、兢兢业业，选拔优秀苗子作为参赛队员，按程序选购设备，安装调试各个实验实训、参赛参数，研究参赛项目，制订参赛队管理要求，教授可能需要用到的新知识、新技能。根据每个队员个性特点和实际情况，扬长避短进行分工，制订针对性的比赛策略，及时跟踪赛时动态，了解可能的对手准备信息，主动找强手热身模拟比赛。参赛过程中及时解答疑难、排解心理困难，为参好赛、赛出彩做了充足的准备和良好的保障。同学们每天踏实训练，苦干巧干，直到深夜熄灯时，才恋恋不舍地离开实训场地。比赛时，同学们虚心认真、听从指挥、服从命令，沉着冷静、奋勇拼搏。

功夫不负有心人。6月24—27日，金湖庭、赵俊波老师指导的“楼宇智能化系统安装与调试”项目参赛队在来自全国各省市的53个参赛队中脱颖而出，夺得一等奖；詹远武、周志国老师指导的“汽车维修与故障排除”赛项获得三等奖。

汽车维修与故障排除项目，在“比亚迪杯”全国高职院校汽车营销技能大赛中荣获一等奖，在全国交通运输行业“卡尔拉得杯”机动车检测维修职业技能竞赛中获一等奖。

9月28日，学校举行新大门启用剪彩仪式暨“学道修路”碑揭碑仪式。“学道修路”是浙江省交通运输厅厅长郭剑彪为学校建校50周年的题词，体现了交院人“励志力行”的实践精神与“路魂海量”的胸襟气魄。“学道”就是激励学子求真知，学成长之道；强责任，传励志之脉；做奉献，扬交通之魂；“修路”就是鼓励教职工修学生成才之路，修自身成功之业。

学校新大门采用左右对称结构，总长82米，中间18米长的干挂花岗岩上所刻的“浙江交通职业技术学院”，由著名书法家、画家葛德瑞先生题写，字体遒劲有力，彰显着学院浓重的历史韵味。两边建筑物的屋顶设计是帆船造型，顶尖高达15米，既凸显了学院的交通特色，又寓意学校办学事业一帆风顺、蒸蒸日上。

学校西大门启用剪彩仪式

4月7日，省交通运输科技创新基地建设工作小组在学校召开第一次工作会议。校属省交通科研所汇报了前段时间的筹建情况，并明确4月份完成浙江省交通运输厅与交通运输部公路科学研究院、交通运输部天津水运工程研究院合作协议的签订准备工作；中试基地项目用地面积的继续沟通以及单体建筑设计方案的前期实施，对单体建筑设计的实施进行了初步分工，对下一阶段工作作出了部署。

9月6日，浙江省现代交通运输科技创新基地项目建议书获省发改委批复同意。而后，浙江省交通运输厅与交通运输部科学研究院、公路科学研究院、天津水运工程科学研究院在西子湖畔签署了科技战略合作框架协议，它标志着部省共建“浙江省现代交通运输科技创新基地”活动取得了实质性进展。

12月25—26日，中国共产党浙江交通职业技术学院第一次代表大会隆重召开。这次大会是学校党建工作的里程碑，标志着学校党委团结动员全体党员和师生，统一思想、凝心聚力，锐意进取、改革创新，奋勇争先、真抓实干，努力争取把学校建设成特色鲜明的全国一流高职院校。省交通运输厅副厅长储雪青、学校正式代表94人参加了这次大会。

中共浙江交通职业技术学院第一次代表大会代表合影

学校党委书记戚步云作了题为《加强党的领导 坚持科学发展 为建设特色鲜明的全国一流高职院校而努力奋斗》的党委工作报告，全面回顾了学校5年来的主要工作及成效，实事求是地分析了学校当前面临的机遇和挑战，提出了把学校建设成特色鲜明的全国一流高职院校的奋斗目标，明确了今后5年的主要任务。这次大会的胜利召开，对学校党的建设和事业发展具有重要的指导作用，有力促进学校今后5年乃至更长时期的快速、健康发展。

学校党委始终把握社会主义办学方向，始终把学校的发展与浙江交通发展的要求紧密结合起来，团结带领全院广大党员和师生员工，聚精会神搞建设，一心一意谋发展，在育人质量、科研水平、服务能力等方面，取得了一系列标志性成绩。

“为建设特色鲜明的全国一流高职院校而努力奋斗”，是学校升格后第一次党代会的主题。它意味着刚步入高职教育“国家队”的交院，要勇于担当，敢于超越。唯有以追求创全国一流的气魄和行动，才能继往开来，无愧于时代，无愧于历史。

第19章 争创骨干（2011年）

2011年，是学校“十二五”开局之年，也是启动国家骨干高职院校项目建设的元年。

随着国务院正式批复《浙江海洋经济发展示范区规划》，浙江海洋经济发展示范区建设上升为国家战略，也为学校带来了新的发展机遇。

学校全面推进省示范建设工作。

学校提出的构建“三层次一网络”校企合作教育平台，解决了校企双方沟通不畅、优质资源分散、交通行业人才需求和学校人才培养间的迫切性问题，开启了政府主导、行业指导、企业参与相结合的育人新格局，充分依托交通行业优势，集聚交通优质资源，深化了合作内容，创新了合作方法，完善了合作机制，开创了全方位、深层次、多形式的校企政合作模式。同时，它创新了校企政合作育人的实现路径，从学校、专业群、专业等不同层面层层推进，充分发挥各地市校友联谊会的“一网络”作用，构建了一个系统、立体的交通高职校企政合作育人体系，使校企政合作育人工作由虚变实，由单向变多向，实现了校企政优势互补，联谊联姻，共赢共进。

学校继2009年在台州、温州、湖州成立校企合作工作站后，继续在杭州、嘉兴、金华、衢州及舟山5个地市设立了校企合作工作站，聘请了学校优秀校友任各工作站站长和学校兼职教师。

春日里的台州，惠风和畅，天朗气清。2.7万吨级“五星交院”轮如出海蛟龙，跃然于灵江之上。岸上则一片欢腾。3月6日，交院学子的实习船“五星交院”轮顺利下水，这是学校与台州五星海运有限公司校企合作的成果。通过台州校企合作工作站牵线搭桥，穿梭奔忙，学校与企业终于成功“牵手”，开展了航海技术人才培养的合作。

学校“五星交院”轮雄姿

学校多层次、多形式的校企合作育人新模式，吸引了众多国内、国际一流企业的青睐，纷纷来校建立培训中心和校内生产性实训基地、合作开展订单培养，形成燎原之势。学校在原有7个订单班基础上，新增“康桥班”“国际通信班”等8个订单班，校企合作订单班达到15个；新增校企合作企业41家，签订校企合作协议的企业突破160家。同时，与浙江省港航管理局、舟山港务集团、浙江省交通规划设计研究院分别签订战略合作框架协议，在发展战略与规划研究、科技创新、教育培训、人才培养等方面展开深度合作。

学校制定了《校企合作管理办法》《校企合作贡献奖评选办法》《校企合作订单班教学管理办法》等，完善了“校企合作三层次一网络”工作职责、校企合作的主要内容与形式，推进学校校企合作教育平台建设。

5月27日，学校举行了浙江交通职业教育集团2011年年会暨校企合作工作站授牌仪式。教育集团各理事单位代表，学校各地校企合作工作站正副站长，学校各地校友联谊会理事长、秘书长，学校领导、各分院负责人、专业带头人及相关职能部门负责人等参加了会议。12月23日，学校隆重召开首次“校企合作总结暨表彰大会”，表彰校企合作先进单位25个、先进个人19位。

5月，开展第二期教师教学能力测评。测评工作分二批进行：第一批为省特色专业的专业带头人和第一期未完成测评或测评未通过的专任教师；第二批为其他各专业的专业带头人、骨干教师培养对象和前期未参加教师职业教育教学能力测评的专任教师。4个重点建设专业依据学校人才培养方案优化设计、工学结合课程开发等系列指导文件，完成了各专业人才培养方案优化、专业标准、课程标准的编制。专业教师除下企业实践外，还分期分批安排出国进修，提高职业教育教学能力。各个实训室建设项目按计划实施。

3月12日，交通运输部和浙江省人民政府在北京举行战略合作签约协议暨浙江省“三位一体”港航物流服务体系建设推介会。协议明确提出，要支持浙江交通职业技术学院交通运输主干专业教学实训设施建设。

面对交通运输行业高端技能型人才紧缺、浙江省特别是交通运输业发展的新形势，借助浙江省海洋经济发展、省部共建的新契机，学校立足交通专业，在校企合作工作站的良好运作下，与多家海运集团、船业集团合作，形成了行业、企业共同参与人才培养的“三层次一网络”新格局。

学校以浙江海洋经济发展示范区和义乌国际贸易综合改革试验区上升为国家战略为依托，抓住部省战略合作、共同提升浙江交通重大科技攻关水平、成果转化能力和支持学校交通运输主干专业教学实训设施建设的机遇，围绕“三位一体”港航物流服务体系建设和浙江交通"打造畅通浙江"的中心工作，坚持"三个发展"，实现"三个提升"，建设一流学校。

3月4日上午，学校召开第四轮中层干部岗位职务聘任仪式。党委书记戚步云对受聘的干部提出了四方面的要求：一要勤学、善学、深学、做学习型的干部，要做到学以致用，用以促学；二要脚踏实地、勤奋工作，做务实型干部，要做到实事求是，注重实效；三要善于团结、真心合作，做和谐型干部，要做到合作、合心、合力；四要带头廉洁从政，做廉洁型干部，做到认真做事、干净干事。

7月，省委、省政府任命郑惠明同志为学校党委书记，戚步云同志调任浙江省港航管理局局长、书记。

中德职业教育汽车机电合作项目(简称SGAVE项目)立项建设。

全国汽车业高速发展，"日系车"进入中国的职业教育领域已有10多年，相关人才的培养在一定程度上已进入了瓶颈期。在广大用户心目中，德国汽车技术精湛、汽车维修和服务经验丰富，亟须占领市场，这也为学校的专业建设提供了新的机遇。

中德职业教育汽车机电合作项目（SGAVE 项目）立项建设

SGAVE项目是由我国教育部、德国四大厂商(奥迪、保时捷、戴姆勒、大众)和德国国际合作机构(GIZ)联合启动的，支持在职业学校中

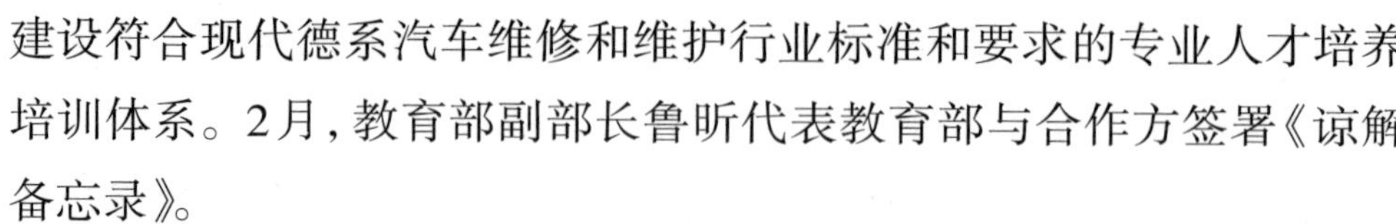

建设符合现代德系汽车维修和维护行业标准和要求的专业人才培养培训体系。2月，教育部副部长鲁昕代表教育部与合作方签署《谅解备忘录》。

5月31日，教育部国际合作与交流司召开关于SGAVE项目工作委员会协调会。学校被选定为工作委员会委员单位，委派马林才教授参加会议，负责全国实验班的组建工作，争取中德汽车职业教育SGAVE项目来浙江考察的机会。

6月28日，中德汽车职业教育SGAVE项目院校评估工作专家组对学校进行评估。他们听取了学校情况的汇报，对学校的教学设施条件进行了现场考察和评估。同时，还进课堂听专业教师授课，对毕业生进行了封闭式问卷调查等。

8月19日，学校正式成为第一批(全国共5所)与德国汽车厂商合作的高职院校。SGAVE项目的落户，开创了校企国际合作的先河。学校可以充分利用和借鉴德国在汽车领域的技术和经验，按照德国的教学标准，以德国“双元制”模式开展中德汽车职业教育，组建实验班、开发教学计划、开展师资培训、补充实训设备，建立起新的专业人才培养培训体系。

中德 SGAVE 项目学生在企业实习

9月16日，大礼堂人潮涌动。500多名新生参加SGAVE项目实验班组建宣讲大会，158名同学报名参加了选拔。通过对高考分数、生源等方面综合考评，并参加了理论与操作的能力测试项目之后，前25名直接进入实验班，第26～35名同学面试后再择优录取。

实验班采取小班化教学，理实一体，以客户为导向、以实践为导向、以能力为导向，形成了“双元制”的教学模式。“双元制”教学中的一元是指职业学校，负责传授与职业有关的专业知识；另一元是指企业等校外实训场所，负责让学生在企业里接受职业技能方面的专业培训。实验班在政府、企业与学校三方面密切合作的基础上，培养“专深型”人才。3年后，首批中德汽车职业教育合作SGAVE项目学生毕业。这批毕业生专业精、业务强，不少人被推荐为大众集团等大型企业工作，深受用人企业的欢迎。

10月，学校首批中德汽车职业教育(SGAVE)项目的4位老师在上海参加了第一阶段师资培训，随后分两组参加为期35天第二阶段“行动导向教学法”培训。

通过培训，专业老师获得了中德汽车职业教育项目颁发的SGAVE师资认证证书，掌握了如何用“双元制”教学模式规划职业课堂和职业教育，开展课程设计。回国后，4位老师将德国的“双元制”教育理念带回学校，融入学校教学的实践中，有效推动了学校职业教育的改革。

在SGAVE项目的基础上，学校开展与世界顶级汽车企业建立校企合作联盟，推动汽车专业教学改革。学校建立了与汽车制造商合作的培训中心，在实践中积累经验，培养了一大批“双师型”教师人才，推动了中国汽车机电技术性人才的培养培训方案的调整。同时，致力于建立与本地大型集团的“产学研”联合体，有效拓宽了学生的就业渠道，提升了就业质量。

10月12日，在北京举行隆重的授牌仪式，教育部、德国四大厂商和GIZ为首批入围的全国5家院校授牌，教育部职成教司副司长刘建同出席仪式并讲话。他表示：改革开放的中国是世界汽车最好的展示窗口，日系车进入中国的职业教育领域已长达10多年。现在德系车抱团进入，定能为中国职业教育更深的校企合作与更紧密的国际交流提供宝贵经验，希望试点学校所在的教育行政部门与主办方大力支持这一项目。试点学校应利用这一平台，积极推进职业教育的改革与创新，进一步提高人才培养的水平；希望GIZ充分发挥桥梁作用，把双元制的执教经验和四大生产商的生产技术要求、流程等充分地与试点学校共享；希望实验班的学生要有创新的精神和吃苦耐劳的品质，为地方经济的发展作出应有的贡献。

"栽好梧桐树，引得凤来栖。"SGAVE项目开展以来，奔驰、奥迪、一汽大众、长安福特、上汽通用、巴斯夫、东本、捷豹路虎、沃尔沃等一批汽车企业纷至沓来，进一步拓宽了校企合作的渠道，提升了合作质量。校企共同为浙江、长三角地区乃至全国培育了众多具有国际视野、高端技能的汽车专业人才。

9月7日，浙江省科研机构创新基地、青山湖科技城、浙江海外高层次人才创新园推介会，在北京国际饭店举行。省委书记赵洪祝，省委副书记、代省长夏宝龙，中组部副部长王秦丰，科技部党组副书记、副部长王志刚，教育部副部长郝平，交通运输部副部长高宏峰，商务部副部长钟山，国务院国资委副主任金阳，国家气象局党组书记、局长郑国光，交通运输部科技司司长贺建华，省交通运输厅长郭剑彪，副厅长郑黎明等领导代表出席推介会。学校党委郑惠明书记和学校下属省交通科学研究所金小平所长分别作为签约单位代表，在推荐会上与交通运输部下属4家科研院所共同签署了共建浙江省交通运输科学研究院意向书。

交通运输部科学研究院、公路科学研究院、水运科学研究院、天津水运工程科学研究院、浙江交通职业技术学院、浙江省交通科学研究所形成共识，共建浙江省交通运输科学研究院。学校下属浙江省交通科学研究所是第一批入驻浙江省科研机构创新基地的单位，积极实施立足浙江，辐射全国，以创新为动力，以市场为先导，打造专业团队，为更多客户提供更多优质服务的战略，主动适应浙江省交通事业与发展的需要，注重提升战略思维，突出创新引领理念，拓展国际视野，依托自身优势，立足发展基础，谋划发展定位，落实发展举措，加快推进交通科创基地的建设。

学校开展形式多样的国际交流与合作，借鉴国(境)外高职教育先进的教育理念和经验，不仅为学校提供获得更多教育资源的平台，更为促进学校国际化高技能人才培养，提升学校国际影响力，提高学校综合办学竞争力的需要。

学校根据省教育厅印发的《浙江省高等教育国际化发展规划(2010—2020年)》文件要求，推动国际交流与合作，提高教育质量，专门成立了国际交流中心，开展高等教育国际化发展情况调研，制定了《浙江交通职业技术学院国际化发展规划(2010—2020年)》。

院长王怡民2010年6月随省长吕祖善率领的千人团访台，参加“探亲访友、交流沟通”一系列活动。在此期间，浙台教育界就扩大校际交换学生规模，深化师生互访联谊议题达成了诸多一致，还成立了教育交流合作新平台——浙台教育交流中心。在浙台高职院校“两岸交流生”项目的框架下，学校与台湾省龙华科技大学等学校开展互动，2011年5月26日，省委书记赵洪祝率团访台考察。我校参加活动的是首次派出赴台湾省龙华科技大学交流学习的30位交换生，他们参加了为期一个学期的机电一体化、通信技术专业学习，后经考核取得了交流学习证明。

学校与英国考文垂大学、德国外贸交通学院合作洽谈，取得良好进展，分别签订了相关的合作备忘录。澳大利亚西海岸科技学院访问学者肖恩(Shuan)先生对学校进行教学访问。由交通运输部道路运输司、铁道部人事司、GIZ共同主办的“中德物流研讨会”在学校成功召开。

学校获得“全国高校后勤十年社会化改革先进院校”称号。12月9日，全国高校后勤十年社会化改革表彰大会在广东东莞举行。大会表彰了在高校后勤社会化改革十年的发展历程中，涌现出的锐意进取、求真务实、成绩突出的先进院校。学校是浙江省唯一荣获“全国高校后勤十年社会化改革先进院校”称号的高职院校，并作为获奖院校代表上台领奖。

学校贯彻落实《中共中央关于教育体制改革的决定》提出的高校后勤社会化改革精神，按照“将高校后勤服务纳入社会主义市场经济体，建立由政府引导、社会承担为主，适合高校办学需要的法人化、市场化后勤服务体系”要求进行改革。后勤社会化改革之路并不平坦。因为高职院校相对于其他高校，后勤社会化改革起步较晚。学校先后到省内外20余所高校考察学习，参加省高校后勤研究会，作为公寓、伙食管理专业委员会的常务理事单位和其他专业委员会的会员单位参加各项活动，不断加强与省内各高校的沟通、联系，学习借鉴其他院校的成功经验。

学校组建后勤服务总公司，注册成立浙江大方教育服务有限公司，设董事会、监事会，实行董事会领导下的总经理负责制，后勤管理体制机制改革创新，服务包括：餐饮、住宿、物业管理、校园绿化、房屋修建、水电安装维修、超市、文印、图书销售等。遵循“市场提供服务，学校自主选择，政府宏观调控，行业自律管理，职能部门监管”的社会化改革理念，不断探索，后勤管理经历了“分—合—分”三个过程。

后勤服务总公司每年举行“优质服务月”活动，设立24小时后勤服务热线，成立师生生活事务中心，完善中心经理值班制度，进行满意度测评，开展节能降耗工作等等，让师生体会到了真正的“福利”。后勤服务总公司陆续通过“标准化食堂”“标准化超市”“标准化公寓”“食品卫生监督量化等级A级单位”的评审，先后荣获浙江省高校“后勤改革十周年经营业绩奖”，浙江省交通运输厅“先进基层党组织”

称号，浙江省直机关“先进基层党组织”称号等荣誉。

7月2日，学校召开教职工代表大会。会议围绕学校设置岗位与聘用更加科学、更加注重发展实际、更加注重考评结合，鼓励二级学院在职权范围内发展自己的特色，共同促进学校发展。会议审议通过了《浙江交通职业技术学院教育事业“十二五”发展规划》，包括师资队伍、专业建设、科学研究、国际交流4项子规划，原则通过了《浙江交通职业技术学院岗位设置与聘用实施办法》《浙江交通职业技术学院第四轮内部管理体制改革教职工双向选择聘任工作实施办法》《浙江交通职业技术学院校、院两级管理办法》。

第 20 章

骨干建设（2012 年）

学校全面启动国家示范性高等职业院校骨干院校建设计划项目。

5—6月，省教育厅、财政厅联合组织专家组对学校的示范性建设工作进行了检查验收。根据省教育厅、财政厅有关省级示范性高等职业院校立项、建设、验收等要求，通过院校自查、专家评审(网络评审和现场考察)和集中汇报等形式进行检查、验收。

学校工学结合人才培养模式改革项目由学校教务处全面负责，教务处处长柴勤芳教授任负责人，质评办、人事处、学院办公室、学生处、现代教育技术中心主任等相关职能部门共同参与建设。学校工学结合人才培养模式改革项目设有校企合作教育平台的创新研究、适应工学结合的教学运行机制和管理模式研究、专业教学标准和课程标准的开发研究、校内外实训基地建设管理和运行模式研究、“双师结构”教师队伍建设机制研究、教育资源公共平台建设6个子项目，总经费223.7万元。

道路桥梁工程技术专业建设项目由路桥学院负责，路桥学院院长张征文副教授牵头，浙江省交通工程建设集团有限公司、浙江省公路水运监理有限公司等参与项目建设。项目建设总经费450万元，其中省财政投入200万元，省交通运输厅投入150万元，学校自筹100万元。汽车运用技术专业建设项目由汽车学院负责，院长陈文华教授任负责人，杭州长运集团参与项目建设。项目建设总经费600万元。其中省财政投入250万元，省交通运输厅投入200万元(实际投入216.14万元)，企业投入预算150万元(实际投入212万元)。航海技术专业建设项目由海运学院负责，副院长戴耀存副教授任负责人，浙江海事局船员管理处、浙江台州海运有限公司等参与建设。项目建设总经费475万元。其中，省财政投入200万元，省交通运输厅投入200万元，学校自筹75万元。通信技术专业建设项目由信息学院负责，院长李锦伟副教授任负责人，杭州佳讯网络技术有限公司、浙江省邮电工程建设有限公司等参与建设。项目建设总经费1310万元。其中，省财政投入250万元，省交通运输厅投入265万元，企业投入795万元。

3年的省示范建设，更新了全校教职员工的高职教育理念，创新了校企合作体制机制，形成了一批新的管理制度和教学改革指导文件，建立了一套新的教学管理运行机制和技术，有效推动了各专业人才培养模式的改革，提升了学校教育教学条件，促进了教学水平、管理水平和人才培养质量的提高，学校的办学活力和综合实力得到了大幅度提升。

学校出台了人才培养方案优化设计、工学结合课程开发等系列指导文件，设计了“文件包”式教改的系列参照模板，为专业培养方案的优化设计提供了理论和操作层面的规范指导。4个重点专业开展专业调研、职业岗位和职业能力分析，构建了基于工作过程的课程体系，开展各具特色的人才培养模式改革。如道路桥梁工程技术专业构建和实施了“四段培养、能力递进”的人才培养模式；汽车运用技术专业实施“平台+方向”的人才培养模式改革；航海类专业深化“以培养能胜任国际化、现代化海洋船舶驾驶与管理的操作级船员为目标，以海员素质和岗位适任能力养成为两条主线，以学校、企业和海事局(校、企、政)三方联动育人机制为保障”的人才培养模式改革；通信技术专业基本形成了“标准统一、校企互融、三段交替”人才培养模式。

学校与企业建立多元合作的长效机制，实现了校企双方的深层次合作。三年省示范建设期间，新增紧密型合作企业69个、合作企业投入设备1013.8万元，校企合作开发课程65门、校企合作开发教材59部，新建教师企业实践基地3个，为社会培训达44527人次；为行业企业科技开发与技术服务经费逐年增长。

建立了行业背景及人才需求调研制度，制订了专业教学标准和课程标准开发指导书，有效指导各专业通过立项研究的方式，完成专业教学标准和课程标准的开发建设。通过示范建设，促进了专业带头人和任课教师职教观念的转变，大大推进了专业建设和课程改革的进程，在短时间内取得了较大成效：4个省示范专业和其余各专业均完成了专业教学标准和专业课程标准的开发研究，其中道路桥梁工程技术、汽车运用技术、航海技术3个专业的专业教学标准和课程标准被引用到交通职业教育教学指导委员会专业教学标准和课程标准的编制工作中，成果由人民交通出版社出版，成为指导全国交通运输类主干专业建设与改革的标准。

通过省示范建设，学校新建设或扩建校内实训室22个，接受社会(准)捐赠设备值1000万元，校内实践教学基地建筑面积和设备总值大幅度增加，实训实习条件得到改善。同时完善和新建了一批实践教学和校内外实训基地建设、管理等方面的相关管理制度，保障了实践教学体系的有效实施。针对顶岗实习难管理、质量难保证等问题，建立了网络、手机双版本的顶岗实习动态管理平台，有效解决了对学生整个毕业实践环节实时动态过程的管理与监控，大大提升了实践教学管理的质量和顶岗实习的实施效果。

健全完善了教师培养、管理和激励机制。示范建设期间，培养专业带头人30人，引进专业带头人3人，培养骨干教师127名；组织教师出国(境)培训127人、参加国内培训进修195人，所有青年骨干教师均参加了教师职业教育教学能力培训和测评，教师的职教能力得到大幅度提升，杨仲元老师被评为“浙江省教学名师”，9名教师列入“浙江省省级优秀青年教师”培养对象。双师素质教师培养取得显著成效，学校选派了35位专任教师分别以兼职或脱产的形式，到行业企业锻炼达半年以上；通过“四百行动计划”，共选派专任教师261人次，赴105个企业进行顶岗实践锻炼，教师实践技能和技术服务能力得到大幅度提升。

通过3年的示范建设，完成了校内各类教育资源的存储、集成和交换，建成了技术先进、覆盖面广、实用性强、高效稳定、安全可靠的数字化教育资源平台。该平台的建设，加快了校园数字化建设的进程，教务管理系统、科研管理系统、办公管理系统等系统的有效运行，大大促进了各业务管理的信息化、科学化和规范化水平，提高了管理效率。同时，也为师生员工创造了一个方便快捷的公共信息服务平台，为推进人才培养模式改革和提升学校的整体办学水平提供了信息技术支撑。目前，我校的信息化建设和应用水准在国内同类院校中处于前列。

9月，省教育厅、财政厅发文公布学校正式被授予“浙江省示范性高等职业院校”，这标志了省示范院校建设任务圆满完成。

学校师生积极参加无偿献血活动。3月1日，学校承办了由浙江省教育厅、浙江省卫生厅、浙江省血液中心联合举办“青春与温暖同行，寻找身边感人故事——浙江省高校学雷锋无偿献血宣传月”活动的启动仪式。党委书记郑惠明介绍了学校近8年来支持参与无偿献血公益事业的情况，并希望学校学子携起手来，与温暖同行，共同参与社会公益事业，用实际行动谱写学雷锋活动的新篇章。省血液中心等领导对学校师生参与无偿献血的热情与学校的重视和支持，表示高度赞扬和衷心感谢。

学校牵头积极组织实施省交通科技创新基地项目建设。

省交通科技创新基地项目是省委省政府主要领导亲自指导、亲切关怀的“临安科技城建设”项目之一。省长夏宝龙2月4日到省交通运输厅视察指导交通工作，他对浙江交通建设发展给予充分肯定，要求进一步加强建设大航空、大水运，形成现代交通五大建设格局，全力助推浙江经济大发展、大繁荣。交通科技创新是推动现代交通五大建设的重要技术支撑，省交通运输厅、科技厅积极支持并加快建设省交通科技创新基地。项目建设是打造浙江现代交通科研机构创新平台，提升交通自主创新能力的需要；是增强浙江省交通科技能力，推进浙江交通事业科学发展的需要；是服务浙江省现代交通五大建设任务，适应现代交通建设发展的需要。学校专门成立领导小组，党委书记郑惠明任领导小组组长，积极组织推进项目建设的各项任务。

2月6日，省交通科创基地可行性研究报告顺利通过省发改委组织的评估，项目前期工作取得了重大进展。省发改委批复的省交通科创基地项目，位于临安青山湖经济开发区省科创基地内，用地面积35.526亩，建筑总概算15996万元，重点实验室与研发中心建设经费除外。项目法人为浙江省交通科学研究所。根据规划，基地总建筑面积为35661平方米，共5栋建筑，主要功能为教学科研、检测计量、科技信息情报、科技成果展示、部重点实验室以及试验平台等业务用房。其中，地上建筑面积28470平方米，包括省交通工程研究中心、省部级重点实验室、省交通科技展示推广应用中心、省交通科研所科研用房、部省共建研发中心等业务用房。地下建筑面积7191平方米，包括设备用房、标准逆反实验室、存储库与样品室以及“浙江省桥梁工程结构公共实验室”的地下部分。

省交通科技创新基地开工典礼

3月2日，由省交通科研所承担的省交通行业目前唯一的省级重点实验室——“浙江省道桥检测与养护技术研究重点实验室”建设方案通过专家论证。

从3月开始，省交通科创基地建设前期准备工作有序开展。省交通运输厅领导关心项目进展情况，郑黎明副厅长在听取建设工作进展汇报后，要求承担建设任务的学校和科研所加强力量，保质保量开展各项工作，按工程要求推进各项建设任务。

11月26日，天朗气清，连日笼罩杭州的阴雨天气骤停。省交通科创基地开工庆典仪式在青山湖科技城如期举行。学校党委副书记兼省交通科研所党委书记胡克，学校党委委员、副院长姚钟华，省交通科研所党委副书记、所长金小平等出席开工庆典仪式。

4月12日，学校党委书记郑惠明与20位青年教工亲切交流，面对面座谈。老师们结合学校改革发展与自身能力的提升、校园文化建设、导师制的完善、继续教育培训、职称晋升、对外交流、工作与生活的关系等议题，进行了热烈的讨论，并提出许多有效的意见和建议。郑书记在认真听取老师们发言的同时，参与讨论，答疑解惑，并向大家提了三点希望，一是在新时期传承和发扬科学民主进步的五四精神，把学校发展与个人发展紧密联系起来，实现自己的人生价值；二是克服浮躁心态，保持一颗平常心，有定力，有信心对待生活与工作；三是积极进取，扬长避短，防止精神懈怠，树立良好的师德师风。

4月26日、27日，学校党委书记郑惠明、院长王怡民带队到舟山群岛新区开展校企合作工作，期间马不停蹄，做了大量工作，包括签订校企合作协议，与行业企业、校友和实习学生深入交流座谈，看望学校挂职干部等。

在舟山市交通运输委员会，王怡民与舟山海星轮船有限公司应能杰董事长共同签署了舟山海星轮船有限公司作为学校教师企业实践基地协议，郑惠明和舟山市交通委主任余本年共同向舟山海星轮船有限公司授牌、赠锦旗。舟山海星轮船有限公司与学校有十几年紧密合作关系，是学校航海类专业学生校外实践教学基地。此次签约授牌，有助于更好地推进下一步深度合作。

他们看望了在中国扬帆集团股份有限公司工作的校友代表和实习学生，勉励同学们沉下心、扎下根，在工作岗位上取得更大的成绩。校友代表和实习学生汇报了自己的工作和近况，表示将以更好的业绩，为母校赢得荣誉。

在舟山港股份有限公司，王怡民和舟山港股份有限公司党委副书记杨成军代表双方签署了订单培养协议书和教师企业实践基地协议书。郑惠明向舟山港股份有限公司董事长孙大年授牌。

校领导还看望了参加省委省政府支持舟山群岛新区建设百人计划，在舟山科技局挂职的学校老师。

为适应浙江省交通运输业转变发展方式和创新发展对高素质技能型人才的要求，不断提高交通运输行业从业人员素质，为发展现代交通运输业提供人力资源支持和保障，根据《浙江省交通运输主干专业及专业群"十二五"建设方案》及《交通运输主干学科建设项目(工程)可行性研究报告编制要求》，学校向交通运输部规划司申报了"国际航运技术实训基地"建设项目。

国际航运技术实训基地建设项目包括航海技术专业、轮机工程技术专业和物流管理专业教学仪器设备购置及其配套工程。国际航运技术实训基地建设主要包括航海技术实训基地的模拟海船、ECDIS实训室、船舶保安实训室、GPS/AIS/VDR实训室、航海仪器实训室、航海图书资料室和GMDSS实训室，轮机工程技术实训基地的自动化机舱、船舶电子网络实验室、船舶电工工艺与电气测试实训室和制冷与空调实训室，物流管理实训基地的国际物流综合一体化实训室、物流信息技术实训室、物流仿真实训室、物流认知实训室、物流实务实训室、运输决策与优化实训室和物流文化展示中心。通过建设，实训室建筑面积增加3800平方米，教学仪器设备值增加3633万元。国际航运技术实训基地建设项目总投入资金4350万元，其资金来源分两部分，交通运输部计划补助总资金的30%，共计1305万元；其余部分(项目总资金的70%，共计3045万元)由其他建设经费组成。

11月，《交通运输部关于浙江交通职业技术学院国际航运技术实训基地教学实训设备购置项目可行性研究报告的批复》原则同意可行性报告提出的设备购置清单，在学院原教学设备的基础上，重点购置国际航运技术实训基地的航海技术和轮机工程2个专业教学实训所需设备。交通运输部投资950万元用于航海技术、轮机工程2个实训基地的建设。

学校根据国际航运技术实训基地建设的可行性报告中的经费情况及设备购置清单，结合学校国家骨干建设和省示范建设的具体情况，启动国际航运技术实训基地建设项目。大部分设备已在省示范院校专业建设项目和国家骨干院校重点专业建设项目中购置，交通运输部投资950万元。

国际航运技术实训基地建设项目表

序号	建设项目	经费预算(万元)
1	扩建航海仪器实训室	75.2
2	船用北斗导航仪	4.2
3	航海气象信息技术实训室	27.96
4	GMDSS实训室	78
5	改建水手工艺实训室	38
6	船舶电子网络实训设备	165
7	船舶电工工艺与电气测试实训设备	200
8	航海英语语音室	50
9	改建桌面操纵模拟系统实训室	113
10	国际航运业务管理一体化实训室	198
总计		949.36

《浙江省财政厅 浙江省教育厅关于实施高职高专院校优势专业建设计划推进高等职业教育专业建设改革发展的通知》(浙财教〔2012〕

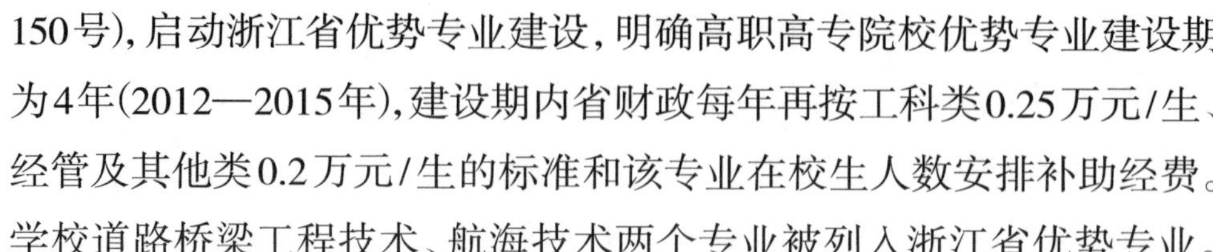

150号），启动浙江省优势专业建设，明确高职高专院校优势专业建设期为4年（2012—2015年），建设期内省财政每年再按工科类0.25万元/生、经管及其他类0.2万元/生的标准和该专业在校生人数安排补助经费。学校道路桥梁工程技术、航海技术两个专业被列入浙江省优势专业。

学校成立航空学院筹建领导小组。为服务建设“物质富裕、精神富有”现代化浙江，大力推进浙江交通运输五大建设，提供“大航空”发展的人力资源支持和智力保障。12月14日，学校党委决定成立航空学院筹建领导小组，院长王怡民任组长、副院长姚钟华、副书记金仲秋任副组长，领导小组下设筹建办公室，办公室设在教务处，具体负责建设航空学院的相关筹备工作。随后，领导小组带领相关人员南下广州、珠海等地调研，探索学校航空专业人才培养，与省内通用航空公司、通用航空产业园取得联系并进行沟通，编制航空学院建设可行性报告，致力于打造省航空人才培养基地，努力为省航空产业发展做好人才保障。

学校干部教师联系学生宿舍创建文明寝室。5月17日，省长夏宝龙在出席浙江省高校科研成果面向企业转化推介会做指导讲话，要求各学校进一步加强学校内部管理，特别是要加强文明寝室管理。省长的要求很快得到落实，全省高校立即纷纷行动，分别展开整合各方资源，建立公寓学生工作体系，公寓设立学生自修室和学生活动室，并进行寝室卫生检查、检查结果通报等。9月10日，省教育厅召集各高校主要负责人和分管领导，在绍兴召开现场会议，研究部署高校学生寝室卫生工作和文明建设工作。

学校按照省教育厅的统一部署，迅速行动。6月，学校布置要求每一位干部教师联系一个学生宿舍。9月，学校制订了《浙江交通职业技术学院关于进一步加强学生文明寝室建设的实施意见》，召开干部教师联系学生寝室工作会议，明确干部教师联系学生寝室的工作内容。学校党委领导班子成员、全体中层干部、行政教辅部门工作人员及专兼职教师走进学生寝室，走访、座谈、交流、沟通，围绕团结互助好、环境卫生好、个人习惯好、文化氛围好、安全防范好的五好工作要求，全面推进各项工作任务，在学生思想引导、行为习惯养成、专业学习提升等多方面，帮助学生成长成才。11月，省教育厅高校文明寝室建设督查组来学校检查指导文明寝室建设工作，对学校在文明寝室建设所做的努力和取得的成绩给予充分肯定。

7月2日，省交通运输厅任命孙常强同志为学校党委委员、纪委书记。

学校成立教师发展中心。2010年启动实施“教授工程”，学校第一、二批“教授工程”培养对象入选16名副教授，经过2年多的培养，2012年有4人成功晋升为教授。为进一步加快建设高素质教师队伍，学校决定成立教师发展中心。中心主要任务是制定师资队伍建设规划，并指导实施；以“双师”结构教学团队的建设与管理平台建设为抓手，完善兼职教师管理、双师结构队伍建设有关制度，做好兼职教师教学能力培训工作；建立完善兼职教师数据库，加强中青年骨干教师、“教授工程”培养与考核工作；继续深入、有效推进“四百行动计划”；为提高教师国际视野，学习先进职教理念，选派教师赴国(境)外参加访学、进修、培训。

10月25日，浙江省首届高校优秀教师表彰大会上，学校戎成老师获得首届“高校优秀教师”称号，并作为优秀教师代表上台领奖。

学校国际交流活动丰富。德国外贸交通学院的Jessica成为学校迎来的首位国际交流生。在校期间，她加入人文学院商务英语专业班级学习，参加了体验教学课堂、英语沙龙、学生座谈等一系列学生活动，还参观杭州的历史文化博物馆，观看功夫秀、体验中国美食文化。在新生开学典礼暨迎新晚会上，作为晚会的神秘嘉宾出席。

10月22—26日，学校运管学院2010级物流管理专业2名学生的物流英语论文被“第三届国际物流与贸易研讨会”录用，并应邀赴波兰华沙参加了论文交流。

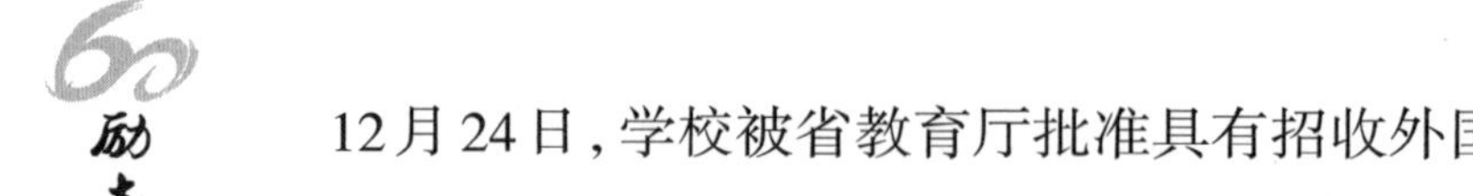

12月24日，学校被省教育厅批准具有招收外国留学生资格，列入浙江省具有接收外国留学生资格的高等院校名单。

学校老师开启对西部偏远地区贵州支教。暑假期间，国际交流中心的裘海璇老师利用假期，前往贵州大山深处义务支教，开启了“启迪梦想”实践。她跟随第九世界公益团队走进黔东南苗族侗族自治州锦屏县，在黄岗小学支教，为学生讲课、讲故事、搞文体活动，走访学生家长，与学校老师研讨教学。这是一所村级完小，从学前班到六年级共7个班级，在校生140人左右，但入学人数却在逐年减少。整所学校只有专任教师6人，师资力量严重不足，平均一位老师就要带一个年级，并且包揽所有课程的教学。她在支教过程中发现，只要下雨，黄岗小学唯一一间教师办公室就会漏水，一天中总有几个小时停电。体育设施只有一个建在坡道上的水泥乒乓球桌和两个破旧的篮筐。卫生条件简陋，旱厕内臭气熏天，且没有自来水供应。校园内唯一的师生宿舍，是一幢倾斜到70度的D级危房，基本停止使用。整修这一幢宿舍楼需要6万元，这让黄岗小学校长忧心忡忡。她深深体会到了贫困山村孩子们上学艰难与困苦，于是积极向外界宣传并筹措资金，用以修复师生宿舍。在其他志愿者和爱心人士的帮助下，4个月后，那幢D级危楼终于被“扶正”了。到2019年，裘海璇老师和她带领的团队连续8年开展贵州支教行活动，她们大爱无疆、克服困难、无私奉献的先进事迹受到广泛好评，裘海璇老师获得省交通运输厅、省教育厅和学校的表彰。

11月下旬，交通运输部海事局审核组和浙江海事局船员培训机构资质核验组一行8人，对学校进行船员教育和培训质量管理体系换证审核/附加审核和现场核验。

管理者代表金仲秋教授介绍了学校自2009年质量管理体系中间审核以来，学校质量管理体系文件的修订情况；质量管理体系内部审核、管理评审和外部审核，质量管理体系的改进与完善；质量管理体系文件和运行优点、存在不足及改进措施、学校质量管理体系的建设与发展；以及新增船员培训项目现场核验的准备情况。

在为期两天半的审核和核验过程中，审核组依据审核程序，首先对学校建立并实施的05版体系文件及相关管理制度进行了系统审核。审核组向学校阐述了审核的目的、依据、程序、方法，宣读了审核组审核纪律，通报了文件审核结论。审核组还依据审核计划，通过抽样访谈、观测、查看记录等方式，对学校最高管理层、海运学院等13个部门开展了质量活动的符合性、有效性和连续性审核。审核组认为，学校05版质量管理体系符合《中华人民共和国船员教育和培训质量管理规则》要求，能连续有效地运行，换证审核/附加审核予以通过，并建议主管机关换发质量管理体系证书。通过交通运输部海事局的换证审核和附加审核，使学校船员培训项目增加了7项，获得过渡期培训资质。质量体系的运行，对学校各项工作具有促进作用，对学校的人才培养、科学研究、社会服务和质量文化建设起到了积极作用。按照新规则的要求，在工作中认真落实和纠正，扎实推进，促进人才培养质量的不断提高。

学校被教育部列为第一批教育信息化试点单位。

教育部下发文件，开展教育信息化试点工作。这是为了全面贯彻落实《国家中长期教育改革和发展规划纲要(2010—2020年)》中提出的“加快教育信息化进程”的具体要求，并按照信息技术与教育教学深度融合、应用驱动、机制创新、模式探索、与教育信息化“十二五”时期重点工作相结合等方向进行试点部署，以鼓励探索和创新，全面推进教育信息化工作。

学校成立以院长王怡民为组长、副院长姚钟华为副组长的信息化工作领导小组，认真组织申报工作，图书信息中心联合教务处等多个部门在2月份开始着手起草申报书，连续工作2个多月，系统设计、请教专家指导、研讨修改，几易其稿，经省教育技术中心代表省教育厅组织的专家组评审，学校的建设方案代表浙江省8个方案之一，选送上报教育部。7月，根据教育部的要求，对申报方案进行了充实和完善，形成质量高、可行性强、具有创新性的试点申报材料。申报材料充分总结学校取得的信息化成就材料，精心策划试点工作方案，重点分析在浙高校信息化建设情况，落实相关措施，具有时效性、可操作性等特点，通过专家评审、省教育厅审核后上报教育部。

11月15日，教育部下发《教育部关于公布第一批教育信息化试点单位名单的通知》（教技函〔2012〕70号），学校被教育部列为第一批教育信息化试点单位。

全国教育信息化试点的申报成功，积极推进了学校教育信息化工作，为实现从数字校园向智慧校园的转变，支撑学校人才培养、科研、社会服务三大功能的全面提升，探索信息技术融合学校教育教学，提供了良好的途径。

11月22日，学校与武警杭州士官学校举行合作办学揭牌仪式。武警杭州士官学校校长余和平大校，政治委员聂磊大校，学校党委书记郑惠明，院长、党委副书记王怡民共同为学校国防教育基地和武警杭州士官学校教学实践基地揭牌。武警杭州士官学校、学校党委成员和相关职能部门、院系负责人出席了揭牌仪式。

学校与武警杭州士官学校举行合作办学揭牌仪式

12月5日，学校召开发展咨询会议。省交通运输厅厅长郭剑彪、副厅长郑黎明，以及来自省内9所高校的书记、校长为学校出谋划策，共话学校未来发展蓝图。

学校获全国职业院校魅力校园称号

12月，学校获得“2012全国职业院校魅力校园”称号。全国职业院校魅力校园颁奖仪式暨全国职业院校宣传部长联席会议年会在湖南长沙举行，学校以鲜明的交通特色校园文化建设成果，从全国100多所职业院校中脱颖而出，成为获得“2012全国职业院校魅力校园”的30所职业院校之一。评选活动是由中国青年报社联合全国职业院校宣传部长联席会议共同发起，以“新媒体、新青年”为主题，旨在结合职业院校关于校园文化建设工作，共同探讨职业院校校园文化建设，全面展示全国高职院校校园文化建设方面的成果，积极引导各高职院校加强校园文化建设。

学校为杭州地铁一号线的正式开通输送了人才。11月24日，杭州市开通第一条地铁线路。12月6日，杭州地铁有限公司(“杭港地铁”)总经理梁国耀、副总经理谢传威、总监程耀荣及运营工程策划部、乘务部、培训部、人力资源部等负责人来到学校考察调研，对学校支持“杭港地铁”工作表示感谢，就校企合作进行深入交流与洽谈。

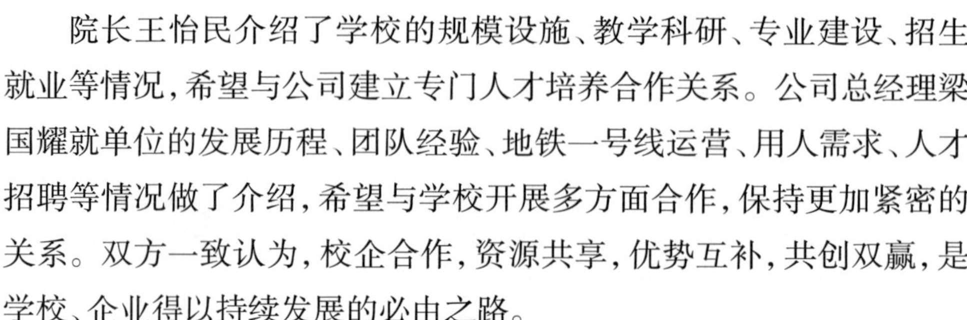

院长王怡民介绍了学校的规模设施、教学科研、专业建设、招生就业等情况，希望与公司建立专门人才培养合作关系。公司总经理梁国耀就单位的发展历程、团队经验、地铁一号线运营、用人需求、人才招聘等情况做了介绍，希望与学校开展多方面合作，保持更加紧密的关系。双方一致认为，校企合作，资源共享，优势互补，共创双赢，是学校、企业得以持续发展的必由之路。

“杭港地铁”录用学校毕业生133人，其中乘务(司机)岗位65人，站务岗位63人，其他管理岗位5人。

12月，副省长王建满“专门带着治堵问题来到学校，问计交院”。

学校关于解决全省城市道路拥堵和杭州城市道路拥堵的课题研究，吸引了省领导的关注。省政府副省长王建满、副秘书长谢济建，省交通运输厅副厅长徐纪平及相关领导一行来学校考察调研，实地考察了学校海运学院、汽车学院、运输管理学院，听取了学校党委书记郑惠明等对学校办学情况的汇报和治理城市交通拥堵问题的对策研究成果。

副省长王建满指出，省委省政府把杭州开通地铁当日作为全省治理交通拥堵问题启动日，吹响了五年治理城市交通拥堵攻坚战的号角。学校能紧扣交通发展脉搏，主动研究治堵问题，这些前期的研究成果给了我们很多启发。同时也希望学校能在提高公交在城市交通的分担率、提高百姓出行的满意度方面，作出更多实践的研究与创新。

11月8—15日，举世瞩目的中国共产党第十八次全国代表大会在北京隆重召开，选举习近平为总书记，标志中国共产党的历史掀开新的篇章，中国特色社会主义踏上新的征程。

11月29日，习近平总书记等中央领导到国家博物馆参观《复兴之路》基本陈列，回顾近代以来中国人民为实现民族复兴走过的历史进程，提出实现中华民族的伟大复兴就是中华民族近代最伟大的中国梦。

学校党委召开党委理论学习中心组(扩大)会议，掀起学习“十八大”精神的高潮。党员师生纷纷表示，通过学习，对党情、国情有了更充分和正确的理解。在今后的学习、生活和工作中，要继续发扬共产党员的先锋模范作用，刻苦学习、努力工作，坚持学习党的基础知识和创新理论，全心全意投入为人民服务中，以实际行动投身社会主义各项事业建设的伟大实践中，为早日实现中华民族的伟大复兴，实现党的各项发展目标而努力奋斗。

第 21 章

拾级而上（2013 年）

党的十八大胜利召开，以习近平同志为核心的党中央坚定推进全面从严治党，制定和落实中央“八项规定”，开展党的群众路线教育实践活动，坚决反对形式主义、官僚主义、享乐主义和奢靡之风。

6月，党中央启动群众路线教育活动，以“为民、务实、清廉”为主题，按照“照镜子、正衣冠、洗洗澡、治治病”的总要求，自上而下在全党深入开展。

学校党委坚决贯彻落实中央“八项规定”精神和省委省政府“28条”“六个严禁”纪律要求，坚决反对“四风”。学校深化办学体制机制改革，持续开展作风、教风、学风建设，提升部门执行力和党员干部约束力，引导教职员工把心思聚焦在谋发展上、把精力投入到干工作中，甩开膀子搞国家骨干示范高职院校建设。

1月16日，院长王怡民带领国家骨干院校项目建设检查组，开始对国家骨干院校建设项目的建设进度和成果进行了为期三天的全面检查。重点建设专业及相关专业群建设、办学体制机制创新、校企合作制度建设及全校性师资队伍建设和社会服务能力建设，是此次检查的重点。学校提出通过项目建设后的三个必须：必须促进人才培养质量的提高，必须提升专业教学团队的社会服务能力，必须使教师的能力得到提升，包括教师的师德师风、教学能力、科研能力和社会服务能力。办学体制机制创新、校企合作制度建设是国家骨干高职院校建设中的一大难点，“三层次一网络”的校企合作体制机制建设进入深水区，如何做好顶层设计，促进学校与企业形成紧密型合作，成为建设的重点。

经过前期建设，学校的校企合作机制日趋完善，社会影响力大大提升。3月11日，《中国交通报》报道了学校集团化办学。3月24日，《浙江教育报》报道了学校“三体一网”优质就业。5月30日，《中国交通报》头版刊登的《浙江交职院：校企携手辟通途》一文专题报道学校汽车学院校企合作成果。6月7日，《中国教育报》以题为《依托“三梯次”校企合作推进高职汽车专业人才培养模式改革》的文章，报道学校汽车专业校企合作推进人才培养改革成果。

6月28日，学校以牵头组建的浙江交通职业教育集团为依托，成立浙江交通职业技术学院校企合作理事会。理事会由省交通运输厅牵头，浙江海事局、省交通工程建设集团有限公司、省邮电工程建设有限公司、省公路管理局、省港航管理局、省道路运输管理局、省交通教育研究会、省汽车维修协会等含政府、行业、企业、学校等50余家单位组成。省交通运输厅总工程师任忠为校企合作理事会理事长，学校党委书记郑惠明为常务副理事长。

学校理事会负责制定政策、把握方向，形成了行业人才战略决策共同体，成为学校与政府、行业、企业合作交流、统筹协调的协调层。通过校企合作理事会搭建的平台，形成行业政策推动、学校服务驱动、社会支持监督、成果多方共享的校企合作长效机制，更好的服务现代交通五大建设。

随后，学校又相继制订《浙江交通职业技术学院产学研联合体章程(试行)》等6项校企合作管理制度，进一步完善了“三层次一网络”的组织体系建设，形成了以行业为主导，理事会为核心的校企合作体制机制。理事会的成立，也推动了“岗位需求，学做一体”人才培养模式改革的深入。6月8日，学校机电学院首届舟山港订单班完成合作培养，全部正式进入舟山港相关技术岗位，其中大部分成为舟山港钓浪公司的骨干技术力量。这是与舟山港股份有限公司深度合作的成果，与舟山港股份有限公司开展订单培养、共建实训基地、共同开发课程和教材，共建中央财政“高等职业学校提升专业服务产业发展能力”建设项目。

学校校企合作理事会成立大会

7月10日，学校与浙江新洲通用航空有限公司校企合作签约仪式在嘉兴海宁举行。学校党委书记郑惠明、院长王怡民、浙江省机场管理局局长郑智银、浙江新洲通用航空有限公司董事长周时同、总经理赵建平、学校其他领导班子成员和学校全体中层干部等出席签约仪式，院长王怡民和董事长周时同分别代表双方签署校企合作协议。

8月，2012级通信技术专业4个班级165名同学全面开展第三批工学交替岗位实践，根据企业业务需求的安排，主要从事高教园区校园网维护、光缆线路工程、综合维护等岗位实践体验。通信技术专业深入实施“标准统一、校企互融、三段交替”的人才培养模式改革，在学生进入专业知识技能学习的第一阶段，根据企业工程计划实施短期(每年8—10月)阶段性岗位实践体验，将课堂设置在工程现场，学校老师与企业技术人员共同指导岗位实践体验。

学校2013年新增27个校外实践教学基地，校企合作的校外实训基地达214个；学校与合作企业开展订单培养的学生数为358名；校企合作共同开发课程101门，开发教材67部；合作企业支持学校兼职教师219名；合作企业接受顶岗实习学生数1357名，向学校捐赠设备值116.5万元；合作企业接受毕业生就业人数956人；学校为合作企业技术服务731.7万元。

2013年，教育部在原精品课程基础上启动精品共享课程建设，教高司函〔2013〕26号《关于对建议入选国家级精品资源共享课立项项目的课程进一步修改完善的通知》，对原国家级精品课程进行升级改造，5门原国家精品课程成功升级为国家精品资源共享课。

工学结合校企合作的人才培养模式，通过校企共同制定人才培养方案，开展订单培养。企业为学校提供兼职教师，与学校共同开发课程和教材，共同建设专业教学资源库，有效实现了校企人才共育和过程共管，使学校人才培养紧贴行业企业需求，实现了人才培养与社会需求的无缝对接。

在社会就业形势严峻的情况下，我校的毕业生却受到了用人单位的青睐。在学校汽车学院举办的一场招聘会上，邀请了70家企业参加，当天招聘摊位竟达到了120家。“交院的学生动手能力强，专业知识掌握得很全面，一毕业就能上岗，许多特别优秀的学生都不用老师傅带。店里由好几位大二的实习生，公司上下对他们都很满意。”一位来自余杭区一家4S汽车店的经理说，“虽然没有得到邀请，为了招到好员工，我们是不请自来的。”2013年，毕业生初次就业率为98.33%，其中签约率为84.29%，居浙江省高职院校前列。

学校召开浙江交通职业技术学院第四次教学工作会议。1月21—22日，学校领导、全体中层干部、校内外专业带头人、专业主任、副高及以上专任教师和校内兼课教师、青年骨干教师代表200余人参加了会议，主题是：优化专业结构，深化内涵建设，推进“双师型”教师队伍的可持续发展。会议讨论了《关于加强师资队伍建设的若干意见》《兼职教师管理办法》《“双师”教师资格认定与管理办法》等相关方案。

学校全面实施师资建设行动计划，大力推进双师素质和双师结构教师队伍建设，着力打造结构合理、素质优良的“亦教亦工，亦工亦教”的“双师”教师队伍。学校出台《关于加强师资队伍建设的若干意见》，明确师资队伍建设的目标和行动计划。

学校继续实施“四百行动计划”和“教授工程”。暑期有173名教师组成29个项目组奔赴企业实践锻炼。2013年，学校双师素质教师占专任教师的比例为73%；新选拔教授工程培养对象4名，均完成培养任务晋升为教授。

学校启动“高层次人才特殊支持计划”“专家名师工作室创建工程”两项新的师资建设行动计划。有10名专业带头人被确定为省级专业带头人培养对象；聘请4名校外名师专家，建立“专家名师工作室”，培养专业领军人物。有9名教师担任省级及以上教(行)指委委员，1名老师被评为“2013年全国职业院校技能大赛优秀工作者”，受聘为2013年全国职业院校技能大赛高职组“华为杯”LTE组网与维护赛项专家组组长、副裁判长。

6月，省高职高专院校访问工程师培训暨首届访问工程师校企合作项目评审会在杭州举行。省教育厅高科处郜正荣处长、全省各高职高专院校分管师资建设的领导及师资管理部门负责人和2012年高校访问工程师等近200人参加了会议。省高职高专院校师资管理研究会会长、院长王怡民主持会议。学校赵伟老师的“台州湾大桥及接线工程设计”项目成果获得唯一的一等奖，“智能电液控制沥青洒布车性能优化设计”获得二等奖。

通过多项行动计划的推进实施，多角度教师能力的培养锻炼，教师教学能力不断增强，在行业中的影响力不断提升。

学校加大对教师信息化教学能力的培养。随着教育信息化建设的推进，传统的教学模式正在发生深刻的变革，教育进入“微时代”，共享课程的浪潮汹涌而来。2013年，教育部推出首批120门中国大学资源共享课，全国大学生只要登录“爱课程网”，就可以共享名校课程。2013年，国家开放大学门户网站上线，提供3600多个5分钟的微课程，影响更大的慕课(MOOC)开始兴起。

4月，省教育厅举办首届高校微课教学比赛。很多老师对微课并不熟悉，学校教务处迅速做出反应，组织学习，4月28日组织开展了校内首届微课大赛，选拔其中优秀的10名老师选送参加省比赛。学校老师的参赛作品《碰撞危险的判断》获省一等奖，学校总得分列全省第二。

10月，学校老师负责的《测量技术》和《通信线路工程与施工》两门国家级精品课程成功实现上线，正式以“中国大学资源共享课”的形式，通过爱课程网向社会免费开放。10月25—28日，在第十三届全国多媒体课件大赛高职组决赛上，学校老师的微课视频《路线纵断面图识读》荣获高职组一等奖。

2月，省交通运输厅任命李锦伟同志为学校副院长。

2013年，学校下属的浙江交通科学研究院更名获得批准。

科研是强校的助推器，也是提高学校科技与社会服务能力的基础。在推进浙江省交通科技协同创新期间，校属交通科研所的作用日益凸显。省交通科研所在“创新驱动战略”的推动下，加快了转型升级的步伐，实现了突破性的发展。

2月19日，学校工程检测试验室正式获批交通运输部公路综合甲级资质，这是浙江第五个具有公路综合甲级资质的工程试验室。

全国交通运输行业已建立30余个重点实验室，交通运输系统也已成立了10多家研究院，而浙江作为经济强省、交通大省，交通运输系统还未拥有一家交通科学研究院和省、部级重点实验室，导致不能很好地支撑起浙江交通五大建设，不能很好地推进"国家交通运输物流公共信息共享平台"技术研发、推广和国际交流工作。

省领导十分重视国家交通运输物流公共信息共享平台建设，提出建立现代物流研究机构，大力推进"国家交通运输物流公共信息共享平台"建设和推广工作，加快完善浙江交通科技创新体系，培育建设公路工程、水运工程等领域的省部级重点实验室和工程研发中心，促进浙江交通转型发展。

学校认识到根据科技创新发展需要，省交通科研所要实现突围，达到国内具影响力、省内一流，更名势在必行。经过对更名的必要性、可行性调研分析，拟将"浙江省交通科学研究所"更名为"浙江省交通科学研究院"。省交通科研所向学校提出《关于浙江省交通科学研究所更名的请示》，学校报请省交通运输厅同意，并转报省编委。

3月19日，省编委批复同意省交通科研所更名为"浙江省交通科学研究院"，研究院内设5个职能部门、7个研究部门和2个服务机构。职能部门包括办公室、人力资源部、财务审计部、经营发展部和科技管理处；研究部门包括综合运输研究所、道路工程研究所、桥隧工程研究所、物流研究所、交通工程研究所、智能交通研究所、交通安评环评部；服务机构包括实验室管理中心和试验检测中心。

3月29日，省交通运输厅党组成员、总工程师任忠一行赴浙江交通科创基地工地调研，并听取浙江省交通科学研究院工作汇报。任忠对研究院的工作予以肯定，并勉励研究院深化体制机制创新，坚持产学研用相结合，走品牌化发展之路。

6月5日，在路桥区75省道与东方大道交界处，102米全国最大跨径斜拉装配式公路钢桥成功架设，试通行的60吨集装箱车在斜拉装配式战备公路钢桥一端整装待发。此大跨径斜拉装配式公路钢桥是全国首次利用斜拉桥结构受力原理，充分利用现有交通储备器材，通过增设单边钢塔和斜拉索，同时采用塔顶钢锚箱的技术，实现大跨径桥梁交通应急保障。大桥采用轨道推进方式进行架设，使用跨径最大能达102米，能荷载55吨各种车辆安全通行。项目首次在装配式公路钢桥领域引入斜拉桥设计理念，实现了ZB-200型装配式公路钢桥跨越能力超过100米的突破，填补了国内80~100米跨径公路桥梁应急保障的空白。

10月27日，《部省共建浙江省交通科学研究院合作协议》在杭州正式签订。这是浙江交通贯彻落实国家创新驱动发展战略、推进浙江海洋经济发展示范区建设的又一重大举措。省交通运输厅、省科技厅、交通运输部科学研究院、交通运输部公路科学研究院、交通运输部水运科学研究院、交通运输部天津水运工程科学研究院、省交科院和学校，共8家单位代表在协议上签字。

共建各方将充分发挥各自在人才、技术、资源等方面的优势，立足浙江，辐射南方地区，面向浙江与长三角经济社会发展要求，在交通基础设施建设、智能交通、低碳交通、生态交通、一体化交通、交通信息化、物流与运输工程、运输规划、工程咨询、项目评估等领域，分阶段设立研发中心及配套实验室，并积极争取引入国家重点实验室和研究成果，加快各共建单位科技成果在浙江的转化和应用，共同承担国家和地方科研任务，带动和推动浙江交通科技创新和开发应用水平提升，推进浙江省交通科学研究院的全面发展。

在浙江省交通科学研究院建设发展过程中，浙江省交通运输厅、浙江省科学技术厅将在公共政策、建设用地、资金和科研项目等方面给予支持，最终目标是将该院建成省内一流、国内深具影响力的科研机构和科技成果孵化与推广平台。

浙江省交通科学研究院的转型升级，吸引了大批优秀人才。12月，省交科院有职工126人(含外聘专家顾问)，其中高级职称29人，中级职称32人，研究生学历人员比例达46%。包括浙江省“钱江人才”1名，浙江省“新世纪151人才”1名；杭州市“131”中青年人才1名；

浙江省交通运输厅“283”第二层次拔尖人才5名；杭州市下城区“258”人才2名；浙江省部级专家10名。

2013年，省交科院实现科研与技术服务合同额3500万元，同比增长20%；完成科研项目16项，获得浙江省公路学会科技成果三等奖1项，申报实用新型专利4项，获授权1项；作为主要科研支撑单位，成功申报交通运输部首个物流科技示范工程——浙江交通物流科技示范工程，并完成年度建设任务。

12月，经中国产业质量调查评价中心、中国企业信用评价管理中心和中国名优精品选购指导委员会等三大权威机构的综合考证及专家评审委员会审核，省交科院获中国质量、服务、信誉AAA级单位荣誉称号。

11月12日，学校张征文老师带领的桥隧工程研究团队的研究项目《在役预应力混凝土梁式桥结构安全运营监测技术研究》通过鉴定，研究成果总体达到国际先进水平。项目研究总经费71.9万元，研究成果已在桥梁建设中成功应用。位于G104国道绍兴钟家湾立交桥主桥，就是该项目的依托工程。

2013年，学校持续加大培养科研领军人物，主攻科技创新与服务重点，科研创新团队增加到12个。学校科创团队共获批省部级以上项目10项，研究成果达到国内先进水平4项、国际先进水平1项。学校本部科研经费到款金额1260万元。

5月18日，学校举行建校55周年校庆系列活动。

学校历任领导刘渊、蒋金宝、谭文莹、沈本业、戚步云、林立坦、庞又艇、张林正、童隆福、寿学宣以及各地校友联谊会理事长、秘书长代表、学校首届毕业生代表和学校现任领导、中层干部、部分师生员工、优秀毕业生代表出席校史馆开馆仪式。学校老领导刘渊和党委书记郑惠明共同为校史馆揭牌。

学校在风雨操场举行了“幸福牵手·多彩交院”的集体婚礼，这是学校升格后举办的第一场集体婚礼。被称为“青椒”的青年教师们感受到了浓浓的暖意，5对青年教职工迎来不同寻常的结婚仪式。学校领导、全体中层干部、师生员工代表、学校首届毕业生、优秀毕业生代表、200余位学生代表、新人们的父母亲友们应邀参加此次婚礼，共同见证了5对新人的甜蜜爱情。书记郑惠明为新人们证婚并送上祝福，院长王怡民向新人们颁发了新风奖。集体婚礼现场弥漫着幸福和甜蜜的气息，大家一起分享着新人送上的蛋糕、喜糖，向新人们表达最诚挚的祝福。

学校教职工集体婚礼

学校开始实施专业导师制。最大特点是师生关系密切，导师不仅要指导学生的学习，还要指导他们的生活。这种制度要求在教师和学生之间建立一种“导学”关系，针对学生的个性差异，因材施教，指导学生的思想、学习与生活。探索建立导师制，旨在以更好地贯彻全员育人、全过程育人、全方位育人的现代教育理念，更好地适应素质教育的要求和人才培养目标的转变。

学校始终坚持育人为本，将学生成长发展视为重中之重。2013年，学校完善专业导师制实施办法，设立71个新苗人才培养项目，作为实施专业导师制的平台和载体，共有486名学生参加了专业导师制项目。

11月7日，第十六届西湖艺术博览会在杭州市和平国际会展中心举行。西博会上，一个4平方米的“江南水乡”模型荣获“模型作品最佳创意奖”。模型包括了各类的桥梁16座、房屋60多间、惟妙惟肖的人物250余名。这一项目由路桥学院陈小鹏老师带领项目组完成的。

2013年，学校学生在各项大赛中屡创佳绩。

6月，在全国职业院校技能大赛——“汽车检测与维修”赛场上，学校参赛团队获得“汽车检测与维修”综合技能二等奖、“汽车故障诊断”单项二等奖、“汽车电气系统检修”单项三等奖、“汽车自动变速器拆装与检测”单项三等奖等奖项。7月5日，信息学院的“墨驴小组”团队，在“第二届浙江省大学生服务外包创新应用大赛”总决赛中获得三等奖。7月15日，信息学院参赛团队获得第四届“蓝桥杯”全国软件专业人才设计与创业大赛二等奖和三等奖。11月18日，学校代表队在浙江省第四届高职高专院校“挑战杯”决赛中荣获一等奖1项，二等奖2项，三等奖3项。11月24日，在首届“南方杯”浙江省高校测量技能竞赛中，学校路桥学院钢构风采队、道桥刚毅队分别获得技能竞赛特等奖与二等奖。

学校倡导建设书香校园，开启“领航者悦读”大型主题活动。

学校“领航者悦读”活动

学校党委高度重视建设书香校园工作，3月初开始，分管图书与信息化工作的学校副院长姚钟华，多次与学校图书馆负责人研究讨论，探索如何促进学生的心灵成长。当前网络的快速发展和普及，“指阅读”、碎片化阅读占据了越来越大的比重，传统阅读面临严重冲击。为鼓励读者阅读，激发阅读兴趣，启迪个人成长，在第19个“世界读书日”来临之际，图书馆联合宣传部、学工部、工会和教务处等部门，策划和启动了“领航者悦读”活动。

4月23日，在《劝学》的琅琅诵读中，学校首届“领航者悦读”暨第二届读书节开幕。学校全体领导、各部门和分院领导老师及学生代表200余人参加了开幕式。大型活动上，大家都形成了一种共识，一个崇尚读书的民族一定是一个优秀的民族，一个崇尚读书的社会一定是一个充满希望的社会，而一个崇尚读书的校园一定是一个健康而充满生机的校园。同时，希望全校师生能踊跃参与好活动，真正使我校的读书节成为校园文化的一张金名片；希望全体教师和同学都积极地投身到读书活动中，把我们的学校建设成书香气氛浓郁的校园。面对着200多双求知若渴的眼睛，学校党委书记郑惠明、院长王怡民勉励全校师生勤于阅读，让书籍成为师生成长的伴侣。

“领航者悦读”活动持续半年多。在世界读书日和全民阅读活动的推动下，高校图书馆每年都会在读书日期间开展一些读书活动，活动形式以“读书月”为居多。一个月的读书活动，虽然在一定程度上激发了大学生的读书兴趣，但由于活动时间不长，读者往往在热闹的活动开场中走近图书馆，之后学习状态又会慢慢松懈下来，对培养良好读书习惯的效果不明显。学校图书馆在走访了其他高校之后，启动了别样的读书节活动。

“领航者悦读”活动的开展，对“读书”进行了一次新的诠释，使读书成为一种新的时尚。随着移动互联网和“云计算”等新一代信息技术在教育信息化领域建设中的快速应用，传统图书馆正努力向现代图书馆转型发展。学校图书馆在不断提高电子图书、电子期刊、各类数据库的资源储藏量及所占比例的同时，努力寻找突破口，引导广大读者发现知识、利用知识的新途径。

活动期间，学校图书馆积极为推介数字资源搭建平台。数字资源不受阅读空间、阅读时次限制的优越性，随时随地阅读的学习便利性得到了充分的展现。除了在硬件上为读者创设无条件上网学习的WIFI网络(图书馆区域)，还集合了知网、维普、万方等常用数据库供应商现场开展数字资源展示及宣传。6月，全国高职高专实用英语和大学英语考试之前，图书馆重点到各相关分院和专业宣传起点考试网和新东方多媒体学习库，并将各种数字资源免费接入到各学生宿舍楼，同步免费向读者开放电子阅览室，使学生读者充分体验海量数字资源和快捷的资讯。10月，图书馆联合教务部门开展网络通识课的讲座，传递学习不受时间、空间限制的优越性，不断将获取新知识的读书体验深入读者心中，更加触发读者对网络阅读的兴趣，逐渐使“指阅读”成为一种新型的读书方式。

为营造师生共读、教学相长的局面，5月，学校工会牵头组建了教师“领航者读书俱乐部”。俱乐部成员来自各个教学和职能部门，对读书的热爱让他们聚到一起。通过读书沙龙和教职工专场读书会等活动，老师们交流学习教育教学方法，更新知识，扩展眼界，提高自身修养，享受读书带来的愉悦。

除“读书沙龙——教师领航者俱乐部”之外，读书节的活动还包括爱国励志——“我的中国梦”主题读书活动，书海导航——阅读方法导引，教育有方——教职工专场读书会，爱心循环——图书漂流活动，读书之星——书香学生、书香教师及书香寝室评选，“书”途同归——用好网络读好书，我爱读书——读书攒积分，常来常往——唤醒沉睡的读书卡，书海畅游——精品图书(期刊)及数字资源联展等九项活动。

读书节活动启幕以来，进入图书馆学习的读者人次数是平时的1.35倍，图书借阅量提高了45%。更令人欣喜的是，少数原来从未关注过图书馆的读者，在读书节活动期间走进了图书馆，并由此将图书馆作为大学生活中的重要组成部分。有些同学在学校“教师联系寝室”的活动中，受图书馆老师和读书节热潮的影响，在图书馆当起了义务的助理馆员。

11月，浙江省高校图书情报工作委员会高职高专院校图书馆分委会在全省开展了图书馆管理与服务创新典型案例征集活动，学校报送的“领航者悦读活动引领校园文化品牌的建设”荣获二等奖。

第 22 章 骨干优秀（2014 年）

7月10日，从教育部、财政部传来喜讯，“国家示范性高等职业院校建设计划”骨干高职院校建设项目2014年验收结果(教职成函〔2014〕11号)公布，学校骨干高职院校建设项目在国家级验收中获得“优秀”等级，为期3年的骨干高职院校建设任务画上了圆满的句号。

学校接受国家骨干高职院校验收

从2010年11月30日开始，教育部、财政部发文《关于确定“国家示范性高等职业院校建设计划”骨干高职院校建设立项单位的通知》(教高函〔2010〕27号)，学校被确定为“国家示范性高等职业院校建设计划”骨干高职院校建设立项单位。2011年9月13日，学校“国家示范性高等职业院校建设计划”骨干高职院校项目建设方案和建设任务书得到教育部、财政部的批复，成为2011年启动建设的全国30所院校之一。

项目启动建设以来，学校根据批复的建设方案和建设任务书要求，按照“系统规划、重点推进、持续发展”的建设思路，有计划、按步骤稳步推进项目建设，完成了各项建设任务，达到了预定目标。建立了由省交通运输厅牵头，学校与行业企业深度融合的学校理事会，形成了较为完善的合作发展理事会的运行模式和人才培养共育共管保障机制；按照深化“岗位需求，学做一体”人才培养总体思路，使重点建设专业形成了各具特色的人才培养模式；通过实施教师队伍建设“七项工程”，建设了一支“亦教亦工，亦工亦教”的双师素质教师队伍，教师整体素质和能力水平得到了大幅提升；按照“内建车间，外设课堂”的建设思路，建设了自动化机舱、桥梁结构实训场等具有真实或仿真模拟功能的一系列校内专业实训基地；以省人民政府、交通运输部共建浙江省交通科学研究院进驻省科技创新基地为契机，不断拓宽科技研究领域；并与行业企业紧密合作，拓展继续教育项目，打造交通运输应用科学研究和继续教育“双基地”，社会服务能力大幅提升。

3年来，学校依托交通运输行业，适应区域经济社会发展，以“给学生提供最优教育，给社会提供最佳服务”为使命，齐心协力，锐意进取，项目建设取得显著成效。2011年，学校被列入交通运输部与省人民政府共建项目。2012年6月，通过省教育厅和省财政厅验收，被授予“浙江省示范性高等职业院校”；新增浙江省高职优势专业2个，中央财政支持的“专业服务产业能力”重点专业1个通过验收；新增高级技术职务教师13人，二级教授1人，新增交通运输部吴福—振华交通教育奖励基金优秀教师奖2人；新增浙江省高等教育教学成果奖一等奖(参与)2项、二等奖1项，交通运输职业教育教学成果一等奖1项；5门国家精品课程全部转型升级为国家精品资源共享课程；新增省部级立项科研课题31项，技术服务到款8097万元，获得中国公路学会科学技术奖二等奖1项、三等奖2项，获得国家授权专利46项，软件著作权23项，为社会培训各类人员7.4万人次。

国家骨干院校建设总投入经费6462万元，其中中央财政投入2000万元，省财政投入2000万元，省交通运输厅及企业投入2058万元，学校自筹资金投入经费404万元。设有9个子项目，分别是：以行业为主导，理事会为核心的校企合作体制机制建设；航海技术、轮机工程技术、道路桥梁工程技术、汽车运用技术、通信技术和物流管理等6个重点专业建设；以“亦教亦工，亦工亦教”为要求的素质优良教师队伍建设和以科技研发和继续教育“双基地”为重点的社会服务能力建设。

以行业为主导、理事会为核心的校企合作体制机制建设项目，由院长王怡民和省交通运输厅科技教育处处长吕新龙共同负责。项目组成员中有除学校相关人员外，还有浙江省港航管理局局长戚步云、浙江省交通工程建设集团有限公司董事长程涛、浙江省海运集团有限公司副总经理徐光晓等。项目分办学体制机制创新和校企合作制度建设2个子项，总经费为200万元。项目计划在原省示范建设的基础上，继续完善“三层次一网络”校企合作组织体系，创新校企合作体制机制，组建由省交通运输厅牵头，学校与行业企业深度融合的学校理事会；组建由行业管理局、行业协会、龙头企业、科研机构等组成的6个专业群产学研联合体；建立专业建设委员会，扩充校企合作工作站，建立校企合作有效运行的激励机制和相关管理制度，搭建多方联动合作共赢的育人平台，集聚校企优质资源，全面提升人才培养的综合素质、实践能力和就业竞争力，逐步形成交通运输厅主导，行业指导、企业参与的多方联动合作的办学新体制，不断增强学校的办学活力和社会服务能力，促进学校又好又快发展。

航海技术专业建设项目，由学校副院长季永青和浙江远洋公司安监部经理施旭航共同负责。项目组成员中除学校航海技术专业教师外，还有浙江省内各海运集团技术骨干专家，如浙江省海运集团有限公司船长陈德强、宁波海运集团高级船长马鹤鸣等。航海技术专业建设经费共897万元，其中中央财政投入445万元，省财政投入250万元，行业企业投入202万元。用于人才培养模式与课程体系建设198万元，师资队伍建设166万元，校企合作、工学结合运行机制建设11万元，教学实验实训条件建设510万元(建设船舶定位实训室、新建ECDIS实训室等6个实训室)。

轮机工程技术专业建设项目，由学校海运学院院长阮少华和浙江省海运集团船技部经理陈逸宁共同负责。项目组成员中除学校轮机工程技术专业教师外，还有浙江远洋运输公司轮机长施波轮、浙江海运集团轮机长赵逾、舟山海星轮船公司轮机长忻克宁等企业技术骨干专家。轮机工程技术专业建设经费共1442万元，其中中央财政投入492万元，省财政投入420万元，行业企业投入530万元。用于人才培养模式与课程体系建设187万元，师资队伍建设125万元，校企合作、工学结合运行机制建设9万元，教学实验实训条件建设1016万元，社会服务能力建设15万元，所在专业群建设90万元。

道路桥梁工程技术专业建设项目，由学校路桥学院院长张征文，学校道路桥梁工程技术专业带头人、副教授王建林及兼职专业带头人、省交通工程建设集团总工程师、教授级高级工程师单光炎共同负责。项目组成员除学校道路桥梁工程技术专业教师外，还有省交通运输厅原总工程师、教授级高级工程师陆耀忠，省交通规划设计研究院试验中心副主任、教授级高级工程师胡建福等企业技术骨干专家。道路桥梁工程技术专业建设总经费为1156万元。其中中央财政投入463万元，省财政投入250万元，行业投入经费443万元(企业投入58万元)。用于人才培养模式改革及课程体系建设240万元，师资队伍建设148万元，校企合作、工学结合运行机制建设15万元，教学实训条件建设583万元，社会服务能力建设30万元，专业群建设140万元。

汽车运用技术专业建设项目，由学校汽车学院院长马林才和杭州长运集团汽车修理公司总经理、高级工程师金柏正共同负责。项目组成员中除学校汽车运用技术专业教师外，还聘请了中国汽车工程学会汽车应用服务分会总监教授朱军、杭州长运集团总工程师、教授级高工周维夫，浙江申浙汽车有限公司技术总监、高级技师陈巍等行业企业技术专家骨干参与建设。总经费为890万元。其中中央财政投入450万元，省财政投入360万元，行业企业投入80万元。用于人才培养模式改革及课程体系建设174万元，师资队伍建设124万元，校企合作、工学结合运行机制建设14万元，教学实训条件建设410万元，社会服务能力建设108万元，专业群建设60万元。

通信技术专业建设项目，由学校信息学院院长李锦伟和浙江省邮电工程建设有限公司总经理助理章成共同负责。项目组成员中除学院通信技术专业教师外，还聘请了浙江省邮电工程建设有限公司科技服务公司总经理、工程师李立波，华信邮电咨询设计研究院有限公司综合通信设计研究院副院长林宗銮，杭州江羽通信设计咨询有限公司总经理韦志坚等企业技术骨干专家共同建设。总经费为808万元。其中省财政投入350万元，行业企业投入经费418万元(企业投入373万元)。用于人才培养模式改革及课程体系建设85万元，师资队伍建设70万元，校企合作、工学结合运行机制建设20万元，教学实训条件建设573万元，社会服务能力建设20万元，专业群建设40万元。

物流管理专业建设项目，由学校运输管理学院院长边浩毅和浙江电子口岸有限公司总经理王卫东、浙江传化物流股份有限公司战略投资部经理钟晨共同负责。项目组成员中除学校物流管理专业教师外，还聘请了浙江长运物流股份有限公司副总经理王奕、华瑞物流股份有限公司人力资源部副总经理汪艳、浙江百诚物流股份有限公司人力资源部经理江金波等企业技术骨干专家共同参加。建设经费805万元，其中省财政投入370万元，行业企业投入385万元，其他投入50万元。用于人才培养模式改革及课程体系建设157万元，师资队伍建设121万元，校企合作、工学结合运行机制建设27万元，教学实训条件建设

400万元，社会服务能力建设50万元，专业群建设50万元。

以“亦教亦工，亦工亦教”为要求的素质优良教师队伍建设项目，由学校副院长姚钟华负责，项目组成员中除学校相关职能部门及分院负责人外，还有省交通运输厅人事处处长赵雁、省港航管理局局长戚步云、省交通工程建设集团有限公司董事长程涛、省海运集团有限公司副总经理徐光晓及学校教务处、人事处等各职能部门及分院领导。项目建设经费164万元，由学校自筹。

以科技研发和继续教育“双基地”为重点的社会服务能力建设项目，由学校2位副院长金仲秋、姚钟华负责，项目组成员中除学校相关职能部门及分院负责人外，还有省交通运输厅科技教育处处长吕新龙、省港航管理局副局长林建亚、省公路管理局总工程师寿华、省交通运输厅质量监督局副局长吴安宁等，项目总建设资金100万元，由学校自筹。

4月27日、28日，受省教育厅、省财政厅委托，国家骨干高职院校建设项目省级验收专家对学校“国家示范性高等职业院校建设计划”骨干高职院校建设项目进行了省级验收。汇报会上，与会领导和专家共同观看了国家骨干高职院校建设成果视频，院长王怡民代表学校从建设任务、专项资金、建设成果等方面，汇报了国家骨干院校项目建设情况。专家组通过现场实地考察、听取项目建设情况和重点专业建设情况汇报、座谈交流、查阅验收支持系统材料等形式，对学校国家骨干高职院校建设取得的成绩表示了充分肯定，一致同意通过验收。

国家骨干高职院校建设项目的实施，推进了学校的整体改革发展，办学理念内涵不断丰富，与时俱进；学校整体办学实力显著提升，师资队伍整体素质能力结构不断优化，人才培养条件得到改善，社会服务能力形成独特优势；专业服务产业能力得到提升；推进现代大学制度建设；毕业生就业质量不断攀升；学校声誉不断扩大，为浙江经济和交通运输行业提供强有力的人力资源支撑和技术服务支持。

5月6日，学校院长王怡民荣获“黄炎培职业教育杰出校长奖”。

院长王怡民获黄炎培职业教育杰出校长奖

2009年，黄炎培职业教育奖正式通过国务院组织的专项审核，成为我国职业教育界广泛认可、具有很高荣誉感的知名奖项。

“励志力行”人物三

王怡民自2000年到校担任首任院长以来，率领学校同仁以务实求发展，以质量树品牌，行稳致远，始终站在浙江乃至全国高等职业教育创新发展的潮头。学校办学规模从在校人数不到3000名发展到2018年的近万名全日制大专生；建筑面积从不到10万平方米发展到2018年的28万平方米；用较短的时间顺利实现中专升格为高职的教学转型，取得教育部示范性高职院校建设单位称号，获得国家骨干高职院校建设单位并以“优秀”业绩通过验收等。

他始终贯彻党的教育方针，坚持“立德树人”的教育之本，提出学校要以“给学生提供最优教育，给社会提供最佳服务”为使命，围绕学生成长成才这一主线，全面贯彻“三全育人”教育理念。坚持以思想政治课为重要阵地，以校园文化主题活动为牵引，以日常行为规范教育为着力点，将学生塑造成为具有良好社会公德、职业道德和个人品德的公民的德育系统工程。逐渐形成了富有特色的水上专业半军事化管理模式、基于学生综合素质自我养成为要求的阳光成长包计划、对学生实行全方位专业指导的“导师制”“干部教师联系寝室制度”等一大批德育工作新方法，实现了德育工作的教学与育人相结合、励志与实践相结合、培养人才与交通文化相结合。

他潜心研究现代高职教育理论，探寻高职教育管理规律，并将其运用到学校工作实践。提出走“立足交通行业，面向浙江经济，以工科专业为主，兼顾经管类专业”的办学之路；着力打造结构合理、素质优良的“亦教亦工，亦工亦教”的“双师”教师队伍。他带领学校进行校企合作体制机制改革创新，把建立紧跟市场、贴近行业、依托企业的职业教育联动机制作为教育教学改革的突破口，实现产教深度融合。学校构建起了“三层次一网络”的校企合作组织体系，有效实现了交通优质资源的整合和共享，成功搭建了人才培养、双师教师培养、企业职工培训及科技研发等校企合作互利共赢的平台，全面提升了交通高职人才的培养质量。

他长期担任全国交通运输职业教育教学指导委员会副主任，牵头组织指导全国交通运输类高职院校建设和发展，牵头组织开展具有交通运输行业特色的专业建设、双师队伍建设、国际交流、产教融合、支援新疆等工作，成效显著，赢得交通运输高职院校广泛赞誉。

3月14日，浙江省教育体制改革领导小组办公室发文公布新增高校章程建设试点单位名单，学校入选章程建设试点高校。

4月9日，经交通运输部审核批准，学校成为浙江省唯一一家道路

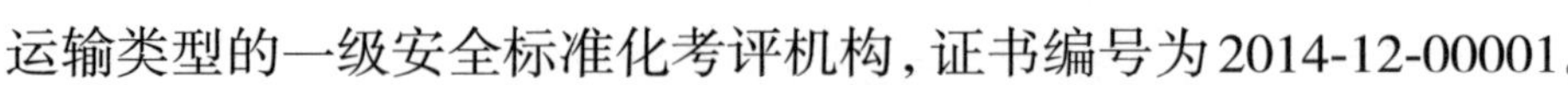
运输类型的一级安全标准化考评机构，证书编号为2014-12-00001。

6月12日，省交通运输厅副厅长王德宝、副厅长王寅中一行来到浙江省交通运输科技创新基地和学校调研指导工作，厅规划处、财务处、建管处、科教处等处室负责人参加调研。

省交通运输厅领导实地察看了省交通运输科创基地建设项目、学校东大门临104国道现场，并听取了学校院长王怡民和省交科院院长金小平的工作汇报。他们对学校和省交科院近年来的工作予以了充分肯定。对于学校和省交科院下一阶段工作，2位副厅长提出了要求：一是学校要进一步立足交通、贴近交通办学，实事求是，走符合学校自身发展的道路；省交科院要明晰发展模式，在科创基地实验室的建设上要注重内涵，抓重点、创特色，明确主攻方向；二是要保质保量完成在建的基建项目，加强资金、安全和质量监管，同时要谋划“十三五”项目，优化功能，科学安排资金和工程进度；三是学校要本着互惠双赢的原则，主动上门，加强与余杭区当地政府的沟通，做好104国道拓宽整治学校土地置换工作；四是对于省交科院目前工作中遇到的建设资金缺口、机构审批等困难，学校要积极主动汇报，加强沟通协调。

省交通运输厅副厅长王德宝、副厅长王寅中调研省交通运输科技创新基地

学校传达习近平总书记对职业教育的重要批示和全国职教大会

精神。习近平总书记给职业教育大会的重要批示是今后职业教育改革发展的根本遵循。8月28日，学校召开暑期干部理论学习会，以“深化作风建设，注重内涵建设”为主题，学校领导和全体中层干部参会。书记郑惠明强调要求全体领导干部要学以致用，做好本职工作，加强作风建设，更好地确保学校发展。对学校干部队伍如何敢于担当，努力提升干部队伍战斗力提出了要求，担当是领导干部基本素质。

学校浙江古桥馆落成开馆。“浙江古桥馆”由学校路桥学院老师陈小鹏带领学生完成。2013年8月开始，历时一年半施工制作，落成后的古桥馆包含浙江省60座具有代表性的古桥，北起嘉兴，南至温州苍南，由沿途人文、建筑景观组成，所有桥梁由一条道路全线贯通，模型总面积达42平方米，沿途80多条河流、100多条街道、300多间房子、2000多个人物。浙江古桥馆设计与制造，是学生一次难得的实操体验，不但加深了对所学相关课程的理解，而且切身感受了浙江古桥悠久的历史和丰富的内涵，增强学生对行业与专业的兴趣与热爱。

学校研制的“浙江古桥馆”作品在西湖博览会上展出

12月1日，学校学生公寓标准化建设验收通过。

9月20日，学校2014级新生入学报到。校园里熙熙攘攘，人群络绎不绝，一派热闹景象。新生们办好入学手续后，在志愿者的陪同指引下，纷纷赶往各自的寝室，一同前往的还有满心欢喜的新生家长们。优美的校园环境令人心旷神怡，让人暂时忘却了旅途的舟车劳顿。然而，家长们内心其实还有一丝忐忑，对学校的住宿条件仍有些许顾虑。当推开寝室门的那一刻，家长们悬着的一颗心总算放下。“看，我们宿舍里装了空调，卫生间还有热水供应”“这学校咱真来对了，各个寝室都装了空调，这么关爱学生的学校指定是所好学校”，新生和家长们的惊叹声、欢呼声纷纷从各个寝室传来。

学校成立了学生文明寝室建设领导小组，制定了《关于进一步加强学生文明寝室建设的实施意见》，积极开展文明寝室建设工作。通过校园广播、宣传栏、网站等宣传载体，加强文明寝室建设工作宣传，广泛动员广大干部师生积极参与，形成文明寝室建设工作的强大合力。在文明寝室建设过程中，学校各级团学组织、学生社团联合会积极开展格调高雅、内容丰富、形式多样、学生乐于参与的校园文化活动，培育和建设一批具有校园特色、生活气息、学生特色的公寓文化成果，认真总结在文明寝室建设过程中形成的亮点和好做法、好经验，做好教师典型、学生典型及寝室典型的宣传，加大宣传报道、后续跟踪指导等工作，充分发挥先进典型的示范和引领作用，用身边的人、身边的事教育引导青年学生，努力营造良好氛围，并及时把成熟的做法转化为制度和规定，不断健全和完善文明寝室建设的长效机制。

学校积极开展学生公寓配置标准化建设，切实加强基础设施和服务设施建设，改善学生寝室住宿条件。进一步完善学生寝室保修快速反应机制，提升服务水平。加大学生寝室卫生设施投入，继续坚持学生寝室“垃圾入袋、自带下楼入桶”制度，在有条件的学生公寓楼设立方便学生存储物品的公共场所，积极开展各项服务，为学生提供便利。在学校公寓拆建和改造的过程中，细化各阶段学生公寓搬迁调整方案，进一步优化现有住宿条件，加强学生的思想政治教育工作，建立校领导、中层干部和专业老师联系学生寝室制度，每幢楼配置一间“师生对话谈心室”，积极倡导广大教师下寝室，深入学生内部，与学生对话，关心学生的学习与生活，圆满实现公寓拆建改造的无障碍过渡。

学生公寓标准化建设工作量大、时间紧、要求高，学校高度重视，对校内的每个公寓区、每幢宿舍、每个寝室进行摸底排查，分别提出更新、改造、添置等建设内容，逐一登记造册，整理汇总。根据排查结果，认真编制建设规划，确定建设目标、任务、时间、资金筹措、实施步骤，最终按期完成了建设任务。

学校“一站式”学生事务中心正式开始运行。学校整合资源，通过“互联网+”搭建学生事务服务体系，优化办事程序，提高办事效率，为广大学生提供“一站式”事务服务的平台，重点解决了学生办事存在的时间冲突、部门难找、手续繁多等问题。

学校根据学生需求和各部门工作实际，统筹协调中心业务活动，不断完善中心的服务功能。认真落实“一切为了学生、为了学生的一切、为了一切学生”的办学要求，进一步加强和改进以学生需求为导向的支持服务体系建设，重点是推广“一站式”学生事务中心模式，搭建集教育、管理、服务于一体的新的学生工作平台，促进育人体系与育人能力的现代化。

根据省教育厅《关于推广建设“一站式”学生事务中心加强和改进高校服务学生工作的意见》(浙教法〔2014〕36号)要求，学校将学生事务中心建设工作纳入2014年学校工作要点，明确要求学院办公室牵头开展筹建工作，并专门成立了学生事务中心筹建领导小组，着手“一站式”学生事务中心的建设工作。

按照学生事务工作功能需要，主要设立了事务类、咨询类和交流类等三大类服务项目，涵盖了学生证补办、校内学生活动申请审批、日常缴费服务等25个子项目。

学生事务中心建设之初，主要遵循四个原则：一是便利化原则。即方便学生办理各项事务，主动从便利学生的角度考虑问题。二是实效性原则。学生事务中心的建设应讲求实效，合理整合教学管理、学籍管理、学生事务管理、学生财务管理、校园后勤服务等多方面职能，为学生提供高效、透明、个性化的信息和服务。三是规范化原则。按标准按要求提供服务，促进学生管理服务的规范化、标准化。最后一项是多样化原则。即在照顾学生需求和服务方式等方面体现多样化，根据学习时间安排，倡导学生事务中心现场服务与“网上办事大厅”同步建设。

9月，学生事务中心建成并开展了试运行。学生可以在事务中心内办理各项日常管理、服务及咨询项目，大大优化了办事程序，提高了服务学生的办事效率，为广大学生提供“一站式”便捷服务。

学生事务中心使用学生工作人员参与事务大厅的窗口服务。由学生为学生提供服务，这一工作模式使服务者和被服务者都获益良多。一方面，办事大厅的工作人员作为提供服务者，能有效提升自我服务和自我管理意识，参与大厅工作后，学生会从一个新的视角对校务运行有更加直观的理解，有助于对学校产生更深的情感联结；另一方面，前来办事的同学作为被服务者，能感受到来自同学的相互服务和帮助，感受到优质的服务态度，获得良好的办事体验，从而增加对学校工作的满意度。

学校开始自主评聘教师专业技术职务。2014年，浙江省在高校教师专业技术职务评聘制度上进行了重大改革。为学习贯彻党的十八大精神，落实十八届三中全会提出扩大省级政府教育统筹权和学校办学自主权，浙江省把教师职称评审权下放给各高校。省里不再统一组织评审工作，不再统一颁发资格证书，而是由各个学校自定标准、自主评聘、自主发证。

3月，浙江省教育厅、省人社厅联合下发《关于深化高校教师专业技术职务评聘制度改革的意见》，要求各高校从2014年起，全面开展教师各级职务自主评聘工作。

为进一步加强师资队伍建设，更好地发挥专业技术职务评聘工作的激励导向作用，充分调动教师及其他专业技术人员参与教学、科研等工作的积极性、主动性和创造性，根据浙江省高校绩效工资改革及高校岗位设置管理和专业技术职务评聘政策精神，学校成立了专业技术职务评聘工作改革领导小组。

4月，学校启动了专业技术人员职务评聘和聘期考核评价的前期调研工作，并成立工作组研究制定相关制度。

教师专业技术职务评聘制度改革，关系着教育事业改革发展和学校稳定，关系着教育工作者各方的利益。因此，学校首先探索建立分类评价、分类管理的高校教师专业技术职务评聘制度，形成竞争择优、能上能下的用人机制，有利于建设一支师德高尚、业务精湛、结构合理的高素质专业化教师队伍。学校专业技术职务评聘及聘期考核评价制度建设，将围绕调动教育工作者参与教学、科研工作积极性为中心任务，以教师教学(工作)业绩、科研与社会服务、师德师风及个人职业发展等指标作为评聘与考核依据，坚持同行评价、分类评价、综合评价相结合，促进评价与使用有机融合，全面、准确、定量地评价全校各类别专业技术人员的工作业绩。

9月，学校制定了《浙江交通职业技术学院专业技术职务评聘办法(试行)》(浙交院〔2014〕99号)。学校专业技术职务评聘坚持与学校岗位管理制度相结合，以人才队伍建设规划为依据，实行评聘有机结合。坚持按需设岗、竞聘上岗、按岗评聘、合同管理。坚持同行评价、分类评价、综合评价相结合，促进评价与使用有机融合，鼓励教职工安心教学、科研和管理，实现个性化发展。坚持公开、公平、公正、竞争、择优，保障教师的平等参与权。

12月12日，经过分院(部门)推荐、材料审查、材料公示、学校评审、结果公示、岗位聘任等环节，学校2014年专业技术职务评聘工作圆满完成。经学校专业技术职务评聘委员会评审决定，通过正高级专业技术职务4位、副高级专业技术职务5位、中级专业技术职务6位，这是省高校教师专业技术职务评聘制度改革后，学校首次教师专业技术职务评聘。

学校对评聘工作进行了总结，认为适时启动职评标准的修订和评审规范优化工作，有力地促进了学校专业技术职务的评聘和管理的科学化、规范化；较好地促进了发挥职称评审的导向和激励作用，为学校今后深入推进教师专业技术职务评聘制度改革，打下了良好的基础。

9月，学校参与的3项教学成果获得2014年国家级职业教育教学成果二等奖，分别为金湖庭老师参与的《毕业综合实践分类指导全程动态管理模式研究与实践》、屠群峰老师参与的《用"数据说话"，促进浙江省高职教育内涵建设与管理决策水平的提升》和张征文老师参与的《高职道路桥梁工程技术专业信息化共享教学资源建设与应用》。

学校小河上钢结构人行实训桥建成通行。为了增加钢结构桥梁相关实训项目，满足道路桥梁工程技术专业及所在的专业群人才培养需要，同时兼顾全校师生往返于第三教学楼与食堂、学生宿舍等生活区的通行需要，学校决定在致远路以北围墙以南的河道上，建设一座兼顾学生专业实训与人行的钢结构实训桥。人行桥上部结构采用单跨斜拉式简支钢梁结构体系，由主梁、次梁、主塔、斜拉索四部分组成。下部结构桥墩采用花瓶墩，基础采用灌注桩，桥台采用桩接盖梁桥台。2013年12月，学校开始钢结构人行实训桥工程项目的方案设计工作，编制了校内论证报告。2014年1月，由学校路桥分院牵头，完成施工图设计，随后组织进行施工图专家评审，进行校内专家论证。3月，通过工程招标，确定施工单位。5月，人行桥现场施工启动，经过4个多月的建设，最终顺利完工并交付使用。

2014年，随着我国城市化进程的加快，城市轨道交通建设的内在需求日益增强，我国城市轨道交通建设正处于跨越式发展的新阶段，城市轨道交通工程技术专业也迎来了前所未有的发展机遇。为进一步拓展培养该领域服务的专业人才，学校在开设铁道工程技术、交通运营管理、城市轨道交通运营管理等专业的基础上，新增1个机电设备维修与管理(城市轨道交通车辆)1个城市轨道运输类专业。

2014年，随着浙江省“大航空”建设的深入推进，以及国家低空空域逐渐开放和省内通用机场的陆续兴建，对航空服务专业、航空器维修人才的用人需求大增。为拓展培养航空领域服务的专业人才，学校在已开设航空港管理专业的基础上，于2014年新增空中乘务、通用航空器维修2个民航运输类专业。

到2014年12月，学校交通运输大类专业及与交通运输相关的专业共有28个，占学校专业总数的76%，基本形成适应需求、特色鲜明的综合交通运输专业体系。

第 23 章
学风行动（2015 年）

1月17日，学校召开第九届工会会员代表大会暨第六届教职工代表大会第一次会议，党委副书记胡克兼任工会主席。

学校实施“学风建设三年行动计划”。2015年，学校召开多个座谈会，组织学生、教师、中层领导等参加研讨，针对部分学生学习积极性不强，上课玩手机、睡觉，晚上不按时就寝，沉迷上网、打电子游戏等现象，以及少数教师备课不认真、教学方法呆板、内容陈旧枯燥乏味、管教不管学等情况，了解学情、分析问题、研究对策。

学校党委强调，全校上下要统一思想、凝聚共识，领导干部要提振精气神，带领教职工抓教风、促学风、树校风。9月初，出台了《学风建设三年行动计划(2015—2018)》，主要从深化人才培养综合改革、强化队伍能力素质建设、推进优良校园文化建设、打开学生成功成才通道、提升学生事务管理和服务水平等五个方面45项工作任务入手，进行人才培养工作的全面布局。这是学校进一步贯彻落实教育部高职教育创新发展行动计划的重要推进器，也是深入推进人才培养模式改革发展的路线图。

全校师生掀起了“抓教风、促学风、树校风”系列学风建设活动。学生处牵头负责学生迟到、早退考勤，不得带早点进教室，不得穿拖鞋、背心进教学区；教务处牵头负责督查教师课堂教学情况，包括迟到、早退、课堂纪律以及上课状态等；组织人事处牵头负责全校教职工出勤情况和工作作风等；各分院全力配合职能部门做好相关工作。

教师要增强教书育人的事业心和责任感。积极探索课堂教学创新理论，深入实践课堂教学创新方式。强化创新工作的保障措施，推进课堂教学创新的实施。1月27日，学校召开课堂教学创新行动实施动员大会，强调为了认真落实省教育厅课堂创新三年行动计划，必须促进课堂教学改革，形成良好的教风。学校通过实施课堂创新改革方案，优化教学方式，扩大小班化教学，制定学生选课、分层教学、小班化教学等相关管理制度，加强教学组织方式，优化实施平台，不断打造优质课堂。

孙秋高老师荣获“浙江省优秀教师”称号。早在2000年学校第二轮“双向选择”时，由于专业不对口，被要求转岗。面对这样的境况，他没有抱怨、没有消沉，在学校领导的关怀下，他进入上海海运学院物流管理专业进修。2005年7月，他以全优成绩获上海海事大学(2004年更名)进修结业证书；通过普通话、教育学、教育心理学等教师资格课程考试，取得高校教师资格；后又通过4门研究生课程；取得物流师资格。顺利完成从技校教师到高校教师的转变，转岗到物流专业担任专业教师。他在40岁时，重新挑战自我，不断战胜自我，克服畏惧，不自卑不气馁。面对年龄偏大、记忆力减退等诸多不利因素，尽力用心做好每一件事，2006年，从讲师晋升副教授，被聘为物流管理专业带头人。5年之后，因为努力工作，教学不断改革创新，教书育人，于2011年晋升为物流管理教授。在这期间，他的教学业绩考核年年获得优秀，获“全国物流教学优秀教师”荣誉，在麦克斯MyCos调查被学校学生评为“对个人成长最有帮助的教师”之一。指导多名学生成功创业，毕业生创办的企业年利润数百万。主编国家级“十二五”规划教材等专著教材8部，主审12部。发表论文20余篇，其中中文核心10篇。

学生干部要在学风建设中发挥重要作用。5月25日，校团委组织召开了学生干部专题培训班，发动广大学生干部以实际行动参与到学风建设中来，从日常管理入手、从细节入手，在提升服务的同时，着力打造学生干部的形象，为创建优良学风尽己所能。学校团委对学生干部提出了三点要求：一是认清正确与错误的界线；二是认清主流与非主流的界线；三是正确处理好管理与服务的关系。

学生文明寝室建设不断强化。“同学，请投我们寝室一票，谢谢。”“老师，我们寝室装扮的最漂亮了，同学们都非常爱护自己寝室卫生，请把票投给我们吧！”5月6日，在学生处的精心组织下，在全校范围内开展了“我行我宿”——2015年交院“最美寝室”的现场投票评选活动，场面热闹非凡。活动旨在深入贯彻落实省委领导对全面深化文明寝室建设的重要批示精神，全面落实学校《2014—2015学年深化文明寝室建设工作实施方案》，其目的是把寝室文化建设与文明礼貌教育紧密结合起来，创造优美、和谐的生活环境，培养学生良好的生活习惯。

学生创新创业教育更具吸引力。学校创新人才培养机制，健全创新创业教育课程体系，强化创新创业实践，新建了“华新检测班”“中德实验班”“ICT创新班”等11个订单班279人；积极响应国家人才培养综合改革的号召，与泰华船舶管理有限公司等2家公司签约，开展航海技术专业现代学徒制培养试点。探索“平台+方向”分类培养的专业课程选修教学及导师制、生选师等课堂教学创新措施，不断提高课堂教学质量。“老师，帮我们推荐几个愿意投身电商行业的学生吧。”“老师，我们想与学校建立长期的合作。”4月19日，毕业几年的校友回母校分享创业故事。学校建立了大学生就业创业指导站、大学生素质拓展中心，开设了创业课程，并定期组织学生到阿里巴巴、杭州中萃等企业参观学习，点燃了一批年轻学子的创业梦。无论路途有多遥远，无论成就是大是小，今天的不断“折腾”，只为了延续当年的创业梦想。毕业生言传身教，帮助学生形成正确的人生观与学习观，营造了良好的学习氛围。

2015年，学校参加各类全国技能大赛取得佳绩。

9月15—18日，学校机电与航空学院首次选送的1支无人机花样队列参赛队和2支机器人舞蹈参赛队，代表浙江省参加了由国家体育总局社会体育指导中心主办的“武进·神州通信杯”第一届全国机器人运动大赛。比赛在江苏常州隆重举行，来自全国各高等院校和社会团体的107支队伍、1500余名选手参赛。经过4天的激烈角逐，无人机花样队列获得了第三名的好成绩，机器人舞蹈队获得了第四和第五名的好成绩，同时学校获得“体育道德风尚奖”和“最佳组织奖”。

在全国职业院校技能大赛(汽车营销)中获团体二等奖，在全国职业院校技能大赛选拔赛“4G全网建设技术”竞赛中获团体二等奖，在浙江省高职高专院校技能大赛暨全国职业院校技能大赛选拔赛“4G全网建设技术”竞赛中获一等奖和三等奖。2015年，学校在国家级竞赛项目中获得了11个奖项，共49人次获奖；在省级竞赛项目中获得了30个奖项，共98人次获奖。

浙江要大力发展航空产业，建设成为航空强省等信息频频出现在各大媒体头条，也触动了学校师生。“空姐”“空少”“飞行员”“飞机”等，成为校园内茶余饭后的话题。航空要大发展，离不开航空人才的支撑。学校是省内唯一一所综合类交通院校，有责任也有义务，为浙江航空发展提供人才支撑和技术支持。学校领导对此非常重视，在自身办学条件比较薄弱的情况下，对外寻求合作。1月16日，学校与北京通用航空产业基地投资控股有限公司签订合作办学协议。

11月3日，浙江省交通工程建设集团有限公司总经理吴伟、副总经理兼总工程师单光炎、副总经理马步进到学校就校企深度合作进行对接研讨。双方一致同意，将学校与省交通工程建设集团有限公司校企合作升格为战略合作关系，全面启动新形势下的合作办学、合作育人、协同创新，实现共同发展。校企启动订制人才培养计划，共同参与学生的培养过程，探索实施海外办学、招收海外留学生等国际化发展模式，双方实现优势互补，共建协同创新平台。

坚持“走出去，请进来”的开放办学理念。学校跨过海峡、走出国门、面向国际，在世界教育舞台发声，在国际高职教育中产生影响。3月1日，学校第八批交流访学成行，此次有15名学生赴台湾省铭传大学和龙华科技大学，时间为1个学期。3月30日，德国外贸交通学院(DAV)第五次组团到学校交流访学，此次DAV师生16名。10月，学校选派10名学生出访DAV，为期7天。

6月17日，学校院长王怡民在山东德州主持召开了“现代职教体系框架下的国际职教论坛”，共计200余名领导和嘉宾出席，包括来自德国、韩国、美国、澳大利亚、新西兰、加拿大、马来西亚、新加坡等国家以及台湾地区的30多名专家学者。

4月28日，交通运输部人事教育司副司长时骏来学校开展调研，在考察中指出：“学校在办学中讲究品位，非常具有文化气息，创新意识非常强，希望学校抓住机遇，坚持内强素质、外塑形象，抓住特色，走内涵发展之路，加快发展现代职业教育，成为全国高等职业教育的一面旗帜。”

10月15日，省委教育工委副书记、省教育厅副厅长汪晓村一行来学校调研工作。汪晓村副书记高度评价了学校办学成果，认为学校办学背景清楚，办学目标定位清晰，教师和学生的精神面貌很好，在保持专业特色的同时，密切关注了浙江经济和社会发展的趋势和要求，办学很有特色，很有成绩，社会评价很好。

构建和有效运行质量管理体系是交通运输部海事局对培养航海类人才院校的基本要求。5月，学校专门组织开展内部审核和管理评审，对19个职能部门进行了现场审核，对在内部审核中发现的问题，审核组开出不符合项或者建议项，要求相关部门改进、改正并验证通过，确保教学活动的正常进行。5月27日，部海事局对学校的船员教育和培训质量管理体系进行中间审核。5月29日，专家组会上宣布审核通过。船员教育和培训质量管理体系促进了教学、管理服务更趋科学合理，有效保证了学校质量方针和质量目标的实现。

2015年，学校牵头的"职业教育航海技术专业教学资源库"正式成为国家级职业教育专业教学资源库建设项目。

学校专门成立领导小组，副院长季永青教授任组长、柴勤芳教授任副组长，组织协调建设工作；成立领导小组办公室，办公室设在学校海运学院，负责日常工作。为了提高航海技术专业在全国的地位，组织专业教师积极申报航海技术国家级教学资源库建设项目，并联合江苏海事职业技术学院、南通职业技术学院等兄弟院校，共同建设国家级教学资源库，经过长达1年的前期准备与努力，7月，从北京传来了喜讯，"职业教育航海技术专业教学资源库"成为国家级职业教育专业教学资源库。这是学校首个国家级教学资源库项目，总投资1000余万元。资源库的建设，弥补了国内新建航海技术专业高校教学资源的不足，推动了全国航海技术专业建设。

学校建设的浙江古桥文化研究中心得到广泛报道。

6月3日，中央电视台三套《文化十分》栏目中播出了学校浙江古桥馆的建设情况；学校邀请非物质文化遗产传承人进校园情况和对学校党委书记郑惠明进行的专访。学校与非物质文化遗产的传承人合作，利用现代科学技术，使传统的桥梁设计建造技术能够得到更好的保存，也有利于它的传承。

浙江有"传统桥梁博物馆"的美誉。20世纪60年代的统计显示，全省约有10万余座传统桥梁。2011年浙江省第三次全国文物普查数据显示：全省约有古桥梁1万座。目前，浙江有10处(27座)桥梁为全国重点文物保护单位，占全省国保总数的7.6%；全省约有宋、元时期的桥梁30余座，其中宋代古桥占大多数，从地域分布看，主要集中在温州地区，约占总数的2/3；元代古桥仅存数座。

为了更好研究和保护浙江古桥，学校成立了"浙江古桥文化研究中心”，于5月18日举行成立仪式。大会邀请了浙江省文化厅非物质文化遗产处专家祝汉明、泰顺县非物质文化遗产中心主任季海波、茅以升科技教育基金会中国古桥研究委员会副主任罗关洲等学者专家。《杭州日报》《浙江工人日报》、中国新闻网等多家国内媒体进行了专门报道。

学校古桥研究中心授牌仪式

浙江古桥文化研究中心汇聚了一批省内有志于古桥研究的专家、学者、老师，借助这个交流提高平台，将为浙江古桥保护提供最新研究成果。同时浙江古桥文化研究中心将成为学生专业教育、文化教育、德育教育的实践基地。

经过多方努力，9月8日，学校古桥研究中心正式被茅以升科技教育基金会、中国古桥研究与保护委员会正式授牌，这是基金会继绍兴、江苏、福建、浙江大学之后，成立的第五个古桥研究保护机构，也是全国高职院校首家古桥研究机构。原交通运输部总工程师凤懋润为学校授牌。学校师生参与制作的赵州桥古桥博物馆曾得到了全国政协副主席王志珍等国家领导人及茅以升女儿茅玉麟女士的高度评价。学校古桥文化博物馆面积104.4平方米，收集并制作了60座明清以来的著名古桥建筑模型，前后由120名师生参与，花500多天制作完成，是学校对外交流参观考察展示区。

学校开展以“实践激扬青春志 奋斗成就中国梦”为主题的社会实践活动。暑假期间，组建各类社会实践团队18支，约220名师生奔赴全省各地，到农村和企业，开展了体悟红船精神、访桥寻古、科技下乡、保护环境、寻创业之梦等活动，把学校风貌、文化精神传递到全省各地每个角落。老师利用暑期的“四百行动计划”，由225名教师组成40个项目组，奔赴59家企业进行实践锻炼，以丰富教师企业工作经历，提高教师实践教学、课程建设和服务社会能力。

学校轨道交通专业等实验实训条件持续提升。

学校为了提高学生实践动手能力，学会新技术，每年都投入大量资金，用于建设实验实训室。2015年新建、扩建和改建实训室51个，其中新建轨道交通车辆检修实训室、船舶电子电气管理与工艺实训室和隧道工程施工检测实训室等19个实训室，扩建水上训练中心、沥青路面结构试验实训室和网络组建与管理实训室等24个实训室，改建航海桌面模拟实训室和平面设计实训室等8个实训室。这些实训室改扩建工作的完成，大大改善了学生实训条件。

浙江省现代交通运输科技创新基地经过3年建设初步完工，于年底正式入驻。

该基地的建设，拉开了浙江省交通运输科学研究院腾飞之路；工程检测试验室成功入围交通建设工程质量监督检测项目，全省首个道桥检测与养护技术研究重点实验室建成，其近3年科技服务成果转化效益近3800万元。

基地的建设得到了各级领导大力支持，6月1日，省财政厅副厅长金慧群一行调研浙江省现代交通运输科技创新基地；9月30日，省交通运输厅党组书记、厅长郭剑彪一行赴浙江省现代交通运输科技创新基地开展调研，实地视察了交通科创基地实验楼，肯定了创新基地的工作。

根据学校党委工作部署和上级会议主要精神，学校组织教职工学习和领会“三严三实”精神实质，贯彻落实“四个全面”重大布局。7月6日，组织全体中层及以上领导干部赴嘉兴南湖革命纪念馆参观学习，追溯红色记忆，重温入党誓词，感受“红船精神”。11月6日，学校组织全体中层领导干部前往浦江，参观浙江省廉政教育基地“江南第一家”。通过接受廉政文化的洗礼和警示，感受郑氏的廉政文化、儒学理论和孝义家风。

在加快发展现代职业教育、构建现代职业教育体系的大背景下，为贯彻落实《高等学校章程制定暂行办法》精神，逐步建立现代大学制度，推动学校依法办学，2013年初，学校启动章程制订工作。经多次征求意见、反复修改，形成学校章程。2015年12月31日，省教育厅核准《浙江交通职业技术学院章程》并同意学校章程正式向校内外发布。以章程建设为核心，制定适应现代交通职业院校办学和管理特点的管理制度，提高学校的办学质量与水平，2015年共制定、修订规章制度28项；健全教职工代表大会制度，实施了《教代会工作规程》；深化人事制度、考核激励制度改革，制定了《关于进一步完善绩效工资分配的指导意见》。学校还编制完成《学校教育事业“十三五”发展规划》。

第 24 章

业绩斐然（2016 年）

首批来自格鲁吉亚的留学生到校学习，开启了学校海外招收留学生的新篇章。

2月15日，省教育厅联合省商贸厅，响应国家“一带一路”倡议，推出“格鲁吉亚—浙江国际教育服务洽谈会”。学校果断抓住机遇，院长王怡民率团赴格鲁吉亚，考察教育环境和生源情况。此行原计划的重点，是宣传路桥专业海外招生项目。但是通过与参会人员及前来咨询的学生接触、交流，代表团敏感地察觉到潜在的海外生源市场，即格鲁吉亚学生对汉语学习的需求。

经学校研究决定，4月中旬，正式开启了格鲁吉亚汉语项目。这是学校办学以来第一次进行海外招生。为此，副院长李锦伟带队前往金华职业技术学院，考察学习留学生招生工作以及合作办学经验。经过4个月的努力，海外招生工作克服重重困难，终于落地。

9月20日，学校迎来首批5名格鲁吉亚留学生。他们在学校接受一年的汉语学习，学校人文学院负责留学生生活、学习等的日常管理，为他们配备了有海外留学经历的班主任。

2016年，学校还首次与美国伯米吉大学举办汽车运用与维修技术专业、通信技术专业合作办学项目。

波音737大飞机进入学校。8月11日，天空碧蓝，杭州经历了连续干热，地表温度高达40摄氏度左右。时值暑假，校园里人烟稀少，但学校广场上却聚集了一大群人。当一辆长挂车缓缓从西大门驶入的时候，在场所有人爆发出了热烈的欢呼声。一架波音737飞机拆解后，整整装了4个长挂车，花了2天的时间，从山东顺利运抵杭州。时值杭州举办G20前期，杭州周边实行交通管制，运输车也只能选择昼伏夜行，给“大飞机”的运输添加了一抹神秘色彩。8月13日，都市快报以“大写的壕！杭州有所学校买了一架波音737！”为题，做了网络现场直播，吸引了50多万网友的围观。最后，经过20名飞机维修工程师近20天左右的组装、调试，一架波音737飞机像一只雄鹰，展示在校园西广场，成为学校亮丽的风景线。

来自格鲁吉亚的留学生在学校学习

波音737真机是学校飞机机电设备维修、空中乘务、航空港管理、通用航空器维修4个专业的重要实训场所和教具。这种规格的实训教具，在国内高校是非常少见的。更难得的是，飞机的发动机还处在继续服役期内，完全可以发动使用。

这架波音737飞机之所以能够引入学校，是学校开办了省内首个飞机维修专业后，与全国飞机维修名企——山东太古飞机工程有限公司开展校企合作的一大成果。3月10日，开学第二周，学校与山东太古飞机工程有限公司正式签订校企合作协议。省交通运输厅副厅长王寅中、省教育厅高教处处长韩剑、省机场管理局局长王亦华，学校党委书记郑惠明、院长王怡民等领导出席了签约仪式，十余家航空企业和机场代表共同见证这一时刻。

波音 737 来到学校

王寅中指出：浙江省是名副其实的民航大省，在“十二五”期间取得了不俗成绩。未来五年将深入推进现代交通“五大建设”，实现民航大省向民航强省跨越。而这个跨越的实现，离不开航空服务人才的支撑。学校是一所有50多年办学历史的老牌交通职业院校，为浙江省交通运输行业输送了成千上万的高素质、高技能人才。此次与山东太古公司的战略合作，必能发挥各自优势，为浙江省航空行业培育更多优秀航空机务维修人才。并以此为契机，校企共同打造浙江省首个航空机务维修人才培养培训基地，为浙江省航空事业的快速发展提供强有力的人才支撑。

学校与山东太古飞机工程有限公司的合作，是基于服务浙江省“民航强省”战略和“大航空”建设对航空人才的迫切需求。此次合作，双方共同投入资金1800万元，高起点共同举办飞机机电设备维修专业；根据合作协议，双方将在交院注册成立“浙江交院—山东太古航空工程培训中心”，并以该中心为主体按国家《民用航空器维修培训机构合格审定规定》(CCAR-147) 申报培训机构资质，并联合CCAR-147

部培训资质，按照CCAR-147审定要求，完备管理程序手册、师资队伍、教学和实训条件，实施学历和职业技能双证教育，以提高学校毕业学生的含金量。

学校开始本科试点专业招生。2016年，浙江省启动了四年制高等职业教育人才培养试点工作，这是全面落实国家和浙江省关于加快发展现代职业教育的总体部署，深化职业教育培养模式改革，探索发展本科职业教育，加快高端技术技能人才培养的重要举措。根据《浙江省教育厅办公室关于公布2016年四年制高等职业教育人才培养试点专业的通知》(浙教办高教〔2016〕45号)，学校成为浙江省四年制高等职业教育人才培养试点院校之一，合作本科院校为浙江科技学院，试点专业为土木工程(道路桥梁工程技术)。基本的办学思路，是依托高职优质资源，联合本科院校举办，发放本科文凭，高职院校办学，以浙江省职业高中(包括中专、技校)学生为生源，纳入浙江省单独考试单独招生模式。学校道路桥梁工程技术专业创办于1958年，经过近60年专业的建设与发展，曾经在1986—1989年联合浙江工学院(浙江工业大学)联合开展过四届道路桥梁专业大专班，不仅拥有最强的师资、最好的实践条件，而且拥有省内首个道桥检测与养护技术重点实验室，以及具有交通运输部公路综合甲级资质的试验检测中心。

四年制高职本科试点专业的招生录取工作由浙江科技学院负责，就学地点为浙江交通职业技术学院。新生入学注册后，交院按学生学籍管理规定、专业培养方案和教学计划对学生进行培养。修完专业所规定的课程，经考试考核合格且符合条件者，授予浙江科技学院本科毕业证书；符合学位申请条件者，授予浙江科技学院学士学位证书。四年制高职人才试点，是学校教学改革的一次有益尝试、一个重要的发展机遇，道路桥梁工程技术专业四年制高职的举办，对于学校而言，有着里程碑式的意义。

学校开始定向培养士官试点工作。9月，学校校园出现了一抹海军蓝、一道迷彩魂。一张张阳刚青春的脸庞、一排排整齐划一的队列、一个个训练有素的军姿、一声声嘹亮歌声口号声，他们是一支纪律严明、坚韧不屈、勇于奉献的队伍；他们挥洒汗水，将壮志豪情融入学校的四季；他们刻苦训练，将军人精神融入校园的天空；他们满腔热情，将赤胆忠心刻进祖国的强盛。他们是学校首届招生的海军士官班的学生，一群准军人。

学校与中国人民解放军海军合作定向培养海军直招士官生

为加快培养军队信息化建设需要的高素质士官人才，2016年初，教育部、中央军委政治工作部、国防动员部下发《关于做好2016年定向培养士官试点工作的通知》(军动〔2016〕21号)。2016年全年核定全国44所高职(专科)层次的地方高校，面向14个省份的生源，为陆军、海军、空军、火箭军和武警部队等招收定向培养士官计划9350人。

响应国家国防教育的号召，学校成为全国44所“定向培养士官”试点院校之一。2016年计划为海军部队定向培养士官招生100人，其中航海技术、轮机工程技术2个专业各50人，面向浙江、安徽、江西、河南、湖南5个省份招生，其中航海技术专业招收女生浙江4人、安徽3人、江西3人，实际招生96人。招生对象为高考的普通高中理科毕业生。“定向培养士官”的招生被纳入了全国普通高校招生统一考试，执行现行专科提前批录取政策。学校在浙江省的录取批次为文理科第三批提前批。与其他专业培养不同的是，士官生培养对象毕业后，由所在部队按照规定权限下达士官任职命令，时间统一为当年的7月1日，并授予相应军衔，其中高职（专科）毕业生入伍后授予下士军衔，服役满2年后授予中士军衔。培养对象批准服现役后首次授予军衔前，按义务兵新兵标准发放津贴，下达士官命令后执行现役士官的工资标准，享受现役士官的相关待遇。招收部队和学校联合培养，定向培养士官学生在校期间按所录取专业单独编班学习，学制3年，毕业后取得大专学历。前2.5学年的全部课程由高校负责，招收部队根据需要对接指导教学，后0.5学年为入伍实习期，由部队负责。入伍实习合格、符合高校毕业要求者准予毕业，毕业时不返回高校，由高校直接办理毕业相关手续；实习不合格，无法胜任士官岗位的，返回原高校，由高校按照同届毕业生的有关规定办理毕业手续。培养对象完成前2.5学年的课程且修满规定学分，于第三学年12月份参加身体复检和政治复审，身体健康、政治合格，由兵役机关办理士官入伍手续。部队训练指导机构派出接兵人员，会同当地兵役机关完成档案交接，将招收的“定向培养士官”学生统一接入部队。入伍时间从当年12月1日起算，交接报到工作于12月30日前完成。培养对象入伍后，由部队训练指导机构完成入伍训练和岗前专业培训，有关工作纳入大单位年度军事训练计划统一组织实施。“定向培养士官”在部队服役期间表现优秀、符合有关规定的，可以按计划选拔为干部。

为推进士官班的教育教学，学校先后与北海舰队和东海舰队签订了合作协议。7月1日，学校与中国人民解放军海军北海舰队举行定向培养士官签约仪式，正式开始共同培养高素质士官人才。党委书记郑惠明指出，作为全国44所“定向培养士官”试点院校之一，北海舰队与学校的此次合作，是对学校高素质技能型人才培养能力的充分肯定。

学校选择航海技术和轮机工程技术2个专业作为士官生首次招生

的专业，均为学校老牌专业，1958年建校时同时开设，在省内航海类专业中起步最早，到目前为止也是省内教学设施条件最为完善、培养海洋运输人才最多的专业，生源稳定、就业率高、社会声誉好。与海军联合办学能够发挥出专业优势，也能够在新形势下让专业建设“老树开新花”。

新型人才培养方式对于学校来说，不仅是机遇，也是挑战。在高职院校中招收士官生，学校成了“喝头口水的人”，从此，学校注入了“军魂”。

2016年，学校在全国职业技能大赛(国赛)中汽车检测与维修代表队勇夺全国冠军，汽车营销代表队勇夺全国一等奖。这是学校参加“国赛”取得的历史最好成绩。

2016 年全国职业院校技能大赛汽车检测与维修赛项冠军

5月31日—6月3日，由教育部、科技部、工业和信息化部等32个部委共同举办的2016年全国职业院校技能大赛(高职组)汽车检测与维修赛项在长春汽车工业高等专科学校举行，共有56所院校168名选手参赛。为了鼓励师生在全国大赛中取得好成绩，校领导多次到汽车学院慰问、指导，汽车学院积极努力，制订激励办法，调动指导老师带赛积极性，优化了组队学生的选拔机制，完善了竞赛辅导流程，为最

终顺利取得佳绩提供了强有力的保障。

全国职业院校技能大赛，是广大师生展示风采、追梦圆梦的舞台，已成为促进职业教育高质量发展的重要抓手。大赛荣获冠军和一等奖充分展示学校汽车专业在全国职业教育的办学水平，体现了学校在师资队伍建设、校企合作及人才培养质量上的综合实力。

服务G20，当好东道主，做好G20后勤，为G20添砖加瓦，作为杭州市民，既是责任，也是荣幸。

听从指挥、服从命令，学校上下高度重视，积极部署、动员力量，成立学校G20服务与保障工作小组，设立安全联络组、住宿接待组、餐饮服务组，具体开展日常工作。7月14日—9月8日，学校承担了为期56天的配合护城河良渚片后勤保障中心的服务与保障工作，安全、顺利地完成了为630名住校官兵的住宿、就餐和活动服务，完成500人次/天安检点送餐服务，接待服务G20动员、志愿者培训大会3场。为确保保障服务工作质量，学校与属地良渚街道办事处、余杭公安局、良渚派出所等部门多次协调沟通，商议保障工作的具体细节和安排。为做好保障工作，确保校园安全稳定，为进驻官兵提供优质服务，保卫处整整忙碌了2个月。开展学校正常值班工作，加强与余杭区公安局、良渚派出所和住校官兵的沟通联系，做好车辆进出、人员进出校门通行服务等，还主动为广大教职员工办理G20临时通行证件提供便利。住宿接待组负责官兵入住安排、公寓内服务保障等工作。期间，提供8号、9号学生公寓150间宿舍，作为官兵和保障服务人员住宿使用；入住前，进行了突击整修，协调开通空调、自来水、饮用热水，确保供水、供电、空调等正常使用；按要求配备公寓管理和保洁人员，正常做好门卫和寝室内部卫生清扫工作，保证公寓安全和整洁；及时与联络人员沟通，听取住宿反馈意见，按要求改进服务。餐饮服务组负责入住官兵和安检站点人员就餐服务工作。安排新食堂二楼为官兵提供专用餐饮服务场所，并布置了幽雅、舒适的就餐环境；全体服务人员克服天气炎热、人员较少的困难，加班加点，任劳任怨，为奋战在一线的公安武警官兵提供有力的后勤保障。

学校高标准完成此次G20保障工作任务。上级领导充分肯定学校的保障与服务工作，学校餐饮服务中心荣获省交通运输厅"先进集体"称号，保卫处张成全处长获"先进个人"称号，并被授予"最美交通人"称号。

10月，《浙江省交通志(远古—2010年)》正式出版发行，由省交通运输厅厅长担任编纂委员会主任委员，办公室设在我校。《浙江省交通志》历经8年潜心编修，数易其稿得以完成，全书约210万字，是浙江省交通文化建设一大硕果。省交通运输厅厅长郭剑彪评价说：它"全面翔实反映了浙江交通的历史和现状，是贯通古今，纵览历史的资料工具书，是综合系统地记述浙江交通史情的重要载体，是开展交通科学研究、提供交通信息咨询的文献资料。它既能为领导机关正确决策提供历史借鉴和现实依据，又有助于人们了解、认识浙江交通，宣传浙江交通。"

7月15日，《2016中国高等职业教育质量年度报告》发布会在京召开，学校首次入选2015年高等职业院校"服务贡献50强"。

8月12日，学校运输管理学院物流管理社团《浙江省公路小件快运创业方案》获得2016年"挑战杯—彩虹人生"全国职业学校创新创效创业大赛二等奖。

10月13—17日，在浙江丽水市举办的2016年全国大学生皮划艇锦标赛上，学校首次组队参赛，勇夺男子单人皮划艇200米亚军、男子单人500米亚军、混合四人划艇500米第四名、12人混合皮艇(即小龙舟)500米第五名和SUP浆板500米绕桩第12名的优异成绩，荣获团队三等奖和道德风尚奖。

学校市政工程技术、汽车运用与维修技术、道路桥梁工程技术、通信技术、航海技术、汽车营销与服务、物流管理等7个专业获得浙江省高校“十三五”优势专业的认定，是省高职高专院校中获得优势专业最多的校院之一。

学校推选的“十年寻访路 悠悠古桥情”项目荣获全国高校校园文化成果优秀奖；“‘行之虹’网络学习空间与教育教学的融合”建设成果获得2016中国高校智慧校园建设创新奖；路桥学院社会实践觅桥团队获“2016全国大学生百强暑期实践团队”；海运学院团总支荣获2016年全国高校“活力团支部”荣誉称号。

10月13—14日，2016年全省高职高专院校访问工程师校企合作项目培训会在宁波职业技术学院召开。学校访工项目《交通工程中电磁法测钢筋保护层厚度的研究》《基于校企合作的跨境电商第三方平台操作实践》在全省20强中脱颖而出，分别获一等奖、二等奖。

学校、各分院重视访问工程师校企合作项目研究与实践，前期支持老师积极做好项目的申报工作，中期加强督促指导帮助老师解决遇到的困难，后期做好成果的总结提炼。学校访工项目质量逐年提高，访工教师专业能力不断提升。

11月，省委、省政府任命王怡民同志为学校党委书记、季永青同志为院长。郑惠明同志不再担任学校党委书记。

第 25 章

启创本科（2017 年）

2017年，党的十九大胜利召开。党的十九大报告指出：建设交通强国，交通运输综合实力要世界领先，要有效支撑强国建设；优先发展教育事业，建设教育强国是中华民族伟大复兴的基础工程，必须把教育事业放在优先位置，加快教育现代化，办好人民满意的教育。

2017年，省政府1号文件发布，学校迎来新的发展机遇。1月9日，浙江省人民政府发布《关于推进全省现代综合交通发展实施意见》(浙政发〔2017〕1号)，文件指出：浙江交通将围绕服务国家战略，全力打好综合交通建设大会战，掀起全省综合交通建设新高潮，计划完成综合交通建设投资约1500亿元，其中公路水路机场1010亿元，同比增长16%。在推进工作落实、加强队伍建设方面提出，“提高交通职业院校和研究机构综合实力，强化产学研融合、校企合作，加快浙江交通职业技术学院创建本科院校。”省政府1号文件为学校指明了发展目标，全校上下为之振奋，期望学校抢抓机遇、攻坚克难、敢于争先，早日实现学校新的更大跨越。

学校启动了创建本科院校的工作，组建了创建本科院校领导小组：党委书记王怡民为组长，院长季永青、副院长姚钟华为副组长，学校其他领导和职能部门主要负责人为领导小组成员。领导小组组织人员到北京、天津、云南等地，对天津中德应用技术大学、滇西应用技术大学的升格(创办)情况进行了实地调研，联系交通运输部办公厅、教育部教育规划建设中心、省发改委、省教育厅等上级部门，咨询北京、天津和省内的有关专家，研究制定了创本工作可行性研究报告，启动了有交通特色的《四年制高职人才培养方案与相关配套制度》的制定工作。

学校积极响应国家“一带一路”倡议，投身浙江省政府对外合作交流的项目。

学校配合中泰铁路建设和浙江省在泰国罗勇府投资的中泰工业园建设需要。落实省政府要求，学校和泰国罗勇府达信中学结成友好学校。双方就轨道交通、机械制造、物流管理等相关专业，在师资队伍、教学资源、课程设置、教学计划等方面开展合作交流。

学校党委书记王怡民参加了第四届中俄交通大学暨“一带一路”沿线国家及金砖国家交通类大学校长论坛，并加入中俄交通大学校长联盟。大会发表《西安宣言》，呼吁中俄交通类院校互尊互敬、互学互鉴，对接两国国家重大发展战略，在人才培养、科学研究、社会服务、文化传承与创新等方面开展务实合作，继续深化成员间校际合作与交流，加强产学研用深度融合，组建中俄交通高校国际技术转移中心。

学校与浙江交工集团合作服务“一带一路”建设，建立属地化教育基地——“海外鲁班学校”。这是国内首个高校与企业协同开展的针对交通基础设施建设的属地化人才培养学校。“海外鲁班学校”为交通基础设施建设一线的海外现场人员提供培训，以提高海外施工项目部参与人员的整体素质与技能水平，提升项目品质，降低海外企业成本，减少建设现场的安全、技术等方面存在的风险。

学校新组建轨道交通学院、航空学院、智慧交通学院。

3月22日，省交通运输厅党组书记、厅长郭剑彪为学校轨道交通学院、航空学院、智慧交通学院揭牌。此举是加快打造浙江现代交通示范区的重要举措，标志着学校设置的专业涵盖海陆空轨，成为全国屈指可数的综合交通运输专业体系最为齐全的高职院校。

学校在喀麦隆建立海外鲁班学校

“轨道交通学院”“航空学院”“智慧交通学院”揭牌仪式

学校坚持“立足交通，服务交通”，围绕交通运输行业和区域经济社会发展需求，重点建设交通工程建设与管理、汽车技术与服务、轨道交通建设与应用、航空技术与服务、智慧交通信息技术等五大交通专业群，精准培养综合交通运输行业技术技能人才。轨道交通学院致力于将轨道交通技术与服务专业群打造成浙江省轨道交通专业最全、实力最强的轨道交通人才培养基地；航空学院以“民航强省”和“大航空”建设为契机，填补浙江省飞机维修人才培养空白，补齐航空服务人才培养短板，打造浙江省首个民航综合教育培训基地，辐射长三角；智慧交通学院突出互联网+交通运输的深度融合，满足行业对高素质人才的需求。增设民航运输、智能控制技术2个新专业，进一步强化专业集群优势，更好地服务行业产业发展。

5月18日，学校举行建校59周年纪念大会暨60周年校庆倒计时启动仪式，成立校庆筹备工作委员会，下设办公室，并分成7个专项工作组。学校决定60周年校庆以“薪火相传六十载，交通强国新征程”为主题，突出文化建设、学术交流、开放办学、环境育人、校友联系。

学校获得民航CCAR-147资质。

学校联手名企，探索并推进混合所有制办学，学校与国内飞机维修知名企业——山东太古飞机工程有限公司共同投资引进波音737-300客机，开展混合所有制办学。通过近2年努力，在专业人才队伍建设、实验实训条件建设、仪器设备配置等方面取得了成绩，得到中国民用航空局的肯定。

2016年3月，为发挥校企双方资源优势，高起点、高标准举办飞机维修类专业，学校与山东太古飞机工程有限公司签订校企合作协议，共同开展民航机务维修人才培养并共同申报CCAR-147资质。校企双方成立工作小组，按人才培养和合格审定要求，开展培训场所、设施设备、管理手册、程序文件、课程大纲、教材、题库、培训课件等建设，并有计划有步骤地安排教员及工作人员培训。在民航浙江监管局的指导下，经过一年多的建设与筹备，2017年5月提交CCAR-147申请材料。7月底至8月初，接受审定专家组来校进行全面严格的现场初审，9月初接受复审并得以审核通过。10月，正式获得由中国民用航空局颁发的“维修培训机构合格证”，结束了浙江省没有民航培训机构的历史，为学校探索“学历+技能+执照”的民航机务维修人才培养模式奠定了基础。

4月，省交通运输厅任命唐锡军同志为党委副书记，王亦华同志为党委委员、纪委书记，柴勤芳同志为党委委员、副院长。

2017年，是浙江省实施新高考制度试点录取考生的第一年，学校录取新生的高考成绩创造新高，在浙江省的录取平均分在省内二段线(480分)以上的专业数达到12个。轨道交通运营管理专业全部考生录取分均在浙江省二段线(480分)以上。

学校加快专业领军人才培养。2位教师获得交通运输部“交通运输青年科技英才”称号。继续实施《专业领军人才培养与引进管理办法》，选拔6名教学能力强、专业技能过硬的专业骨干教师为专业领军人才培养对象实施培养，在行业领域具有一定影响力的专业领军人才方阵。至此，校级领军人才已有13位。

赵伟老师荣获“浙江省优秀教师”称号。他是学校2011年引进的钢结构专业博士，曾在浙江大学、同济大学开展博士后研究工作。由他领衔的学校钢结构桥梁应用协调创新中心，被认定为省部级应用技术协同创新中心。2007年起，他先后在杭萧钢构、东南网架等从事研发工作，在他的带领下，解决了绿色建筑中工业化抗侧力体系的难题，主持了萧山人才公寓和昆明世纪广场等钢板剪力墙的设计和安装；解决了杭州火车东站椭圆椎管柱的加工和安装难题、杭州运河二通道大跨度钢拱桥(353米)的制作和架设等关键问题。他先后主持了交通运输部、住建部等省部级科研项目，相关研究成果已列入成果推广目录。他参与了台州湾大桥(456米斜拉桥)的设计工作，解决了斜拉桥桥塔开裂难题，这个项目在2013年全省访问工程师交流会上荣获一等奖。2011年起，与余姚公路部门合作进行“新型快速小跨径组合梁桥成套技术的研发与应用”项目的开发，获得成功。

学校科技服务的影响力在2017年显著扩大。学校坚持科研为人才培养、教师发展和行业建设与地方经济发展服务的宗旨，以科研创新团队建设为抓手，以项目研究为载体，以应用技术服务为特色，提升科技服务能力。学校已有省级研究机构1个(浙江省交通运输科学研究院)，校级研究机构15个，科研创新团队16个，应用技术协同创新中心6个，产品研发中心3个。下属浙江省交通运输科学研究院已有1

个省级重点实验室、5个实验平台、9项公路工程综合检测甲级等业务资质、8个特色试验检测平台及研发中心成为交通行业高端智库。通过各类科研团队建设，教师科研能力、学术水平、团队力量和社会影响力显著提升。

2017年，全校科研经费到款额1500万元，各类项目立项115项，学校获得专利、软件著作权38项，其中发明专利4项，省部级以上科技获奖9项。一种组合式防屈曲耗能支撑、新型螺栓装配式防屈曲耗能支撑、双自由度液压缸等4项专利技术实现了科技成果转化。浙江省交通运输科学研究院实现科研与技术服务合同额1.3亿元，完成道路、桥梁、隧道等科研项目7项，技术服务项目获奖27项，“西堠门大桥主缆及锚固区内部湿度变化机理及预养护策略研究”等一批项目鉴定为国际先进、国内领先水平。

学校注重技术服务团队建设，以市场和行业需求为导向，与浙江交工集团股份有限公司、之信新能源汽车研究院、宁波金蛟龙重工钢构有限公司等企业合作开展应用技术研究。学校现有交通运输部企业安全生产标准化一级评价机构1个，应用技术协同创新中心6个，产品研发中心3个，现代技术技能大师工作室3个，并受省交通运输厅委托设立浙江省交通运输政策研究室、浙江省交通运输厅节能减排管理中心等机构。开展公路桥梁检测、航道通航安全评估、企业安全标准化评价、交通物流规划、决策咨询、方案评审等技术服务工作。开展技术服务190多次，255人次参与企业安全考评，服务企业95家，65名老师到企业参加评审会、咨询会，现场解决技术问题60多项，有力地支持了地方及行业发展。

5月，学校“长大桥梁安全运营应用技术协同创新中心”正式获得认定，成为全省首批省级应用技术协同创新中心。

学校还获得了由全国交通行业教育指导委员推荐、教育部立项建设项目——“公路水运钢结构桥梁协同创新中心”。

学校承办全国学生运动会女子网球比赛项目。

2017年，学校承办了3项网球重要赛事。5月20—21日，来自全国各地35所高职院校，近80位校长、主任级的网球运动员汇聚交院，共同参加中国高等职业院校第三届“校长杯”网球比赛暨体育部主任网球邀请赛。20日，比赛开幕式在学校隆重举行，以网球的名义，促使各校聚成联盟。

6月3日，学校承办“2017年浙江省大学生网球比赛(乙组、丙组)”，来自全省各地的32支高校网球运动队在学校进行了为期一周的比赛。学校获得男子团体、女子团体和女子单打3个冠军。

学校承办第十三届学生运动会网球赛（女子）

9月5—14日，全国第十三届学生运动会网球项目(女子)在学校进行。学校作为承办单位，深感使命光荣、责任巨大。为迎接全国学生运动会的召开，学校党委高度重视，提前一年半就开始谋划布局，多次召开专题研究方案、安排项目、资金投入、布置督促，实行场馆改造提升，新建了8片国家标准的硬地网球场，标准餐厅升级扩容。

赛事筹备期间，学校接受了包括副省长成岳冲和教育部、省教育厅、省交通运输厅领导、属地政府杭州市余杭区领导和有关部门十余次到校检查。

在开幕式上，学校组织了展现学校大学生青春风采和优秀传统文化的舞狮团+操舞队的组合表演。为做好这次表演，学校选拔了45名学生，从4月份就连续排练。指导教师将这项工作视为荣誉和责任，克服困难，坚持带队训练。开幕式上舞狮成功表演，赢得各方好评。

全国第十三届学生运动会开幕式上的舞狮团

赛事期间，学校师生精神振奋，密切配合，高效工作。省、市对举办国家级比赛极为重视，比赛容不得一丝一毫的纰漏。学校的安全保卫、食宿健康得到前所未有的重视。

一分耕耘一分收获。参赛的运动员、裁判员受到多项表彰。中央电视台体育频道、浙江电视台、浙江教育报等多家媒体进行了跟踪报道，学校的社会美誉度得到很大提升。

9—10月，省委第七巡视组对学校党委进行了专项巡视。

根据省委统一部署，9月20日—10月28日，省委第七巡视组对学校进行了专项巡视。9月20日下午，省委第七巡视组专项巡视学校党委工作动员会召开，组长陶时梅做了动员讲话，省委巡视工作领导小组办公室副主任王忠民就配合做好巡视工作提出要求，党委书记王怡民主持会议并作表态发言。学校党委把巡视作为党内的政治体检、作风的综合会诊、精神的集中补钙、思想的深刻警醒，以这次巡视为契机，切实增强了“四个意识”，坚守政治信仰、站稳政治立场、把准政治方向，主动、真心接受了监督，增强了党性、改进了工作。聚焦全面从严治党，紧扣党的纪律和规矩，紧盯“党的领导、党的建设，全面从严治党”和学校改革发展稳定方面存在的突出问题，主动认领巡视组提出的意见建议，深刻剖析问题产生的原因，重点对干部从严管理、学生经费管理、学校东大门临时用房出租、西大门培训楼环境整治等问题，认真制定整改方案，细化整改措施，敢于担当责任。

学校全面学习宣传贯彻党的十九大精神。

学校组织召开党委理论学习中心组(扩大)会议，强化政治学习，强化《形势与政策》课程教学，广泛开展学习宣传十九大精神主题活动。

为学习宣传贯彻落实党的十九大精神，促进学校青年学子深入学习习近平新时代中国特色社会主义思想，强化共青团的思想引领作用，学校在第一时间成立了习近平新时代中国特色社会主义思想青年学习会。在成立大会上，团省委学校部副部长仇婷婷，学校党委书记王怡民、副书记唐锡军、纪委书记王亦华出席，指导青年学子在思想的航程上领航人生。

学校成立习近平新时代中国特色社会主义思想青年学习会，挂靠在学校党委宣传部，订立了章程，按照学校团委社团管理。学习会组织广大同学深入学习讨论研究习近平新时代中国特色社会主义思想；用实际行动倡导积极健康活泼的校园文化和营造浓厚的学理论、用理论的氛围；积极组织实践，走出校门，步入社会，广泛地宣传和宣讲习近平新时代中国特色社会主义思想，弘扬社会主旋律。

第 26 章
成果丰硕（2018 年）

2018年，是我国改革开放40周年，学校迎来建校60周年。

全国教育大会9月10日在北京召开，习近平总书记出席会议并发表重要讲话。他强调，在党的坚强领导下，全面贯彻党的教育方针，坚持马克思主义指导地位，坚持中国特色社会主义教育发展道路，坚持社会主义办学方向，立足基本国情，遵循教育规律，坚持改革创新，以凝聚人心、完善人格、开发人力、培育人才、造福人民为工作目标，培养德智体美劳全面发展的社会主义建设者和接班人，加快推进教育现代化、建设教育强国、办好人民满意的教育。

学校60年光辉历程，硕果累累，熠熠生辉。5月18日，在学校大礼堂隆重举行60周年校庆纪念大会。会议由学校党委书记王怡民主持，省交通运输厅副厅长王寅中到会祝贺并讲话，院长季永青致辞，北京茅以升科技教育基金会秘书长、我国著名桥梁专家茅以升的女儿茅玉麟，余杭区人民政府，全国交通类兄弟院校，全省交通系统企事业单位和教职工、学生代表等近千人参加大会。学校举办了一系列活动，整个校园张灯结彩，人潮涌动，嘉宾满座，校友云集，举校同庆，当晚还举办了盛大的文艺晚会，广大校友、师生欢聚一堂，共庆母校六十华诞。

5月17日，学校承办了“交通强国”建设与技术技能人才培养研讨会。

建校 60 周年庆祝大会

根据全国交通运输职业教育教学指导委员会工作安排，学校承办了“交通强国”建设与技术技能人才培养研讨会，来自全国的交通职业院校以及交通相关企业代表出席会议。研讨会对于加快推进现代交通运输职业教育的发展，深化交通运输职业教育产教融合、校企合作，促进技术技能人才培养质量的提升起到一定推动作用。会议期间，正值学校建校60周年，校方邀请各位嘉宾参加学校60周年校庆纪念大会，分享学校建设与改革成果，共同推进交通运输职业教育改革创新。

中国共产党浙江交通职业技术学院第二次代表大会胜利召开。

10月26—27日，中国共产党浙江交通职业技术学院第二次代表大会在学校召开。学校党委书记王怡民做了题为《不忘初心继往开来 牢记使命砥砺前行 为高标准推进内涵建设 高水平建成优质学校而努力奋斗》的工作报告，总结了学校升格后第一次党代会以来所取得的成绩，明确了今后五年的发展方向，正式确立了建设品质交院、文化交院、幸福交院、清廉交院的发展目标，全面实施党建立校、质量兴校、特色亮校、文化铸校、人才强校。大会选举产生了学校新一届党委会和纪律检查委员会，王怡民为党委书记，季永青、唐锡军为副书记，

王亦华为纪委书记。

学校荣获2018年国家级教学成果一等奖。

12月21日，教育部发布《关于批准2018年国家级教学成果奖获奖项目的决定》，学校教授马林才主持，刘美灵、刘大学、朱福根、周志国、陈文华等参与完成的“基于国际化校企合作的高职汽车专业‘双主体、多元化’人才培养创新与实践”，获得2018年国家级教学成果一等奖，实现了学校在该领域零的突破。

国家级教学成果奖是经国务院确定的国家级奖项，每4年评审一次，奖励在人才培养模式、课程体系、教学内容、教学管理等方面具有原创性、实用性、示范性的教育教学成果，代表了我国教育教学工作的最高水平和最高荣誉，与国家自然科学奖、技术发明奖、科学技术进步奖并称我国四大国家级奖励。

“基于国际化校企合作的高职汽车专业‘双主体、多元化’人才培养创新与实践”成果始于2003年，针对当时汽车专业人才培养质量与国际汽车制造商需求不能完全适应，职业教育理念相对落后、人才培养模式陈旧、国际化程度不高等突出问题而开展研究。经过十几年的探索与实践，逐步形成了依托国际化合作项目，践行“双主体、多元化”培养模式，为企业提供具有国际视野、通晓国际规则的高素质人才的培养方法。主要解决了高职汽车专业课程教学内容与国际品牌汽车先进技术之间严重脱节的问题，如何发挥企业在人才培养中的主体作用以及培养具有国际视野、通晓国际规则的技术技能人才等问题。在该教学成果设计中，项目团队提出了很多先进的职业教育理念和教学改革思路，主要反映在以下三大标志性成果：一是首次提出“三梯次”校企合作理念，认为国际化校企合作按“三梯次”分层推进，第一梯次组建文化交流联盟，第二梯次共建培训中心，第三梯次建立政产学研联合体。“三梯次”理念解答了引进什么企业、合作什么内容、发挥什么作用等校企合作三大关键问题。二是率先践行“双主体、多元化”

人才培养模式，依托中德SGAVE、丰田T-TEP及通用ASEP等国际化校企合作项目，实施“双主体”（企业和学校）管理和“多元化”（多元合作内容，多元合作对象）培养。学校为每个合作企业量身定制人才培养方案，解决人才培养规格与国际化企业需求脱节的问题。三是创新构建“多渠道、递阶式、多维提高”的师资培育模式。根据合作企业需求组建专门教学团队，选派成员参加制造商在国内外组织的多种培训，通过聘请优秀外籍技术专家、全国技术能手、企业首席技师等作为客座教授，提升教学团队的国际视野、外语交流能力、职教理念和实践技能等，开辟出一条国际化“双师型”教师培养的新路。

在该成果的实践期间的2011—2017年，学生获国家级和省级技能大赛奖48项，其中2016年获得全国高等职业院校学生技能大赛“汽车检测与维修”项目团体冠军和“汽车营销”项目团体一等奖；连续7年蝉联浙江省大学生汽车技能大赛第一名。学生的国际视野明显拓宽，大部分毕业生进入合资或外资企业就业。学校于2018年被教育部授予“中德职业教育汽车机电合作项目示范学校”，主编的中德SGAVE组班方案已在全国25所院校推广应用。

该成果内容先后被《中国教育报》、德国媒体《法兰克福汇报》和China Contact等媒体宣传报道，在国内外产生了较大影响。

学校院长季永青主持的国家级教学资源库——职业教育航海技术专业教学资源库顺利通过教育部验收。

2015年，经教育部批准，由学校院长季永青、副院长柴勤芳牵头，联合江苏海事职业技术学院等12所航海类院校、7家航运企业、交通运输部海事局等4家海事主管机关和7家行业学会协会，共同承担职业教育航海技术专业教学资源库项目的建设任务，为广大航海技术专业领域、航运企业以及社会学习者提供学习平台和资源共享平台。建设团队历时3年，圆满完成各项建设任务，于2018年顺利通过教育部验收。

航海专业教学资源库以高等教育出版社数字化学习中心(智慧职教)为平台，搭建了航海技术专业教学资源库门户网站，并以航海技术专业领域学习者的职业生涯发展路径和终身学习需求为依据，设有“专业园地、课程中心、微课中心、职业认证、岗位晋升、素材中心、航海博览、校企护航”8个主模块，其中专业园地主要为职业标准、专业标准、行业标准、人才培养方案、人才需求报告等专业级资源；课程中心为航海技术专业主干核心课程，职业认证为海员基本能力训练、值班水手、GMDSS通用操作员课程；素材中心涵盖了丰富的教学视频/动画、数字化教材、虚拟仿真教学资源、高清图片等；航海博览以“丝绸之路”为主线，从航海历史、船舶文化、航海地理、航海技术、海员心灵之窗等方面对“航海”这一词汇进行了全面形象的阐述，资源库容纳了大量的试题库、考试样卷、各类航海案例以及行业标准和国际规范。

航海专业教学资源库面向全社会开放，可供广大航海类院校的学生和社会学习者自主学习，也为院校教师进行线上线下混合教学的课堂实践提供了有力的资源保障。资源库用户覆盖达30个省份，近100家院校和80余家企业利用资源库进行学习，使用记录已达230余万条。

学校牵头主持国家级教学资源库的建设，利用成熟的互联网信息技术手段，将优质的航海技术专业教学资源与培训资源放到开放性智慧职教网络平台，让更多的航海人能够分享、受益，满足了航海技术专业领域学习者的终身学习需求，同时也引领了全国高职航海技术专业的建设，更加有效地提升了学校的影响力。

学校获得黄炎培职业教育奖——优秀学校奖。

12月28日，中华职业教育社在北京举行第六届黄炎培职业教育奖颁奖大会，学校获得优秀学校奖，为全国80个优秀学校奖和浙江省4所获奖院校之一，院长季永青代表学校领奖。

学校荣获黄炎培职业教育奖

学校办学水平、办学贡献和社会声誉得到了社会肯定。12月9日，全国高职高专校长联席会议2018年年会在福州召开，院长季永青参加本次大会，并接受2017年高等职业院校服务贡献50强的表彰。这是自设立该榜单以来我校连续三年获此殊荣，表明社会对我校的充分肯定。

"高等职业院校服务贡献50强"是教育部质量年报编委会按照"服务发展、促进就业"的办学方向，依据各高职院校办学规模、毕业生就业去向、横向技术服务、纵向科研经费、技术交易、非学历培训和公益性培训服务等指标量化排序产生，充分体现了各高职院校的社会服务贡献度。三年来，学校立足交通行业，根据长三角经济社会发展需求，从人才培养、技术支持、社会培训等多个方面主动服务产业升级、服务脱贫攻坚和乡村振兴，每年为长三角地区经济发展输送3000多名应用型、复合型、创新型技术技能人才，持续推进公路桥梁检测、航道通航安全评估、交通物流规划以及服务决策研究等科研与技术服务，为行业企业提供人才培养、技术研发、成果转化及项目孵化等服务，打造了一批高素质技术技能人才培养培训基地和技术技能创新服务平台。2017年，学校科研与技术服务到款额突破8900万元，提供公益性培训服务67554人。

学校连续三年获得高等职业院校服务贡献50强

学校成为全国职业院校“奋进新时代 中华传统美德职教行”启航地。

9月26日，在全国上下认真学习贯彻落实习近平总书记在全国教育大会的重要讲话和大会精神之际，全国职教同仁400多人相聚在浙江交通职业技术学院，隆重举行“奋进新时代 中华传统美德职教行”活动。教育部职业教育与成人教育司副司长谢俐，中国职业技术教育学会常务副会长、活动组委会主任刘占山，中国职业技术教育学会副会长、活动组委会副主任李祖平，交通运输部人事教育司教培处处长梁雪峰，浙江省委教育工委委员、浙江省教育厅副厅长于永明等出席“职教行”活动启动仪式。

在上午举行的启动仪式上，副司长谢俐以《弘扬中华传统美德，塑造职教时代新人》为题发表讲话。他代表教育部职成司向本次活动的发起者、组织者、承办者、参与者表示衷心的感谢，对本次中华传统美德职教行活动顺利启动表示热烈的祝贺。同时，从三个方面对“职教行”活动提出了要求：一是提高站位，从党和国家以及民族发展的历史高度，充分认识中华传统美德教育传承的重大意义。二是科学谋划，从贯彻和实践新理念新思想新观点的战略眼光，系统设计中华传统美德职教行活动。他要求“职教行”活动要做好三大工程：“固本工程”，要覆盖所有中等职业学校和高等职业院校、覆盖所有在校学生；“底色工程”，要贯穿人才培养全过程；“铸魂工程”，要融汇到职业教育教材体系中去。三是全面推进，从塑造生命塑造灵魂塑造新人的宽广视野，奋力开创职教立德树人新格局。

省委教育工委委员、省教育厅副厅长于永明，“职教行”活动组委会副主任、学校党委书记王怡民分别致欢迎辞。“职教行”活动组委会主任、中国职教学会常务副会长刘占山介绍此次活动方案，“职教行”活动组委会副主任、中国职教育学会高职分会会长、浙江机电职院院长丁金昌宣读由“职教行”活动组委会发起的倡议书。

谢俐、刘占山为响应“职教行”活动的21个省牵头单位以及教育部职业院校文化素质教育指导委员会、全国交通运输职业教育教学指导委员会、全国商业职业教育教学指导委员会授旗，并为“中华传统美德研究院”揭牌。北京电子科技职院院长孙善学、四川交职院党委书记王东平、湖南铁道职院院长方小斌、济宁职院党委书记闫志强、南京工业职院党委副书记苏小东等代表各省牵头单位做了响应“职教行”活动倡议发言。浙江大学教授董平以《中华传统文化与道德实践》为题，做了专题报告。

下午，11所院校交流了中华传统美德育人案例，院长季永青做了《大行相成 大融相生 大美相随 大通相尚》的主题报告，展示了学校以“行”为本的传统美德教育理念。

在举办“职教行”活动的同时，还举办了全国交通运输职业院校“劳模工匠进校园”活动启动仪式暨首场报告会。由学校和浙江机电职院、浙江艺术职院共同组织的“厚德力行 时代匠心”中华传统美德职教行主题文艺演出，在学校大礼堂举行。

学校高度重视此次活动。会前专门成立了由学校党委书记王怡民为组长、院长季永青为副组长的活动领导小组，下设秘书组、宣传组、接待组，明确职责、分工配合，并多次召开筹备协调会，确保各项工作落到实处，赢得了参会领导和院校的高度肯定。

“厚德力行 时代匠心——奋进新时代 中华美德职教行”文艺汇报演出

1月10日，学校荣获“中德职业教育汽车机电合作项目示范院校”，学校领导接受教育部国际合作与交流司副司长李海和SGAVE项目创始人之一Hans-Peter-Faber的授牌。

学校以产业需求为导向动态调整专业布局，对20个专业实施“平台+方向”分段多元人才培养模式改革，根据行业岗位需求细分成54个专业方向，修订了《专业设置与调整管理办法》和《人才培养方案制定的原则意见》，重点打造交通工程建设与管理、汽车技术与服务、航海技术与服务、航空技术与服务、轨道交通建设与应用、智慧交通信息技术和现代物流管理与服务等7个优势特色专业群。同时增设“新能源汽车运用与维修”“城市轨道交通机电技术”“无人机应用技术”3个新专业，撤销了“游艇设计与制造”等4个专业，专业设置涵盖了海陆空铁等综合交通运输领域。

学校加强思想政治教师队伍建设，推进基层党建项目化，进一步强化党建工作，1名教师入选浙江省高校思想政治理论课名师工作室名单，入选省高职院校党建研究会重点科研项目2项，“轨道交通学院党总支‘全方位+立体式’学生党建工作新模式”入选首批全省高校党建特色品牌。“古桥营造技艺与文化传承基地”项目入选浙江省高校文化育人示范载体名单。发展学生党员142名。

学校戎成老师被评选为“优秀援疆干部”，荣获全国交通运输系统“教育帮扶突出贡献奖”。他从教15年以来，不忘初心、牢记使命，在教书育人中强化“为党育人、为国育才”导向，爱岗敬业、实干担当、勇于开拓、无私奉献，在人才培养、职教改革、对口援疆等方面干在实处、走在前列，先后荣获浙江省技术能手、浙江省高校优秀教师等奖励。

他指导学生技能竞赛获国家、省级奖项20余人次，实现浙江在国赛“三网融合与网络优化”金牌零的突破，省赛“4G全网建设技术”实现三连冠，2018蝉联全国职业院校“智慧城域网部署与应用”技能大赛金牌。他参与了学校省“十三五”优势专业建设，主持通信技术国家教学资源库课程建设子项目——“通信线路工程与施工”通过验收。

2018年，他遵照交通运输部工作部署，挂职担任新疆交通职业技术学院副院长，分管该校教学与信息化工作。援疆工作期间，他坚决贯彻落实以习近平同志为核心的党中央治疆方略，紧紧围绕新疆社会稳定和长治久安的总目标，面对艰苦的环境和高强度的工作，克服工作和生活中的困难，迎难而上、勇于担当，牢记援疆干部光荣使命，以高度的政治责任感、自身精湛的专业水平和无私奉献的精神，起到了示范和榜样作用。他主动、积极、创造性地开展工作，加强与各民族老师、同学的交流。组织优质高职院校建设项目、开展教学质量诊断与改进、推进职业技能竞赛实施，牵头对该校信息化建设进行顶层设计、推进“一中心两平台”建设，深入南疆脱贫攻坚一线村庄，扩宽实施精准扶贫渠道。

学校首届海军士官生顺利入伍。学校以现代学徒制试点为基础，推进“双主体”育人模式改革，深化军民融合，实施学校、军队和政府机关的“三维”联动和培养军事素质、职业技能“两轴”并重的模式。航海技术和轮机工程技术专业的海军直招士官生的培养质量得到了部队高度认可，第一届96名海军士官生顺利完成学业入伍。

12月27日，学校隆重举行2016级定向培养士官生入伍欢送会暨出征仪式。学校党委书记王怡民等校领导、有关职能部门负责人、教师代表、2016级士官生家长和全体士官生。

欢送学校首届士官生入伍仪式

学校党委书记王怡民当选中国—东盟交通职业教育联盟理事长。

为加强中国与东盟国家在交通运输职业教育领域合作，积极响应“一带一路”倡议，11月8—9日，中国—东盟交通职业教育联盟成立大会暨发展论坛在学校举行。

来自中国和东盟8个国家(地区)的近30家院校、研究机构和企业等各界代表共计150余人出席了本次活动。作为第十一届中国—东盟教育交流周全年活动之一，本次活动由全国交通运输职业教育教学指导委员会主办，我校和贵州交通职业技术学院共同承办。来自全国各地的交通类兄弟院校，还有来自马来西亚、老挝、柬埔寨等国家的学校代表，在“一带一路”倡议下，共同探讨如何进一步推动中国与东盟各国在交通运输职业教育领域的深度合作。

中国—东盟交通职业教育联盟(以下称联盟)成立暨发展论坛纳入第十一届中国—东盟教育交流周全年期项目，审议并通过了联盟章程和联盟理事机构。活动期间，各成员单位共签署了合作备忘录和合作协议，并将在联盟的制度框架下，扎实推进各合作项目的开展。

学校与泰国、老挝有关学校合作建立“丝路交通学院”海外办学点2个，支持合作企业海外项目培训属地技术员工1614人日，招收柬埔寨、泰国全日制学历留学生共21人。

学生技术技能水平进一步提升，技能竞赛共获奖136项，包括：全国职业院校技能大赛一等奖1项、二等奖2项、三等奖1项，浙江省高职院校技能大赛一等奖4项、二等奖8项、三等奖4项；中国大学生操舞锦标赛(大体协)冠军3项；省一类体育比赛第一名4项；省一科技文化比赛获一等奖2项等。

学校进一步加强优秀团队建设，着力打造专业领军人才方阵，对11位专业领军人才、11位课堂教学名师培养对象进行培养成效评估，首批专业领军人才培养对象张征文、赵伟于荣获2016—2017年度“交通运输青年科技英才”称号，并入选“交通运输行业高层次技术人才培养项目”资助人选。省高职高专专业带头人培养对象刘美灵、首批课堂教学名师培养对象虞小燕获得“浙江省优秀教师”称号。同时，加大中青年骨干教师的国际化培养力度，选派10名骨干教师赴荷兰、美国、加拿大等国开展3个月以上的访学研修，并在加拿大亚岗昆学院、美国伯米吉州立大学建立稳定的教师研修基地。

深化教师企业实践“四百行动计划”，进一步完善实践机制，全年有175名教师组成56个项目组，赴71家企业开展实践锻炼，比去年同比增长32.58%。另有45人采取不同形式，深入企业一线脱产实践锻炼，其中27名省访问工程师到企业实践锻炼长达6个月以上。

学校大力加强科技服务工作。全年科研与技术服务经费突破11040万元，其中校本部科研与技术服务经费总量1204.32万元。科研项目立项136项，其中省部级以上科研项目2项，分别为省科技厅公益类项目1项、省哲社思政课题1项，厅级科研项目27项，横向技术服务项目66项。获得专利、软件著作权32项，其中发明专利5项。省交科院完成科研项目验收及鉴定12项，成果达到国内领先水平3项，列入省交通运输厅科技成果推广目录项目1项，获省科技技术奖三等奖2项；

获得授权实用新型专利及软件著作权14项；完成国家级科研项目2项。

积极参与国家、省交通发展重大课题。参与交通运输部牵头的《交通强国纲要》实施办法的课题研究，牵头编制《浙江省综合交通产业发展实施意见》等。完成《环杭州湾区智能交通体系建设研究》等课题报告十余项，承接《景区化高速公路建设指南》等重要课题7个。扎实推进全球交通科技合作创新中心筹建工作。

进一步提升实验室功能。由省交科院负责建设的浙江省道桥检测与养护技术研究实验室升格为省重点实验室。省交科院与比利时根特大学、同济大学合作正式加盟“中比工业化建造联合实验室”；新增水运工程结构乙级资质；启动博士后工作站招生。

学校“浙江省长大桥梁安全运营协同创新中心”新增清华大学电子工程研究所等3家加盟单位。

学校基础设施建设进一步完善。建成学生水上操练实训基地(游泳馆)建设工程，启动老校区市政工程、田径场面层改造项目；完成综合交通实训楼功能布局论证。改造教工和学生餐厅，教工餐厅实行自助用餐，学生餐厅全部实施合作经营。

学校文体活动丰富多彩。先后组织毕业生晚会、暑期社会实践活动、宣讲会、音乐会等大型主题活动，拥有校园社团81个。学校ECO暑期实践团被确定为2018年三下乡社会实践全国重点团队。

至2018年底，学校占地面积 42.7万平方米，总建筑面积27.8万平方米，在校学生8739名，教职员工559名，其中高级职称159名。下设路桥学院、汽车学院、海运学院、航空学院、轨道交通学院、智慧交通学院、运输管理学院、继续教育学院、人文学院等二级学院，以及浙江省交通运输科学研究院、浙江公路水运工程咨询公司等下属单位。

学校开设道路桥梁工程技术、汽车运用与维修技术、航海技术、飞机机电设备维修等40个全日制高职专业，其中7个为浙江省“十三五”优势专业建设项目，5个为省级特色专业建设项目，4个为教育部全国职业院校示范专业点。

学校走过了60年的光辉历程，为国家、地方培养输送了7万余名优秀毕业生，为浙江经济建设和全国交通运输事业发展作出了卓越的贡献。面向未来，学校将更加集中优质资源，把握战略导向，坚持办学使命、交通特色、文化领校、内涵提升，以60周年校庆为契机，依托“优质院校”建设，凸显交通行业特色，以“建名校、出名师、育名人”为发展标尺，把学校建成办学理念先进、特色优势明显、专业结构合理、社会服务能力强、人才培养质量高、国内领先的优质高职院校，引领交通职业教育创新发展。

附录：

附录1　学校历史沿革示意图

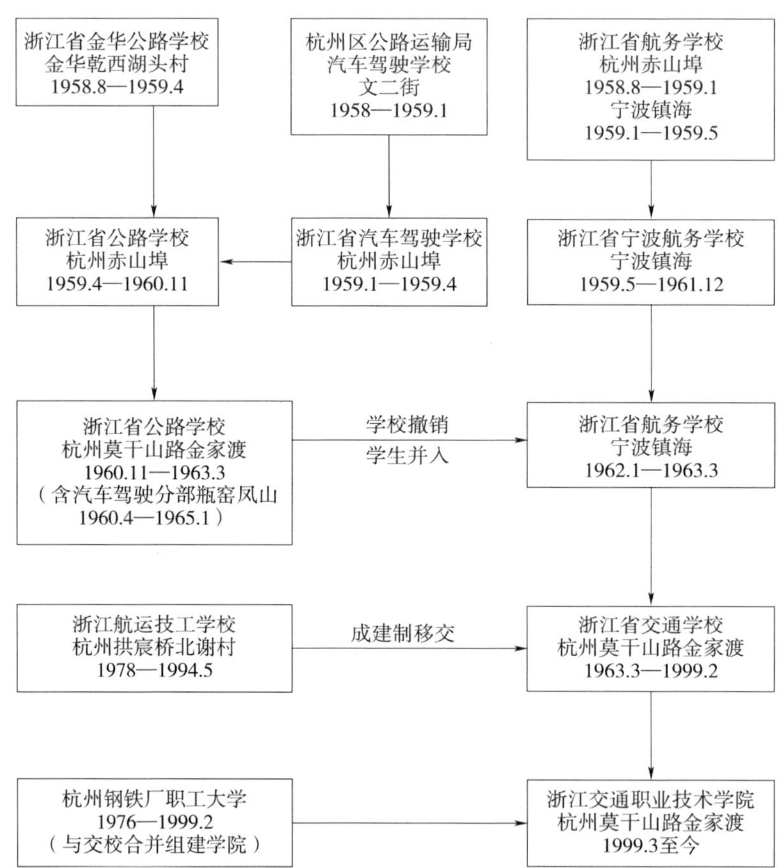

附录 2　学校历任领导名录

时间	校　　名	姓名	职　　务	任职时间
1958 年 8 月—1963 年 3 月	浙江省金华公路学校	李圣集 梁宏义	校长（金华地区交通局局长兼） 党支部书记、副校长	1958 年 8 月—1959 年 4 月 1958 年 9 月—1959 年 4 月
	浙江省公路学校	赵先涛 梁宏义 刘云奇 刘干臣 张华亭	校长 副校长 副校长 副校长 副校长	1959 年 4 月—1963 年 3 月 1959 年 4 月—1963 年 3 月 1959 年 5 月—1960 年 1959 年 4 月—1963 年 3 月 1959 年 5 月—1960 年
	浙江省航务学校	俞伟民 荣振芝	校长 党总支副书记、副校长	1958 年 8 月—1959 年 5 月 1958 年 8 月—1959 年 5 月
	浙江省宁波航务学校	俞伟民 荣振芝 杨广禄	校长 党总支副书记、副校长 副校长	1959 年 5 月—1961 年 12 月 1959 年 5 月—1961 年 12 月 1961 年 10 月—1962 年
	浙江省航务学校	俞伟民 荣振芝	校长 党总支副书记、副校长	1962 年 1 月—1963 年 3 月 1962 年 1 月—1963 年 3 月
1963 年 3 月—1968 年 11 月	浙江省交通学校	俞伟民 赵先涛 荣振芝 梁宏义 刘干臣 李成富 江　扬	校长 校长 党委副书记 副校长 副校长 副校长 副校长	1963 年 3 月因病休养 1963 年 3 月—1968 年 11 月 1963 年 3 月—1968 年 1963 年 3 月—1968 年 1963 年 3 月—1966 年 1966 年 10 月—1968 年 11 月 1966 年 10 月—1967 年
1968 年 11 月—1980 年 1 月		李成富 蒋金宝 孙文富	革委会主任 革委会副主任 革委会副主任	1968 年 11 月—1980 年 1 月 1972 年—1980 年 1 月 1976 年—1977 年
1980 年 1 月—2000 年 2 月		王志武 李成富 蒋金宝 夏克明 刘　渊 蔡维元 郑传礼 刘　渊 沈本业	党委副书记 副校长 副校长 副校长 副校长 副校长 党委代书记 代校长 副校长	1980 年 1 月—1983 年 4 月 1980 年 1 月—1983 年 4 月 1980 年 1 月—1983 年 4 月 1980 年 1 月—1983 年 4 月 1980 年 1 月—1983 年 4 月 1980 年 1 月—1983 年 4 月 1983 年 4 月—1984 年 6 月 1983 年 4 月—1984 年 6 月 1983 年 4 月—1984 年 6 月

续上表

时间	校　名	姓名	职　务	任职时间
1980 年 1 月—2000 年 2 月	浙江省交通学校	林立坦	副校长	1983 年 4 月—1996 年 10 月
		陶遵炳	副校长	1983 年 4 月—1987 年 11 月
		沈本业	党委书记	1984 年 6 月—1987 年 6 月
		谭文莹	校长	1984 年 6 月—2000 年 2 月
		刘　渊	名誉校长	1984 年 6 月—2000 年 2 月
		陶遵炳	党委书记	1987 年 11 月—1993 年 10 月
		庞又艇	副校长	1987 年 11 月—1993 年 10 月
		张林正	副校长	1992 年 10 月—2000 年 2 月
		庞又艇	党委副书记	1993 年 10 月—1996 年 8 月
		谭文莹	党委书记	1993 年 10 月—2000 年 2 月
		童隆福	党委副书记	1996 年 8 月—2000 年 9 月
		金仲秋	副校长	1996 年 8 月—2000 年 7 月
		张　华	副校长	1996 年 8 月—2000 年 9 月
2000 年 2 月—2010 年 12 月	浙江交通职业技术学院	谭文莹	党委书记	2000 年 2 月—2004 年 4 月
		王怡民	院长	2000 年 7 月—2008 年 9 月
			党委副书记、院长	2008 年 9 月—2010 年 12 月
		刘　渊	名誉院长	2000 年 2 月—2019 年 4 月
		金仲秋	党委委员、副院长	2000 年 7 月—2005 年 12 月
			副院长、纪委书记	2005 年 12 月—2008 年 9 月
			党委副书记、纪委书记	2008 年 9 月—2010 年 12 月
		马云飞	党委委员、副院长	2000 年 7 月—2010 年 3 月
			工会主席	2005 年 1 月—2010 年 3 月
		季永青	党委委员、副院长	2001 年 8 月—2010 年 12 月
		戚步云	党委书记	2004 年 4 月—2010 年 12 月
		孙常强	党委委员、副院长	2007 年 9 月—2009 年 2 月
		胡　克	党委委员、副院长	2010 年 3 月—2010 年 12 月
		姚钟华	党委委员、副院长	2010 年 4 月—2010 年 12 月
2010 年 12 月—2018 年 10 月		戚步云	党委书记	2010 年 12 月—2011 年 6 月
		王怡民	党委副书记、院长	2010 年 12 月—2016 年 10 月
			党委书记	2016 年 10 月—2018 年 10 月
		金仲秋	党委委员、副院长	2010 年 12 月—2011 年 12 月
		胡　克	党委副书记	2010 年 12 月—2016 年 12 月
			工会主席	2015 年 1 月—2019 年
		季永青	党委委员、副院长	2010 年 12 月—2016 年 11 月
			院长	2016 年 11 月—2018 年 10 月
		姚钟华	党委委员、副院长	2010 年 12 月—2018 年 10 月
		洪　波	党委委员、纪委书记	2010 年 12 月—2011 年 10 月
		郑惠明	党委书记	2011 年 6 月—2016 年 10 月
		孙常强	党委委员、纪委书记、工会主席	2012 年 7 月—2017 年 4 月
		李锦伟	副院长	2013 年 2 月—2018 年 10 月
		唐锡军	党委委员、党委副书记	2017 年 4 月—2018 年 10 月
		王亦华	党委委员、纪委书记	2017 年 4 月—2018 年 10 月
		柴勤芳	党委委员、副院长	2017 年 4 月—2018 年 10 月

续上表

时间	校　　名	姓名	职　　务	任职时间
2018年10月至今	浙江交通职业技术学院	王怡民 季永青 唐锡军 姚钟华 李锦伟 王亦华 柴勤芳 尤祖铭	党委书记 党委副书记、院长 党委副书记 党委委员、副院长 副院长 党委委员、纪委书记 党委委员、副院长 党委副书记	2018年10月至今 2018年10月至今 2018年10月至今 2018年10月至今 2018年10月至今 2018年10月至今 2018年10月至今 2018年11月至今

附录3 学校升格高职院校以来主要成就

国家骨干高职院校建设优秀单位(2014年)

全国交通职业教育示范院校(2010年)

浙江省高职优质建设校(2017)

第六届黄炎培职业教育奖优秀学校(2018年)

全国高职院校服务贡献50强单位(2015—2017年)

国家级教学成果奖一等奖主持单位(2018年)

国家级教学成果奖二等奖主持单位(2009年)

职业教育航海技术专业教学资源库主持单位(2015—2018年)

教育部国防教育特色学校(2017年)

教育部中德职业教育汽车机电合作项目示范学校(2018年)

交通运输部与浙江省人民政府共建院校(2011年)

浙江省示范高等职业学院(2012年)

浙江省首批数字校园示范校(2016年)

浙江省首家定向培养士官试点院校(2016年)

浙江省军民融合先进单位(2016年)

四年制高等职业教育试点院校(2016年)

浙江省教育管办评分离综合改革试点单位(2017年)

浙江省高校"美丽校园"(2018年)

附录 4　专业建设标志性成果（2001—2018 年）

建设项目	专业（课程、实训基地）名称	数量	时间（年）
浙江省高职高专院校示范性实训基地	汽车维修技术实训基地、轮机工程技术实训基地、机电技术实训基地、物流管理实训基地	4	2002—2010
交通运输部支持的实训基地	国际航运技术实训基地	1	2006
浙江省示范性高职院校重点专业	道路桥梁工程技术、汽车运用与维修技术、航海技术、通信技术	4	2009
浙江省“十二五”特色专业	市政工程技术、汽车运用与维修技术、汽车营销与服务、船舶工程技术、港口与航运管理、通信技术、物流管理、楼宇智能化工程技术	8	2009
浙江省“十二五”优势专业	道路桥梁工程技术、汽车运用与维修技术、航海技术	3	2009
国家精品资源共享课程	测量技术、汽车发动机检修、航运管理实务、运输管理实务、通信线路工程与施工	5	2009
中央财政支持职业教育实训基地	汽车维修技术实训基地、船舶工程技术实训基地	2	2010
国家骨干高职院校重点专业	道路桥梁工程技术、汽车运用与维修技术、航海技术、轮机工程技术	4	2011
高等职业学校提升专业服务产业发展能力项目（1 个）	机电设备维修与管理（港口物流设备与自动控制）	1	2011
“十二五”职业教育国家规划教材	《工程地质与土力学》等	25	2014、2015
国家级职业教育教学资源库	主持国家级职业教育航海技术专业教学资源库	1	2015
定向培养士官专业	轮机工程技术、航海技术	2	2016—2018

续上表

<table>
<tr><th colspan="2">建设项目</th><th>专业（课程、实训基地）名称</th><th>数量</th><th>时间（年）</th></tr>
<tr><td colspan="2">浙江省“十三五”优势专业建设项目</td><td>道路桥梁工程技术、市政工程技术、汽车运用与维修技术、汽车营销与服务、航海技术、通信技术、物流管理</td><td>7</td><td>2016</td></tr>
<tr><td colspan="2">浙江省“十三五”特色专业建设项目</td><td>飞机机电设备维修、城市轨道交通车辆技术、城市轨道交通运营管理、轮机工程技术、计算机网络技术</td><td>5</td><td>2016</td></tr>
<tr><td colspan="2">四年制高职教育人才培养试点专业</td><td>土木工程（道路桥梁工程技术）</td><td>1</td><td>2016</td></tr>
<tr><td colspan="2">全国职业院校交通运输大类示范专业点</td><td>道路桥梁工程技术、汽车运用与维修技术、航海技术、轮机工程技术</td><td>4</td><td>2017</td></tr>
<tr><td colspan="2">浙江省“十三五”高等职业教育示范性实训基地</td><td>道路桥梁工程检测生产性实训基地、汽车技术服务综合实训基地、航运技术虚拟仿真实训中心、轨道交通实训基地、信息通信技术实训基地</td><td>5</td><td>2017</td></tr>
<tr><td colspan="2">省级精品在线开放课程</td><td>航海英语、船舶文化、英语口语、精通急救、薪酬管理、跨境电子商务操作、航空服务、轨道交通车辆电气控制</td><td>8</td><td>2018</td></tr>
<tr><td rowspan="6">高等职业教育创新发展行动计划（2015—2018）</td><td>骨干专业</td><td>市政工程技术、汽车运用与维修技术、道路桥梁工程技术、通信技术、航海技术、汽车营销与服务、物流管理、轮机工程技术、国际邮轮乘务管理</td><td>9</td><td>2018</td></tr>
<tr><td>生产性实训基地</td><td>信息通信技术实训基地、汽车技术服务综合实训基地、轨道交通实训基地、交通工程建设与管理专业群生产性实训基地</td><td>4</td><td>2018</td></tr>
<tr><td>虚拟仿真实训中心</td><td>航运技术虚拟仿真实训中心</td><td>1</td><td>2018</td></tr>
<tr><td>双师型教师培养培训基地</td><td>汽车技术与服务专业群“双师型”教师培养培训基地</td><td>1</td><td>2018</td></tr>
<tr><td>技能大师工作室</td><td>编梁木拱桥营造技艺大师工作室</td><td>1</td><td>2018</td></tr>
<tr><td>协同创新中心</td><td>长大桥梁安全运营应用技术协同创新中心、公路水运钢结构桥梁协同创新中心</td><td>2</td><td>2018</td></tr>
<tr><td colspan="2">国家精品在线开放课程</td><td>船舶文化</td><td>1</td><td>2018</td></tr>
</table>

附录 5　省部级以上技能竞赛获奖情况（2009—2018 年）

获奖时间（年）	比赛名称	主办单位	奖项	获奖学生	指导教师
2010	全国职业院校技能大赛“楼宇智能化系统安装与调试”	教育部	一等奖	王正、潘元平、季海平	金湖庭、赵俊波
2010	全国职业院校技能大赛“汽车维修与故障排除”赛项	教育部	三等奖	陈君、芦少杰、马小锋	詹远武、周志国
2010	2010 年全国交通运输行业“卡尔拉得杯”机动车检测维修职业技能竞赛	交通运输部	一等奖	杨文洪、任禹衡	夏良耀
2012	全国“运华杯”汽车营销技能大赛（团体）	教育部	二等奖	朱琳娜、林娇娇	金加龙、张杰
2012	全国汽车检测与维修技能大赛（电气系统团体单项）	教育部	一等奖	林佳俊、胡军轮、沈凯强	詹远武、周志国
2012	全国汽车检测与维修技能大赛（团体）	教育部	二等奖	林佳俊、胡军轮、沈凯强	詹远武、周志国
2012	全国楼宇自动化系统安装与调试大赛	教育部	二等奖	吴彬彬、黎春林、胡亮梁	金湖庭、赵俊波
2013	2013 年全国职业院校技能大赛（汽车电气系统检修团体单项）	教育部	三等奖	连正明、蒋威、吴佳峰	夏良耀、刘大学
2013	2013 年全国职业院校技能大赛（汽车故障诊断团体单项）	教育部	二等奖	连正明、蒋威、吴佳峰	夏良耀、刘大学
2013	2013 年全国职业院校技能大赛（汽车检测与维修综合团体技能）	教育部	二等奖	连正明、蒋威、吴佳峰、金健	夏良耀、刘大学

续上表

获奖时间（年）	比赛名称	主办单位	奖项	获奖学生	指导教师
2013	2013年全国职业院校技能大赛（自动变速器拆装与检测团体单项）	教育部	三等奖	连正明、蒋威、金健	夏良耀、刘大学
2013	2013年中国海员技能大比武（撇缆操作项目）	交通运输部	第五名	朱永乐、陈和、彭雪松、王海民、包烨家	柴旭涛、高丽文等11人
2013	2013年中国海员技能大比武（知识竞赛）	交通运输部	第五名	陈和、彭雪松、杜泽龙、高佳飞	柴旭涛、高丽文等12人
2014	全国高职高专院校技能大赛汽车学院检测与维修竞赛汽车学院电器系统检修团体单项	教育部	二等奖	裘国枫、祝徐、余斌	詹远武、徐为人
2014	全国高职高专院校技能大赛汽车学院检测与维修竞赛汽车学院故障诊断团体单项	教育部	三等奖	裘国枫、祝徐、王加波	詹远武、徐为人
2014	全国高职高专院校技能大赛汽车学院检测与维修竞赛检测与维修综合技能团体	教育部	三等奖	裘国枫、祝徐、余斌	詹远武、徐为人
2014	全国省高职高专院校技能大赛汽车学院营销竞赛	教育部	三等奖	金蕾、管思佳	金加龙、叶志斌
2014	全国省高职高专院校技能大赛高职组城市轨道交通运营与维护竞赛	教育部	三等奖	李路、宣杨光、范建伟	贾相武、金湖庭
2014	全国省高职高专院校技能大赛三网融合与优化竞赛	教育部	一等奖	徐双吉、丁兆科	戎成、陈楚
2015	全国职业院校技能大赛（汽车营销）	教育部	二等奖	王美娟、应家辉	叶志斌、王芳

续上表

获奖时间（年）	比赛名称	主办单位	奖项	获奖学生	指导教师
2015	全国职业院校技能大赛高职组“一汽大众杯”汽车检测与维修赛项汽车自动变速器拆装与检测分赛项	教育部	三等奖	袁峰、祝徐、钱江华	周志国、沈利华
2015	全国职业院校技能大赛高职组一汽大众杯汽车检测与维修赛项汽车电气系统检修分赛	教育部	三等奖	袁峰、祝徐、钱江华	周志国、沈利华
2015	全国职业院校技能大赛高职组一汽大众杯汽车检测与维修赛项汽车故障诊断分赛项	教育部	二等奖	袁峰、祝徐、刘加峰	周志国、沈利华
2015	第三届中国海员技能大比武（海上操艇）	交通运输部	三等奖	王英明、毛雨、黄磊、张罕奇、谭陈、朱敏超、柯达、杜林珂、邓志文、邢渊	徐明方、曹振刚
2015	第三届中国海员技能大比武（金工工艺）	交通运输部	三等奖	张罕奇、王英明、杜林珂、邢渊、邓志文	徐颖斌
2015	第三届中国海员技能大比武（撤缆）	交通运输部	三等奖	王盛宝、毛雨、谭陈、朱敏超、黄磊	孙洪发、徐雪忠
2015	第三届中国海员技能大比武（铁人三项）	交通运输部	三等奖	谭陈、朱敏超、毛雨、王盛宝、柯达	宋荣标、黄刚
2015	全国职业院校技能大赛选拔赛“4G全网建设技术”竞赛	教育部	二等奖	卞晨曦、沈秋艳	王工一、李莉
2015	全国职业院校技能大赛高职组“先电杯”云计算技术与应用比赛	教育部	三等奖	蔡新福、陈炉胜、季俊潇	马兆丰、王宝军

续上表

获奖时间（年）	比赛名称	主办单位	奖项	获奖学生	指导教师
2016	2016年全国职业院校技能大赛高职组“一汽大众杯”汽车检测与维修赛项	教育部	一等奖	陈志能、任城龙、赵小龙	周志国、沈利华
2016		教育部	一等奖	张颖、应佳辉	叶志斌、王芳
2016	2016年全国职业院校技能大赛“船舶主机和轴系安装”竞赛	教育部	三等奖	丁文斌、钱星康、张小荣	徐红明、姚建树
2016	2016年全国高职高专院校技能大赛4G全网建设技术竞赛	教育部	二等奖	沈秋艳、叶振杰	戎成、陈楚
2016	2016年“挑战杯——彩虹人生”全国职业学校创新创效创业大赛	教育部	二等奖	孟凡旭、朱燕、许晶丽、张敏慧等10人	胡建森等
2017	全国职业院校技能大赛汽车营销赛项	教育部	二等奖	梁雄伟、杜芊语	鲍婷婷、孙伟
2017	2017年全国职业院校技能大赛“船舶主机和轴系安装”竞赛	教育部	三等奖	孔毅、俞佳锋、赵万满	徐红明、薛召
2017	2017年全国职业院校技能大赛飞机发动机拆装调试与维修赛项	教育部	三等奖	陆孝飞、汪圣锋、洪宇	项峻松、周元、周利敏、姚嫣菲
2017	2017年全国职业院校技能大赛云计算技术与应用赛项	教育部	三等奖	张金龙、沈盐龙、吴政宏	洪顺利、黄欣欣
2018	全国职业院校技能大赛高职组汽车检测与维修赛项	教育部	一等奖	袁洋洋、朱静斌、林晖翔	王征、沈利华
2018	全国职业院校技能大赛高职组新能源汽车技术与服务赛项	教育部	二等奖	周聪、解成诚	詹远武、刘美灵

续上表

<table>
<tr><th>获奖时间（年）</th><th>比赛名称</th><th>主办单位</th><th>奖项</th><th>获奖学生</th><th>指导教师</th></tr>
<tr><td>2018</td><td>第三届全国大学生皮划艇锦标赛</td><td>大体协</td><td>团体三等奖</td><td>王文凯</td><td>宋荣标</td></tr>
<tr><td>2018</td><td>2018年中国大学生桨板竞速挑战赛女子500米绕标竞速赛</td><td>大体协</td><td>第三名</td><td>周雪儿</td><td>宋荣标</td></tr>
<tr><td>2018</td><td>2018年中国大学生桨板竞速挑战赛女子1000米绕标竞速赛</td><td>大体协</td><td>第五名</td><td>周雪儿</td><td>宋荣标</td></tr>
<tr><td>2018</td><td>2018年中国大学生桨板竞速挑战赛女子3000米绕标竞速赛</td><td>大体协</td><td>第八名</td><td>周雪儿</td><td>宋荣标</td></tr>
<tr><td>2018</td><td>2018年中国大学生桨板竞速挑战赛男子3000米绕标竞速赛</td><td>大体协</td><td>第五名</td><td>姚桔</td><td>宋荣标</td></tr>
<tr><td>2018</td><td>2018年中国大学生桨板竞速挑战赛男子500米绕标竞速赛</td><td>大体协</td><td>第六名</td><td>吴开林</td><td>宋荣标</td></tr>
<tr><td>2018</td><td>2018年中国大学生桨板竞速挑战赛男子3000米绕标竞速赛</td><td>大体协</td><td>第六名</td><td>吴开林</td><td>宋荣标</td></tr>
<tr><td>2018</td><td>第十届全国交通运输行业职业技能大赛司机赛项</td><td>交通运输部</td><td>三等奖</td><td>曹喻晨、宦浩炜、汤凡庆</td><td>洪敏、贾相武</td></tr>
<tr><td>2018</td><td rowspan="2">第十届全国交通行业职业技能大赛全国总决赛行车值班员赛项</td><td>交通运输部</td><td>三等奖</td><td>许凌峰、范佳聪</td><td>付杰、瞿心昱</td></tr>
<tr><td>2018</td><td>交通运输部</td><td>三等奖</td><td>杜欢欢、潘丽慧、郑茵</td><td>颜文华、沈艳</td></tr>
<tr><td>2018</td><td>全国职业院校技能大赛高职组轨道交通信号控制系统设计与应用</td><td>交通运输部</td><td>三等奖</td><td>许凌峰、范佳聪、王世洁</td><td>付杰、瞿心昱</td></tr>
</table>

续上表

<table>
<tr><th>获奖时间（年）</th><th>比赛名称</th><th>主办单位</th><th>奖项</th><th>获奖学生</th><th>指导教师</th></tr>
<tr><td>2018</td><td>全国职业院校技能大赛高职组“先电杯”云计算技术与应用比赛</td><td>教育部</td><td>三等奖</td><td>黄钦晨、贾东东、陈德星</td><td>陈涵深、高国栋</td></tr>
<tr><td>2018</td><td>第14届中国大学生健康活力大赛暨中国大学生校园健身操舞锦标赛·舞类项目小集体规定</td><td>大体协</td><td>第一名</td><td rowspan="2">董凯、高良灏、张英男、李铃鸿、叶科湉、施慧敏、倪韩楚、马静</td><td>高晓燕</td></tr>
<tr><td>2018</td><td>第14届中国大学生健康活力大赛暨中国大学生校园健身操舞锦标赛·舞类项目小集体自选串烧</td><td>大体协</td><td>第一名</td><td>高晓燕</td></tr>
<tr><td>2018</td><td>第14届中国大学生健康活力大赛暨中国大学生校园健身操舞锦标赛·舞类项目大集体自选串烧</td><td>大体协</td><td>第一名</td><td rowspan="2">马佳文、章栋豪、杜正昊、胡进、谢辅春、高银菲、罗行、冯叶琴、陈小晓、严俊雅、应琛、汪虹、应伟丽、金恬</td><td>高晓燕</td></tr>
<tr><td>2018</td><td>第14届中国大学生健康活力大赛暨中国大学生校园健身操舞锦标赛·舞类项目大集体规定</td><td>大体协</td><td>一等奖</td><td>高晓燕</td></tr>
<tr><td>2018</td><td rowspan="3">第14届中国大学生健康活力大赛暨中国大学生校园健身操舞锦标赛·舞类项目双人舞</td><td rowspan="3">大体协</td><td>一等奖</td><td>叶科湉、施慧敏</td><td rowspan="3">高晓燕</td></tr>
<tr><td>2018</td><td>二等奖</td><td>倪韩楚、章栋豪</td></tr>
<tr><td>2018</td><td>三等奖</td><td>罗行、谢辅春
张英男、李铃鸿
马静、严俊雅</td></tr>
<tr><td>2018</td><td rowspan="2">第14届中国大学生健康活力大赛暨中国大学生校园健身操舞锦标赛·舞类项目单人舞</td><td rowspan="2">大体协</td><td>二等奖</td><td>倪韩楚</td><td rowspan="2">高晓燕</td></tr>
<tr><td>2018</td><td>三等奖</td><td>董凯、章栋豪、谢辅春、罗行、张英男、李铃鸿、马静、施慧敏、叶科湉</td></tr>
</table>

后　记

2018年是我校建校60周年。60年来，特别是改革开放以来，学校取得了快速发展和长足进步。为总结经验，铭记历史，纪念前辈，激励后人，作为建校60周年庆典活动重要内容之一，学校决定成立校史编纂委员会，组织编写组编撰校史——《励志力行》，以全面记录学校成长发展的历史。

编写组在校史编纂委员会的直接领导下，开展调查走访，收集整理，查阅核对各类材料，拟定框架结构，并充分吸收了学校前三次修史的成果和经验，以朴实无华的语言，叙述学校60年艰辛曲折的办学历史，诠释“励志力行”校训。本着“尊重历史、严谨务实”的要求，初稿完成后，广泛征求意见，认真进行修改，对前三次修史中的部分内容做了修改和补正。经过编写组人员近两年的努力，数易其稿，全书约25万字，照片及插图60余幅。

学校老师和校友非常支持本书编写工作，提供翔实情况，提出了修改意见和有益建议，在此表示衷心感谢！

编写校史是一项认真严肃的工作，由于我们缺乏这方面的历练和囿于认识水平，史稿肯定存在疏漏和不当之处，敬请读者不吝赐教，匡正补阙！

姚钟华

2019年6月